JÜDISCHES MUSEUM MÜNCHEN
JEWISH MUSEUM MUNICH

LILIAN HARLANDER • BERNHARD PURIN [HG.]

Bier ist der Wein dieses Landes

JÜDISCHE BRAUGESCHICHTEN

VOLK VERLAG MÜNCHEN

Dieser Katalog erscheint zur gleichnamigen Ausstellung des Jüdischen Museums München vom 13. April 2016 bis 8. Januar 2017.

REDAKTION UND LEKTORAT
Michaela Feurstein-Prasser, xhibit.at

ÜBERSETZUNGEN
Lilian Dombrowski
Christopher Wynne

GRAFIK
Haller & Haller

GESAMTHERSTELLUNG
Volk Verlag, München

Die Deutsche Bibliothek verzeichnet diese Publikation in der Deutschen Nationalbibliographie; detaillierte Angaben sind im Internet über http://dnb.ddb.de abrufbar.

ISBN 978-3-86222-211-7
www.volkverlag.de

INHALT

7 Vorwort

9 Doug Greener
» Spät kam das Bier in das Land Israel «
HISTORISCHE BRAUTRADITIONEN IM NAHEN OSTEN

19 Eli Freedman
» Hätte ich kein Bier gebraut, so würde ich nicht reich geworden sein «
RABBINISCHE HALTUNGEN ZU BIER IM BABYLONISCHEN TALMUD

33 Matthias Trum
» Das Kahls Siegel siehet einem Bierzeichen nicht ungleich «
DER DAVIDSTERN UND DIE ZUNFTZEICHEN UND SYMBOLE
DES BRAUER- UND MÄLZERHANDWERKS

53 Lilian Harlander, Bernhard Purin
» Wegen der israelitischen Feiertage geschah gestern und heute im Hopfengeschäft nichts … «
ÜBER JÜDISCHE HOPFENHÄNDLER IN BAYERN

71 Lilian Harlander
» … so ist ein vollkommenes Bräuhaus seiner Vollendung nahe «
DIE FAMILIE VON HIRSCH UND IHRE SCHLOSSBRAUEREI
IN PLANEGG BEI MÜNCHEN

95 Bernhard Purin
» Großartige Auswahl in Bierkrüge aller Art «
MÜNCHENS JÜDISCHE BIERKRUGVEREDLER

139 Lilian Harlander
» Von den Münchner Bieren kommt hauptsächlich nur Löwenbräu in Frage «
DIE FAMILIE SCHÜLEIN IM MÜNCHNER BRAUGEWERBE

191 Anne Munding
» Was würdest Du tun, wenn Dir Dein Vaterland Unrecht tut? «
HERMANN SCHÜLEINS WIDERSTAND GEGEN DIE NS-RAUBPOLITIK

207 Bernhard Purin
» My Beer is Rheingold – the dry Beer «
DIE LIEBMANNS, HERMANN SCHÜLEIN UND MISS RHEINGOLD

237 Conrad Seidl
» Tanzende Kamele und Ales aus der Wüste «
CRAFT BIER IN ISRAEL

248 Abstracts
BEER IS THE WINE OF THIS LAND

254 Autorinnen, Autoren
255 Leihgeber
Dank
Bildnachweis

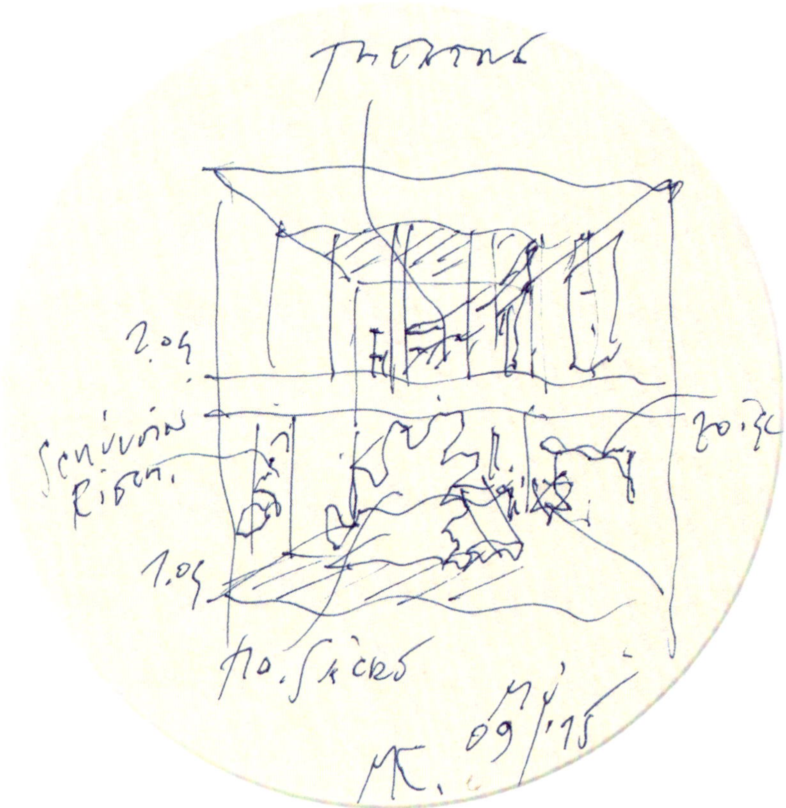

Entwurfskizze für die Gestaltung der Ausstellung
Martin Kohlbauer
Wien, 2015

VORWORT

Im Jahr 2016 dreht sich alles um Hopfen, Wasser, Hefe und Malz. Das Bayerische Reinheitsgebot feiert seinen 500. Geburtstag und das Jüdische Museum München feiert mit: „Bier ist der Wein dieses Landes. Jüdische Braugeschichten" schildert erstmals eine jüdische Kulturgeschichte des Biers. Sie erzählt vom Bierbrauen im Alten Israel, von einem mittelalterlichen Zunftzeichen und seiner Beziehung zum Davidstern, von jüdischen Brauherren in München und seinem Umland. Sie berichtet von dem maßgeblich von Münchner Juden geprägten Bierkrugveredelungsgewerbe im 19. Jahrhundert, über deutsch-jüdische Brauer in den USA und die gegenwärtige Craft-Beer-Szene in Israel. Ein vom Jerusalemer Herzl Beer Workshop und der Münchner CREW Republic gebrautes Bier – der erste deutsch-israelische „Collaboration Brew" überhaupt – wird während der Dauer der Ausstellung im Café des Jüdischen Museums und in ausgewählten Münchner Lokalen erhältlich sein.

Ich danke allen, die am Entstehen dieser Ausstellung mitgewirkt haben – an erster Stelle den zahlreichen privaten und öffentlichen Leihgebern sowie unseren bierkundigen Beratern Florian Dering (München), Doug Greener (Jerusalem) und Conrad Seidl (Wien). Den Autorinnen und Autoren dieser Begleitpublikation sei für ihr Mitwirken ebenso herzlich gedankt. Des Weiteren gilt mein Dank dem Volk Verlag in München, der diesen Band für uns hergestellt hat. Architekt Martin Kohlbauer verdanken wir einmal mehr eine beeindruckende Ausstellungsgestaltung und Andreas und Hannelore Haller die grafische Gestaltung von Katalog und Ausstellung. Mein Dank gilt auch den Mitarbeiterinnen und Mitarbeitern des Jüdischen Museums München, die in unterschiedlichster, aber immer engagierter Weise am Zustandekommen von Begleitpublikation und Ausstellung beteiligt waren. Mein Dank gilt schließlich auch meiner Kollegin Lilian Harlander, die mich in den letzten eineinhalb Jahren bei einer spannenden Erkundungsreise in vergessene und verdrängte, überraschende und unerwartete sowie höchst aktuelle und internationale Bierwelten begleitet hat. Ich freue mich, dass wir die Eindrücke dieser Reise nun mit allen Interessierten teilen können.

München, im April 2016
Bernhard Purin
Direktor

1/2, 1/3
Bierkrüge
Ägypten, um 2000 v. u. Z.
Staatliches Museum Ägyptischer Kunst, München

»Spät kam das Bier in das Land Israel«

HISTORISCHE BRAUTRADITIONEN IM NAHEN OSTEN

VON DOUG GREENER

Das Bierbrauen kann im Judentum auf eine lange Geschichte zurückblicken. Bei anderen Völkern ist diese Tradition aber noch älter. Tatsächlich zeigen archäologische Funde, dass Bier im Lande Israel erst gebraut wurde, nachdem es bei den Nachbarn im Norden und Süden fest etabliert war: in Mesopotamien (bedeutet *Fruchtbarer Halbmond*) und Ägypten. In diesen beiden beeindruckenden Zentren früher Zivilisation waren Klima und Boden prädestiniert für den Anbau großer Getreidemengen, insbesondere von Gerste und Weizen. Ein großer Teil der Ernte war natürlich für die Brotherstellung und für den Verzehr als Röstgetreide bestimmt, für das Bierbrauen wurde jedoch eine nur unwesentlich geringere Menge verbraucht. Die gleichen Bedingungen, die Mesopotamien und Ägypten perfekt für den Getreideanbau machten, verhinderten den Anbau von Trauben. Im Land Kanaan war das Gegenteil der Fall: Das kühlere Hochland und der Boden waren zwar für den Weinbau und andere Früchte geeignet, jedoch weniger für Getreide. Israel war damit also ein Land des Weines, während in Ägypten und den mesopotamischen Reichen Sumer, Akkad, Assyrien und Babylonien Bier getrunken wurde.

Doch die Geschichte des Biers beginnt weitaus früher. Tatsächlich müssen wir bis in das Neolithikum (Jungsteinzeit) zurückgreifen: Etwa zwischen 9000 und 8000 v. u. Z. begann der Übergang vom Nomadentum zur Sesshaftigkeit und damit auch der Anbau von Weizen und Gerste.

Historiker vermuten heute, dass der Gärvorgang zufällig entdeckt worden ist. In feucht gewordenem Getreide wurde Fruchtzucker freigesetzt. In der Luft befindliche wilde Hefezellen gelangten in dieses Gemisch und setzten einen natürlichen Gärungsprozess in Gang. Innerhalb kurzer Zeit, nach ein oder zwei Tagen, wurde die dabei entstandene Flüssigkeit zu einer süßlichen alkoholischen Mischung, die wir heute „Bier“ nennen. Es ist anzunehmen, dass die neolithischen Bauern Ägyptens und Mesopotamiens diese Flüssigkeit kosteten und sich daran erfreuten. Wahrscheinlich genossen sie auch den Zustand, in dem sie sich danach befanden.

Jeder trank Bier, Männer und Frauen, alt und jung. Es enthielt konzentrierte Nährstoffe – Kalorien, Kohlehydrate, Proteine, Vitamine und Mineralien. Lange bevor das Kochen zu einem üblichen Schritt im Brauvorgang wurde, war es sicherer, Bier statt Wasser zu trinken, da der Alkohol die meisten Krankheitserreger abtötete. Im gesamten frühzeitlichen Nahen Osten wurde dem Bier Heilwirkung zugeschrieben. Es wurde zur Behandlung von Husten und geschwollenen Augen, Darmparasiten, Verstopfung und Magenschmerzen verwendet. Obwohl Bier als Rauschmittel bereits zu dieser Zeit ein Problem dargestellt haben dürfte, hatte es mit nicht mehr als acht Volumprozent einen wesentlich geringeren Alkoholgehalt als Wein.

MESOPOTAMIEN

Besonders in Mesopotamien war die Bierkultur immer sehr ausgeprägt. Wir verfügen über einige Abbildungen auf Tontafeln, die Menschen darstellen, die um eine Getränkeschale sitzen und mit Strohhalmen daraus trinken. Es wird angenommen, dass die älteste etwa 6000 Jahre alt ist und aus Sumer (zwischen dem heutigen Bagdad und dem Persischen Golf) stammt. Die meisten Historiker gehen davon aus, dass es sich hierbei um Bier handelt. Es gibt mehrere Legenden, Rezepte und Rechnungen zum Thema Bier: Da wäre zum Beispiel ein 3900 Jahre altes sumerisches Gedicht zu Ehren der Ninkasi, der Schutzgöttin des Brauens. (Die meisten Gottheiten im Zusammenhang mit Bier waren weiblich, aber mehr darüber später.) Dieses Gedicht enthält auch das älteste existierende Rezept für Gerstenbier. Zwei der Zeilen lauten:

> Ninkasi, du bist jene, die das gefilterte Bier aus dem Sammelgefäß gießt. Es ist wie das Anschwellen des Tigris und Euphrates.

Im Gilgamesch-Epos, dem 4000 Jahre alten mesopotamischen, ursprünglich in akkadischer Sprache verfassten Gedicht, ist Bier eines der Elemente, das die Zivilisation vom Barbarentum unterscheidet. Enkidu, von Tieren aufgezogen und später ein enger Freund des Helden Gilgamesch, wird durch die Prostituierte Schamhat in die menschliche Kultur eingeführt:

> Nicht weiß Enkidu Brot zu essen.
> Rauschtrank zu trinken ward er nicht gelehrt!
> Die Schamhat tat den Mund auf und sprach zu Enkidu:
> „Iss das Brot, Enkidu, das gehört zum Leben!
> Trink das Bier, wie's Brauch ist im Lande!"
> Brot aß Enkidu, bis er gesättigt war,
> Trank das Bier – der Krüge sieben!
> Frei ward sein Inneres und heiter,
> Es frohlockte sein Herz, und sein Antlitz erstrahlte! –
> Mit Wasser wusch er ab seinen haarigen Leib:
> Er salbte sich mit Öl und wurde dadurch ein Mensch.

Die Ebla-Tafeln, die in der gleichnamigen antiken Stadt im Norden des heutigen Syriens vor etwa vierzig Jahren entdeckt wurden, sind rund 4500 Jahre alte, vorwiegend in sumerischer Keilschrift geschriebene Tontafeln. Sie berichten umfassend aus dem täglichen Leben dieser Stadt, auch über die Bierherstellung. Vor etwa 4000 Jahren regelte der Kodex des Königs Hammurabi Verkauf und Alkoholgehalt von Bier. So wurde zum Beispiel der Verkauf von Bier zu überhöhten Preisen mit hohen Strafen belegt. Aus dem Text geht deutlich hervor, dass dies Wirtinnen betraf. Diese wurden auch gewarnt, dass sie Getreide als Bezahlung für Bier zu akzeptieren hatten und kein Silber verlangen durften. Den Priesterinnen Mesopotamiens war gar das Biertrinken in der Öffentlichkeit verboten. Der Kodex besagt:

> Gesetzt, eine Hierodule, eine Gottesherrin, die nicht im Kloster wohnt, eröffnet ein Bierhaus, oder ist in ein Bierhaus zum Bier gegangen, so wird man jene Frau verbrennen.

Obwohl Priesterinnen und Frauen generell der Zugang zu Wirtshäusern verwehrt war, gehörten sie dennoch zu den prominentesten Bierbrauern. Dies traf natürlich dann zu, wenn das meiste Bier zu Hause gebraut wurde, da ja Frauen für den Familienbedarf an Speise und Trank verantwortlich waren. Brauen war außerdem eng mit Brotbacken verbunden, da ähnliche Zutaten verwendet wurden:

Getreide, Wasser und eventuell zusätzliche Würzstoffe. Als das Bierbrauen industrialisiert wurde, arbeiteten Frauen auch weiterhin in Brauereien. Einige Tempel hatten ihre eigenen Brauereien, die von Priesterinnen betrieben wurden. Viele Berufe hatten ihre Schutzgötter, doch nur die des Bierbrauens waren weiblich: Ninkasi (die sumerische Göttin der Bierherstellung), Siris (die mesopotamische Göttin des Biers und Tochter von Ninkasi) und Siduri (Göttin des Biergenusses).

Mit dem Anwachsen der Bierindustrie kamen auch männliche Arbeiter hinzu. An mehreren archäologischen Stätten in Mesopotamien wurden große Mengen an Fässern, Krügen und Sieben gefunden, bei denen es sich wahrscheinlich um die Überreste professioneller Brauereien handelt. Über 4400 Jahre alte, in Lagasch entdeckte sumerische Tafeln berichten über Getreidelieferungen an Brauer und Bierauslieferungen. Etwa 60 Prozent der damit verbundenen Kosten entfielen auf Gehälter, ein Anteil, der wohl auch auf das moderne Brauwesen zutrifft.

In anderen Berufen wurden Bierrationen als Teil der Bezahlung ausgegeben. Ein einfacher Arbeiter in Sumer erhielt ungefähr einen Liter Bier pro Tag, niedere Beamte zwei Liter, höhere Beamte und Frauen am königlichen Hof bekamen drei Liter. Hochrangige Beamte brachten sogar fünf Liter Bier pro Tag nach Hause. Diese Mengen zeigen, dass Bier tatsächlich ein wesentlicher Bestandteil der täglichen Ernährung war. Sie weisen auch darauf hin, dass dieses Getränk einen sehr niedrigen Alkoholgehalt gehabt haben dürfte.

Da Bier nun zu einem so universellen und leicht erhältlichen Getränk geworden war, ergab sich ein Bedürfnis nach Abwechslung. Manche Tontafeln verweisen auf mindestens acht verschiedene Biersorten aus Gerste, acht aus Weizen gebraute und drei, die eine Getreidekombination enthielten. Die Verwendung von Hopfen als Bierwürze war unbekannt, da dieser erst ab dem neunten Jahrhundert n.u.Z. in Europa verwendet wurde. Doch wurde Bier mit Zutaten wie Honig, Dattelsirup, Trauben, Feigen und Ahorn gewürzt.

Heute braut man ganz anders als im alten Mesopotamien: Gemalztes Getreide wird in Wasser eingeweicht und dann einem Gärungsprozess mit Hefe unterzogen. In Mesopotamien aber gab es eine Zwischenstufe: Getreide wurde zuerst zu Brot verarbeitet. Zunächst wurde es für zwei bis drei Tage in Wasser eingeweicht. Das Wasser wurde weggeschüttet und das eingeweichte Getreide begann zu keimen. Dabei wurden Enzyme freigesetzt, die Stärke in Zucker umwandelten. In dieser Phase wurde die Keimung durch Röstung oder ganz einfach Erhitzung des Getreides in der nahöstlichen Sonne gestoppt. Dieses Verfahren wird als Mälzen bezeichnet und ist im Grunde auch heute noch der erste Schritt beim Bierbrauen. Anschließend aber wurde das Getreide gemahlen, eventuell mit Gewürzen versehen und zu Brot verarbeitet. Manche Bierexperten vergleichen diesen Backvorgang mit dem modernen Röstverfahren des Malzes in Trockenöfen, wo die trockene Hitze Schimmelwachstum verhindert und die Bildung von Enzymen unterstützt. Sobald die Brotlaibe zerkleinert und in einem mit Wasser gefüllten Fass eingeweicht waren, setzte der Gärungsprozess ein. Nach mehreren Tagen tropfte eine süße Flüssigkeit durch Löcher im Fassboden in ein anderes Gefäß. Dort gärte sie dann noch einige Tage weiter, während der Alkoholgehalt stieg. Et voilà! Bier war entstanden.

Was geschah danach? Es gab keine Dosen oder Flaschen. Im Unterschied zu Wein konnte man Bier nicht über einen längeren Zeitraum lagern, sondern musste es möglichst schnell nach der Herstellung trinken. Das frische Bier wurde in Keramikgefäße geleert und zu den Abnehmern befördert: in Wohnungen, Wirtshäuser oder Tempel. Der hierfür übliche Bierbehälter in Mesopotamien war groß und birnenförmig und musste auf einen Ständer gestellt werden. Wie oben erläutert, stellen Tonabbildungen des gesellschaftlichen Lebens in Mesopotamien (insbesondere Rollsiegel aus dem dritten Jahrtausend v.u.Z.) häufig zwei oder mehr Männer dar, die zusammen sitzen und Bier aus einer gemeinsamen Schüssel mit Strohhalmen trinken. Da meist Samen, Stroh, Spreu und Brotstücke auf der Bieroberfläche schwammen, waren Trinkhalme notwendig, die es den Trinkenden ermöglichten, an die darunterliegende klare Flüssigkeit zu kommen.

Für die Wohlhabenden konnten sogar diese Strohhalme ein Statussymbol darstellen. Im königlichen Grab der sumerischen Dame Pu-abi in der Stadt Ur Kasdim wurden Goldhalme gefunden, gleich neben einem Silbergefäß, das vermutlich ihre tägliche Bierration enthalten hatte. Eine andere Tontafel aus Dur-Scharrukin, vor 2800 Jahren eine assyrische Stadt im heutigen Irak, zeigt vier Edelmänner, die ihr Bier ohne Trinkhalme aus Krügen trinken. Offenkundig war das Bier für diese gehobene Kaste gefiltert worden.

ÄGYPTEN

Aus den Aufzeichnungen (Papyrus und Wandhieroglyphen) geht hervor, dass das Brauen und Konsumieren von Bier in Ägypten noch verbreiteter war als in Mesopotamien. Viele Ägyptologen sind davon überzeugt, dass die gesamte Wirtschaft und politische Struktur des Alten Ägyptens durch die Herstellung und den Vertrieb von Getreide zu Back- und Brauzwecken aufrechterhalten wurden. Man führe sich hierzu Josephs Geschichte im Buch Genesis vor Augen, in der durch die Verteilung von Getreide während einer Hungersnot das gesamte Land in den Händen des Pharao zentralisiert wurde. Der früheste schriftliche Hinweis auf Bier stammt aus der Zeit der Fünften Dynastie um 2500 v. u. Z. Das damals gebräuchliche Wort war *waschenket*, doch im Allgemeinen wurde Bier *heket* oder *tenemu* genannt.

Es gibt jedoch Nachweise, dass im Gebiet des Nildeltas Bier sogar noch früher gebraut wurde, nämlich im vierten Jahrtausend v. u. Z. Man könnte es als das „Nationalgetränk“ des Alten Ägyptens bezeichnen, den „Wein dieses Landes“. Bier hatte wie in Mesopotamien eine weiblich-göttliche Quelle, in diesem Fall die Göttin Hathor, „Erfinderin des Bierbrauens“ oder „Herrin der Trunkenheit“ genannt. An ihrem Schrein in Dendera, einem Ort in der Nähe von Luxor, gab es alljährlich ein Fest, an dem unbeschränkte Mengen Bier an die Pilger ausgegeben wurden. Nach einer anderen Legende lehrte Osiris, Gott der Fruchtbarkeit, des Todes und der Wiederauferstehung, die Ägypter das Bierbrauen. Und obwohl Hathor mit dem Brauen in Verbindung gebracht wurde, war dennoch Tjenenet die Göttin des Biers. Im Polytheismus gibt es immer eine Wahl.

Menschen aller Gesellschaftsschichten erhielten ihre täglichen Bierrationen: angefangen vom Pharao und der Aristokratie bis zu den einfachen

Arbeitern, Soldaten und sogar Kindern. „Angestellte“ Arbeiter beispielsweise, die die Pyramiden von Gizeh erbauten, bekamen täglich fünf Brotlaibe und zwei Kannen Bier. Es ist nicht gesichert, ob dies auch für die „Sklavenarbeiter“ galt. Um diesen Verbrauch abdecken zu können, besaß jeder ägyptische Haushalt die nötigen Geräte, um sein eigenes Bier zu brauen. Ebenso wie in Mesopotamien war auch hier das Brauen und Backen Frauensache. Zusätzlich wurden in Ägypten einige Überreste industrieller Brauereien entdeckt. Dazu gehören Kahun, Tel el-Amarna, Kom el-Nana und Hieraconpolis.

Im März 2015 entdeckten Arbeiter an einer Baustelle in Tel Aviv siebzehn 5000 bis 5500 Jahre alte Vorratsgruben für landwirtschaftliche Erzeugnisse. Diese Gruben enthielten einen 6000 Jahre alten Dolch, Werkzeuge aus Feuerstein und auch Tierknochen und hunderte von 5000 Jahre alten Keramikscherben. Einige der Töpferwaren waren mit Zusätzen von Stroh und anderen Materialien gefertigt, was auf ägyptische Gefäße zum Bierbrauen schließen lässt. Damit wäre dieser Ort die nördlichste ägyptische Stätte im Bronzezeitalter und zudem die nördlichste ägyptische Brauerei, die jemals entdeckt wurde. Wurden diese Gefäße in Ägypten hergestellt und dann dorthin gebracht, wo heute Tel Aviv liegt oder wurden sie von in Tel Aviv lebenden Ägyptern hergestellt? Archäologen werten nun die Funde aus und suchen nach Antworten.

Wir können davon ausgehen, dass die ägyptische Brauerei in Tel Aviv das gleiche Verfahren anwendete wie andere ägyptische Brauereien: Gut sichtbar wird das auf einer Wandmalerei aus dem dritten Jahrtausend v. u. Z. in der Grabstätte des ägyptischen Amtsträgers Ti in Sakkara. Hier können wir jede Phase des Brauverfahrens nachvollziehen: Die Lagerung des Getreides in Silos, das Schroten mit Mörsern und Stößeln, das Mahlen von Getreide auf flachen Steinen (von Arbeitern und Arbeiterinnen ausgeführt) und das Sieben des Mehls. Gut zu erkennen ist auch die Zugabe von Wasser und das Kneten des Teigs zu Brotlaiben, das Pressen der Laibe durch ein Sieb, um sie aufzubrechen, und das Einweichen in Wasser; das Leeren dieser Mischung in Pfannen, die dann aufgestapelt wurden mit anschließendem Backvorgang; das Zerbröckeln der gebackenen Laibe und die Beigabe von Treibmittel und Wasser, das Kneten dieser Mischung und das Vergären. Es wird das Filtern dieser Flüssigkeit, nunmehr frisches Bier, in ein Fass und danach die Umfüllung in Tongefäße gezeigt, die dann mit kegelförmigen Stöpseln verschlossen werden.

Wie viele Experimente durch Versuch und Irrtum und wie viel menschliche Intelligenz sind wohl in die Vervollkommnung dieses Verfahrens eingeflossen? Und all dies, um besseres Bier zu produzieren! Für dieses Bier benutzte man entweder Gerste oder Emmer, die im Ägypten der Pharaonenzeit am häufigsten angebaute Weizenart. Verschiedene Biersorten werden erwähnt, darunter: dunkles Bier, Dattelbier, süßes Bier, Eisenbier (vielleicht wegen einer roten oder rostigen Färbung), dickes Bier, garniertes Bier und Freundesbier. Es gab auch ein „Ewigkeitsbier“, das in die Grabstätten mitgegeben wurde, um die Verstorbenen ins Jenseits zu begleiten. Es musste nicht besonders gut schmecken, sondern nur lange haltbar sein. Auf einer Wandmalerei aus Dendera ist der Verstorbene auf einem Sessel sitzend abgebildet, während ihm seine Frau einen Krug Bier mit den Worten reicht: „Erfrischendes Bier aus deinem Keller, für dein *Ka*, der aufrechterhaltenden Lebenskraft.“

DAS LAND KANAAN

Für das Land Kanaan sind archäologische Nachweise für das Bierbrauen viel schwerer auffindbar. Wir verfügen über keine Braurezepte, keine Abbildungen oder Tontafeln von Edelmännern oder Edelfrauen, die mit Strohhalmen Bier trinken, keine Malereien, wie Bier zu brauen ist, keine Schutzgötter der Brauerei, keine Gedichte oder epischen Abenteuer, die Bier thematisieren, und auch keine Stätten, die auf industrielle Brauereien hinweisen (außer denen, die Zugewanderten gehörten!). Sogar die frühesten Brauereigefäße – Keramikkannen, Backpfannen, große Fässer, große Rührschüsseln (Krater) und Keramikbehälter mit einem Loch im Boden zum Filtrieren – wurden zumeist in von Ägyptern kontrollierten und bewohnten Gebieten gefunden. Diese Objekte, ab dem späten vierten Jahrtausend v. u. Z. gefertigt, wurden in En Besor und Deir el-Balah bei Gaza und in Arad in der Negev Wüste gefunden. Auch die Funde von bronzenen Filtern mit Spitzen für Trinkhalme aus Gezer, Megiddo und Tell el-Ajjul im heutigen Gaza verweisen auf einen möglichen ägyptischen Einfluss. Diese ungewöhnlichen Geräte, von denen angenommen wird, dass sie am Ende der Trinkhalme angebracht waren, stammen aus der Mittleren Bronzezeit, sind also etwa 3500 bis 4000 Jahre alt.

Aber was ist mit den „Einheimischen“ – den Kanaanitern, Philistern und Israeliten? Hier finden wir in der Eisenzeit, also „erst“ vor 3000 Jahren, Hinweise auf das Brauen und Trinken von Bier. Statt im Kreis zu sitzen und Bier durch Halme zu trinken, hatten die Bewohner Kanaans individuelle Bierkannen. Das ungefilterte Bier wurde in Kannen geleert. Man hielt diese Kanne am Henkel und trank das Bier aus einer Ausgussöffnung an der Seite des Gefäßes. Besonders an dieser Bierkanne war, dass das Bier durch Löcher im Ton gefiltert wurde, bevor es durch die Ausgussöffnung hindurch in den Mund floss. Bei einigen Exemplaren gab es auch oben einen Keramikfilter, so dass das Bier zweimal gefiltert wurde: einmal beim Füllen der Kanne und noch einmal kurz vor dem Trinken. Kannen dieser Art wurden von den Philistern und im Land Kanaan verwendet. Die einzigen archäologischen Unterschiede bestehen darin, dass die Kannen der Philister besser gearbeitet und reich bemalt waren, während die der Kanaaniter/Israeliten gröber gearbeitet waren. Beide hatten aber dieselbe Funktion: dem Konsumenten eine angenehme, reine und schmackhafte Erfahrung beim Biergenuss zu bieten.

Was sonst noch über Herstellung und Trinkgewohnheiten von Bier im Lande Israel bekannt ist, findet sich im Tanach, der Hebräischen Bibel, und im Talmud, der Sammlung rabbinischer Lehren, die zwischen dem ersten und siebten Jahrhundert n. u. Z. zusammengestellt wurde.

Literatur

Michal Dayagi-Mendels: Drink and Be Merry. Wine and Beer in Ancient Times, Jerusalem (The Israel Museum) 1999 | Ian S. Hornsey: A History of Beer and Brewing, Cambridge 2003 | Horst Dornbusch: Beer: The Midwife of Civilization, in: Assyrian International News Agency (online unter: http://www.aina.org/ata/20060827151956.htm) | Gregg Smith: Beer: A History of Suds and Civilization from Mesopotamia to Microbreweries, New York 1995.

1/1
Modell einer altägyptischen Brauerei und Bäckerei

Um 1925
Holz
Maßstab 1:7
H: 32 cm; B: 94,7 cm; T: 69,5 cm

Deutsches Museum München, # 78417

Bier wurde sowohl bei den Sumerern und Babyloniern wie auch bei den Ägyptern aus leicht gerösteten Brotlaiben, die vergoren wurden, hergestellt. Deshalb standen Brauereien und Bäckereien meist in einem räumlichen Zusammenhang.

1/2 *Abbildung S. 8*
Bierkrug

Ägypten, um 2000 v. u. Z.
Ton
H: 19,8 cm; D: 10,5 cm

Staatliches Museum Ägyptischer Kunst, München, # ÄS 907

Das leicht bauchige Trinkgefäß mit eingezogener Standfläche trägt Spuren einer weißen Netzbemalung. Aus zahlreichen zeitgenössischen Darstellungen ist bekannt, dass aus solchen Gefäßen Bier getrunken wurde.

1/3 *Abbildung S. 8*
Bierkrug

Ägypten, um 2000 v. u. Z.
Ton
H: 20,5 cm; D: 11 cm

Staatliches Museum Ägyptischer Kunst, München, # ÄS 908

Das Trinkgefäß ist leicht bauchig und hat eine eingezogene Standfläche. Bier wurde aus solchen Gefäßen meist durch einen Strohhalm getrunken.

1/4
Altägyptische Brauerei in Tel Aviv

Video, 2015
International Business Time Media Inc.
Buch: Hannah Osborn
Kamera: Adam Justice
1'36"

Der Filmbeitrag berichtet über eine archäologische Grabung in Tel Aviv, bei der im Frühjahr 2015 Überreste einer rund 5000 Jahre alten altägyptischen Brauerei gefunden wurden.

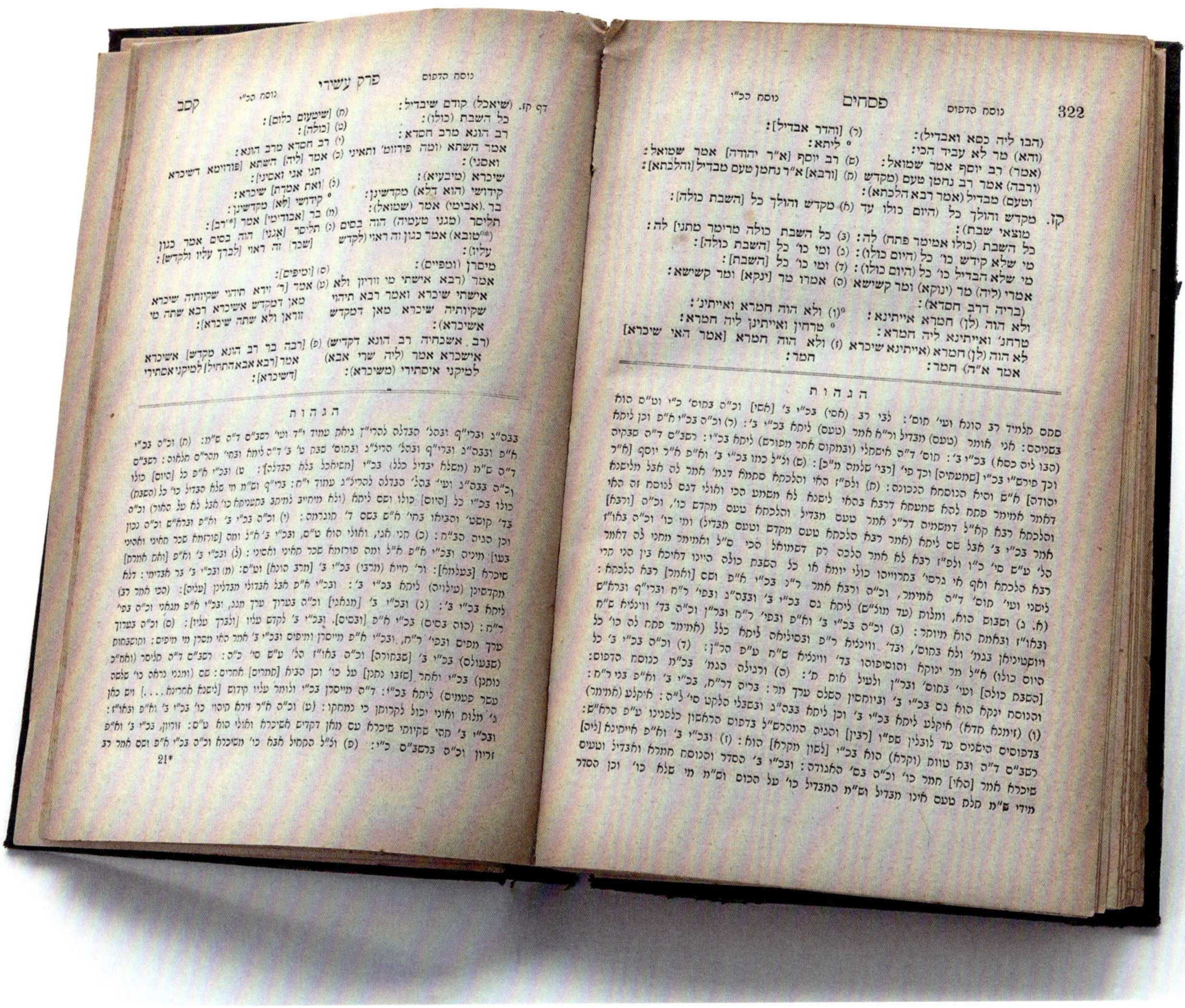

2/1
Dikduke Soferim. Variæ Lectiones in Mischnam et in Talmud Babylonieum
Bearbeitet von Raphael Nathan Rabinowicz (1835–1888)
München, 1874
Jüdisches Museum München

»Hätte ich kein Bier gebraut, so würde ich nicht reich geworden sein«

RABBINISCHE HALTUNGEN ZU BIER IM BABYLONISCHEN TALMUD

VON ELI FREEDMAN

Bier hat im Judentum von Anfang an eine bedeutende Rolle gespielt. Dies überrascht nicht allzu sehr, da das Bier über ein Jahrtausend ein wichtiges Grundnahrungsmittel für Juden und die sie umgebenden Gesellschaften darstellte. Das Judentum hat ein ziemlich differenziertes Verhältnis zu Bier und betrachtet es weder als ausschließlich positiv noch negativ. Da es nur wenige archäologische Belege für Bier im frühen Judentum gibt, findet sich die meiste Information dazu in den heiligen Texten des Judentums. Auch wenn es darüber einige Diskussionen gibt, wird Bier erstmals im Tanach (Hebräische Bibel) erwähnt. Jedoch erst in der rabbinischen Periode beginnt die jüdische Tradition sich wirklich mit den diversen Aspekten auseinanderzusetzen, wie Judentum und Bier zueinander in Beziehung stehen. Bier wird von den Gelehrten des Babylonischen Talmud ausführlich diskutiert, wobei der Fokus auf den unterschiedlichen Arten, wie die Rabbiner dem Bier in ihrem täglichen Leben begegneten, liegt. Die Rabbiner beschäftigten sich in ihrer Funktion als „Pseudoärzte" ihrer Epoche mit den gesundheitlichen Vor- und Nachteilen des Genussmittels Bier. Wie nicht anders zu erwarten, befassten sie sich wie bei jedem anderen Getränk oder Lebensmittel mit den Aspekten des Kaschrut. Ebenso setzten sich die Rabbiner mit möglichen religiösen Nutzungen von Bier auseinander. Obwohl wenig allgemeine Aussagen über rabbinische Einstellungen dem Bier gegenüber gemacht werden können, kristallisieren sich doch einige Themen aus unseren Schriften heraus. Eines kann man mit Gewissheit behaupten, dass nämlich Bier für die Rabbiner und die jüdische Gemeinschaft der Amoraim-Periode (etwa 200 bis 500 n.u.Z.) wichtig war.

BIER IM TANACH

Die Frage, ob Bier im Tanach erwähnt wird, ist umstritten. Obwohl oft von der Jewish Publication Society (JPS) und anderen maßgeblichen Übersetzungen als „starkes Getränk" übersetzt, kann der unklare Begriff *schechar* (שכר), der im Tanach zwanzig Mal erwähnt wird, durchaus als Bier identifiziert werden. In seinem Essay *Did the Ancient Israelites Drink Beer?*[1] bietet Michael Homan reichlich Nachweise, dass sich dieses Wort tatsächlich auf Bier bezieht. Es ist dabei wichtig anzumerken, dass das, was in den biblischen Texten als „Bier" bezeichnet wird, nicht jenes Bier ist, welches wir heutzutage kennen und das gesetzlich dem Reinheitsgebot entspricht. *Schechar* basierte höchstwahrscheinlich auf Gerste (ein in der Levante weitverbreitetes Getreide) und wurde eventuell mit Früchten oder Kräutern gesüßt und gewürzt, jedoch nicht mit Hopfen, der im Alten Orient nicht angebaut wurde.

1 Michael M. Homan: "Did the Ancient Israelites Drink Beer?" Biblical Archaeology Review, 36. Jg. H. 5 (2010), S. 48–56.

Homan gibt verschiedene Erklärungen, weshalb der Begriff *schechar*, in späteren rabbinischen Werken wie dem Babylonischen Talmud beinahe einhellig mit Bier übersetzt, missverstanden wurde und sich im Tanach auf Bier bezieht.

Immer wenn das Wort *schechar* im Tanach auftaucht, wird es mit dem Wort „Wein" (z. B.: Wein und Bier) in Verbindung gebracht. Nach Homan werden auch in anderen Werken des Alten Orients die Begriffe für Wein und Bier oft zusammen verwendet. Homan weist auch darauf hin, dass das hebräische Wort *schechar* vom akkadischen *šikaru* kommt, welches sich auf Gerstenbier bezieht.

Homan argumentiert weiter, dass *schechar* auf Grund eines allgemeinen „Snobismus“ der Gelehrten gegenüber dem Biertrinken im Gegensatz zum Weinkonsum historisch falsch übersetzt wurde. In seiner Abhandlung ist diese Theorie nicht solide untermauert und nicht viel spricht hier für diese Behauptung.

Schließlich weist Homan darauf hin, dass das Problem, *schechar* zweifellos als Bier zu identifizieren, wesentlich an der geringen Zahl außerbiblischer Quellen liegt. Es ist deshalb schwer, archäologische Belege für antike Bierproduktion in Israel zu finden, da großteils identische Gefäße sowohl beim Brauen wie auch für die Brotherstellung verwendet wurden. Das wäre verständlich, sagt Homan, da im Altertum Bier und Brot eng miteinander verbunden waren. Darüber hinaus ist es schwieriger, heute chemische Spuren von Bier in Krügen und anderen Töpferwaren nachzuweisen, da frühzeitliches Bier, anders als Wein, nicht lange haltbar war und für sofortigen Konsum gebraut wurde.

Es besteht noch ein weiteres Problem, *schechar* als „starkes Getränk“ oder „Spirituose“ zu übersetzen. Beide Begriffe setzen heute die Destillation voraus, nämlich den Vorgang, Wasser aus einem alkoholischen Getränk zu entfernen, um den Alkoholgehalt insgesamt zu vergrößern. Die Destillation wurde erst im ersten Jahrhundert n. u. Z. entwickelt,[2] daher ist die Verwendung dieser beiden Begriffe anachronistisch. Wenngleich es kein Bier war, wie wir es heute kennen, so konnte *schechar* aber auch keine destillierte Spirituose sein und klarerweise kein Wein.

2 Robert James Forbes: A Short History of the Art of Distillation. From the Beginnings up to the Death of Cellier Blumenthal, Leiden 1970, S. 57 u. 89.

Hinweise zu *schechar* im Tanach betreffen unterschiedliche Themen: Gesetze bezüglich der Nasiräer, Frohsinn und Trunkenheit, Gesetze bezüglich Opferhandlungen und Opfergaben. *Schechar* wird erstmals im Tanach in Numeri 6:3 erwähnt: „So enthalte er [der Nasiräer] sich des Weins und des Biers, Essig von Wein und Essig von Bier darf er nicht trinken und jeglichen Aufguss von Trauben darf er nicht trinken, und Trauben, frische und trockene darf er nicht essen.“ Gemäß ihrem freiwilligen Eid enthielten sich Nasiräer jeglicher alkoholischer Getränke, sie verzichteten sogar auf Säfte und Essig, welche auch nur die geringsten Mengen an Alkohol enthalten könnten. In diesem Zusammenhang wird *schechar* dem Wein als das andere sehr verbreitete alkoholische Getränk gleichgesetzt, das nicht konsumiert werden sollte.

Andere Hinweise zu Bier im Tanach beziehen sich ebenfalls auf Vorstellungen von Frohsinn und Trunkenheit. In Deuteronomium 14:26 wird Bier mit Augenblicken der Freude gleichgesetzt: „Und du magst das Geld ausgeben in allem, was deine Seele begehrt, in Rindern und in Schafen, und in Wein und in Bier und in allem, wozu dich dein Herz auffordert, und verzehre es vor dem Ewigen deinem Gott, und du sollst dich freuen, du und dein Haus.“

In ähnlicher Weise beschreibt der Mangel an Bier in Jesaia 24:9 eine melancholische Stimmung: „Nicht mehr trinken sie Wein beim Gesange, bitter ist das Bier für den Zecher.“ Dieser Vers aus Jesaia ist besonders interessant, da Bier hier mit Bitternis assoziiert wird. In diesem Zusammenhang wird Bitternis als negatives Resultat der traurigen Lage gesehen, an der die Israeliten im Exil leiden. Dennoch ist es interessant, dass sowohl historisch als auch in der heutigen Zeit Bitternis häufig als wichtiger aromatischer Bestandteil, der die Süße des Biers ausbalanciert, betrachtet wird. Obwohl Hopfen, der Stoff, welcher derzeit in der Bierherstellung verwendet wird, um dem Bier bitteren Geschmack zu verleihen, nicht in frühzeitlichem Bier verwendet wurde, ist es durchaus möglich (basierend auf späteren talmudischen Texten), dass andere Bitterstoffe beigegeben wurden.

Die Autoren des Tanach sahen auch die feine Linie zwischen dem Gebrauch von Alkohol zur Belustigung und dessen schädliche Effekte in der Trunkenheit. Oft riefen sie zur Mäßigung auf und in mehreren Passagen finden sich negative Beschreibungen des Bierkonsums. In Jesaia 28:7, nur wenige Kapitel nach unserem vorangegangenen Text, der Bier mit freudigen Ereignissen assoziierte, warnt der Autor davor, sich zu sehr zu betrinken, „Aber auch diese taumeln im Weine, schwanken umher im Bier, Priester und Propheten taumeln im Bier, sind vom Weine übermannt, schwanken umher vom Bier, taumeln bei dem göttlichen Gesicht, wanken im Richterspruch." Ähnlich in Sprichwörter 20:1: „Ein Spötter ist der Wein, ein Lärmer das Bier, und wer sich darin ergeht, wird nicht weise." In beiden Texten führt der Alkoholmissbrauch, insbesondere von Bier und Wein, zu einer Herabwürdigung von Weisheit und Urteilskraft, beides bei den Israeliten hochgepriesene Eigenschaften.

Schließlich wurde *schechar* sogar für Opfergaben genutzt. Die folgenden Verse aus Numeri 28:7–10 sind einzigartig, da sie den einzigen Text im Tanach darstellen, der die Israeliten dazu anhält, *schechar* in den Opferkult einzubeziehen. In den zahlreichen anderen auf Tieropfer bezogenen Texten ist stets Wein das bevorzugte Getränk:

> Und als Spende dazu ein Viertel eines Hin von Bier zu jedem Schaf; im Heiligtum gieße eine Spende Weins dem Ewigen. Und das zweite Schaf sollst du opfern gegen Abend, wie das Speiseopfer am Morgen, und mit dessen Spende sollst du opfern ein Feueropfer zum Wohlgeruch dem Ewigen [...] Das ist das Ganzopfer an jedem Schabbat außer dem täglichen Ganzopfer und seiner Spende.

Homan erwähnt in seinem Essay viele dieser Stellen und schließt ganz speziell mit diesem Text aus Prediger 11:1 ab: „Wirf hin dein Brot über die Wasser, denn auf die Länge der Zeit wirst du es wiederfinden." Homan sieht diesen Vers als ein mögliches verschlüsseltes Bierrezept. Basierend auf archäologischen Funden und verschiedenen Brautraditionen geht seine Lesung dieses Verses dahin, dass Bier durch Hinzufügung von Brot zu Wasser hergestellt werden kann (und wurde). Dies ist dem Kwas nicht unähnlich, einem traditionellen slawischen und baltischen gegorenen Getränk, welches üblicherweise aus dunklem oder hellem Roggenbrot hergestellt wird.

Aufgrund des Tanach lässt sich nur wenig über *schechar* sagen, dieses gegorene alkoholische Getränk, außer dass es in seiner Anwendung oft dem Wein entsprach, jedoch bei weitem nicht so häufig verwendet wurde, besonders nicht im religiösen Zusammenhang. Es wurde höchstwahrscheinlich aus Gerste hergestellt, und obzwar es heutzutage nicht notwendigerweise als Bier definiert wird, ist das Wort „Bier" dennoch eine zutreffende Übersetzung. Ähnlich seiner Rolle im Tanach spielte Bier in der talmudischen Zeit eine zentrale und vielschichtige Rolle.

BIER IM TALMUD

In der Amoraim-Periode zwischen 200 und 500 n. u. Z. nimmt das Bier bereits eine ausgeprägtere Rolle in der jüdischen Literatur ein. Im Allgemeinen verwendet der Babylonische Talmud denselben Begriff, *schechar*, erwähnt aber im Gegensatz zum Tanach Bier oftmals unabhängig von Wein. Bier wird, anders als Wein, sogar im Talmudtraktat Pessachim 107a erwähnt, welcher dieser Ausstellung den Titel gab. Die Rabbiner befassten sich hauptsächlich in dreierlei Hinsicht mit Bier: Gesundheit, Speisegesetze und religiöse Verwendung. Ähnlich wie im Judentum aus der Perspektive des Tanach spielt Bier auch in der Gesellschaft der talmudischen Periode eine ausschlaggebende, aber vielschichtige Rolle.

BIER UND GESUNDHEIT

Die Gelehrten des Babylonischen Talmud schrieben ausführlich über unsere Physis und Gesundheit. Die Amoräer glaubten fest an Medizin und Ärzte. In Baba Qamma 85a heißt es: „In der Schule Jismaels wurde gelehrt: ‚Um zu heilen soll er ihn heilen lassen‘, hieraus, dass der Arzt zum Heilen befugt ist.“ Die Rabbiner glaubten auch, selbst über medizinisches Wissen zu verfügen. In vielen Texten, in denen sie über Bier diskutieren, konzentrieren sie sich auf dessen medizinischen Wert. Hier handelt es sich keinesfalls um eine Spezialität des Judentums, wurde doch dem Bier von verschiedenen Kulturen weltweit und im Laufe der Geschichte immer wieder medizinischer Nutzen zugeschrieben. Die Rabbiner hielten Bier für eine Art Antivenin (Heilmittel bei Schlangenbissen), für ein Abführmittel (und erstaunlicherweise auch Stopfmittel) ebenso wie für ein Heilmittel gegen Lepra und Gelbsucht:

> Berachot 44b
> Die Rabbanan lehrten: Ein kleiner eingesalzener Fisch tötet manchmal: am siebenten, am siebzehnten oder am siebenundzwanzigsten, manche sagen am dreiundzwanzigsten [Tag]. Dies nur dann, wenn er gebraten und nicht [richtig] gebraten ist; ist er aber gut gebraten, so ist nichts dabei. Auch bei einem nicht gut gebratenen nur dann, wenn man nachher kein Bier getrunken hat; hat man aber nachher Bier getrunken, so ist nichts dabei.

Abgesehen von der scheinbar abergläubischen Annahme, eingesalzener Fisch sei an bestimmten Tagen tödlich, zeigt der Text tatsächlich eine bedeutende Anwendung von Bier in der rabbinischen Welt auf. Laut der Royal Society of Chemistry[3] hat Bier durch seinen Alkoholgehalt und durch die Beifügung von Hopfen antimikrobielle und antiseptische Eigenschaften. Zwar ist es unwahrscheinlich, dass in dem von den Rabbinern diskutierten Bier Hopfen enthalten war, dafür aber andere Bitter- und Würzstoffe (z. B. Saflor, die Färber- oder Öldistel), die ähnliche Eigenschaften gehabt haben könnten:

3 David R. Williams, Jeremy C. Philpott: "A Pint a Day...", in: Chemistry in Britain, 32. Jg. (1996), H. 12, S. 41–43.

> Schabbat 110a
> R. Joseph erklärte: Ägyptisches Bier enthält ein Drittel Gerste, ein Drittel Saflor und ein Drittel Salz. R. Papa sagte: Ein Drittel Weizen, ein Drittel Saflor und ein Drittel Salz und Kümmel. [...] Wer an Verstopfung leidet, bei dem wirkt es auflösend, wer an Durchfall leidet, bei dem wirkt es verhärtend.

Obwohl auf den ersten Blick ein scheinbarer Widerspruch, dass Bier nämlich sowohl Stopf- als auch Abführmittel sei, könnte es doch eine wissenschaftliche Erklärung dafür geben. Ebenso wie die Gose – eine ursprünglich aus Goslar stammendes obergäriges, leicht gesalzenes Bier – wurde dieses spezifische ägyptische Bier mit Salz hergestellt. Da sowohl Verstopfung als auch Durchfall das Ergebnis eines gestörten Elektrolythaushalts sein können, ist es möglich, dass die Salze im Bier eine Heilwirkung auf beide Zustände hatten:

> Schabbat 110a
> Gegen Gelbsucht nehme man zwei von diesen [nicht genannten] Dingen mit Bier, […]

Die Vorstellung von Bier als Heilmittel gegen Gelbsucht mag wiederum weit hergeholt erscheinen, basiert aber auf Fakten. Gelbsucht, die von manchen sogar mit übermäßigem Trinken in Verbindung gebracht wird, kann durch eine alkohol-induzierte Lebererkrankung verursacht werden. Es gibt jedoch zahlreiche Hausmittel zur Behandlung von Gelbsucht, welche Gerstenwasser als Schlüsselbestandteil enthalten.[4] Gerstenwasser, als Bierwürze in Brauereikreisen bekannt, ist im Grunde nur ungegorenes Bier; es ist die erste Brauphase, in welcher die gemalzte Gerste in heißem Wasser eingeweicht wird, um der Gerste Zucker und Aromen zu entnehmen, wobei ein dem Tee ähnliches Getränk entsteht.

4 Vgl. dazu: Sauer's Herbal Cures. Americas First Book of Botanic Healing 1762–1778. Translated and Edited by William Woys Weaver, Routledge-New York-London 2001. S. 52–54.

> Ketubot 77b
> R. Johanan sagte: In Babylonien sind deshalb keine Aussätzigen, weil man da Mangold isst, Bier trinkt und im Gewässer des Euphrat badet.

In diesem Text über die medizinische Wirkung von Bier beschreibt Rabbi Johanan dieses als Heilmittel oder Prophylaktikum gegen *zara'at*, was oft fälschlich mit Lepra übersetzt wird. Bei *zara'at*, einer unbekannten Hauterkrankung, handelte es sich höchstwahrscheinlich nicht um Lepra oder Morbus Hansen, wie diese Krankheit heute bezeichnet wird.[5] Anders als einige der früher erwähnten „pseudowissenschaftlichen" Abhandlungen der Gelehrten scheint dieser Text in Bezug auf *zara'at* keinerlei Bedeutung zu haben. Ob nun moderne Lepra oder biblische Hauterkrankung – keine der beiden Leiden konnte durch den Konsum von Bier geheilt oder verhindert werden.

5 Rachel Adler: Those Who Turn Away Their Faces: Tzaraat and Stigma, in: William Cutter (Hg.): Healing and the Jewish Imagination: Spiritual and Practical Perspectives on Judaism and Health, Woodstock 2008, S. 142–160.

Die Rabbiner merken an, dass Bier neben seinen heilenden Eigenschaften auch gesundheitsschädliche Wirkungen haben kann. Bier könne Hautkrankheiten (im Gegensatz zu den früheren Behauptungen der Rabbiner über dessen Heilkraft), Katarrh (Schleimhautentzündung), Kopfschmerzen, Impotenz und sogar Blähungen verursachen:

> Mo'ed Katan 9b
> R. Nahman sagte: Die Töchter R. Bebajs, der Bier trinkt, benötigen des Salbens, unsere Töchter benötigen des Salbens nicht, da wir kein Bier trinken.

In diesem etwas seltsamen Text scheint Rabbi Nahman anzudeuten, dass Bierkonsum zu Dunkelhäutigkeit führe, bei sich selbst oder eventuell bei den eigenen Kindern – ein unerwünschtes Merkmal. In seinem Kommentar zu diesem Text stimmt Raschi dieser Behauptung zu und stellt zudem fest: „Bier verursacht Dickleibigkeit und Haarwuchs." Obwohl es diverse Darstellungen gibt, die über

Bier zur Anregung des Haarwuchses berichten, empfehlen diese jedoch das Bier auf der Haut aufzutragen und nicht, es zu trinken.

> Hulin 105b
> Ferner sagte Abajje: Früher glaubte ich, man trinke den Schaum [auf Getränken] nicht wegen der Ekelhaftigkeit, der Meister aber erklärte mir, weil dies Nasenfluss verursacht. Das Trinken bringt Nasenfluss, das Fortblasen bringt Kopfweh, das Beiseiteschieben bringt Armut. – Was mache man? – Man lasse ihn abstehen.

Was ist zu tun, wenn das Bier zu sehr schäumt? Der Bierschaum, auch Blume oder Schaumkrone genannt, ist ein viel diskutiertes Thema in der Welt des Biers. Bierbrauer kämpfen oft mit der richtigen Karbonisierung und dem korrekten Proteinanteil, um sicherzustellen, dass das Bier eine Krone trägt, die nicht sofort zerfällt. In diesem Text, ebenfalls abergläubischer Natur, fragen sich die Rabbiner, was mit der Schaumkrone zu tun sei. Es gibt keinen wissenschaftlichen Nachweis, wonach das Trinken von Bierschaum Übelkeit oder einen Katarrh verursachen würde; ganz zu schweigen davon, dass das Wegblasen Kopfweh oder das Beiseiteschieben Armut verursachen würde. Die rabbinische Antwort ist recht hübsch: Sei nur geduldig! Rein anekdotisch (und nach einer kurzen Suche im Internet): Es gibt viele Berichte, wie man die Öle der eigenen Haut nützen kann, um übermäßigen Schaum aufzulösen (hauptsächlich, indem man den Finger an der Nase reibt und diesen dann in den Schaum steckt).

> Schabbat 110a
> [...] und man wird davon steril.

Dieser Text, der den Abschluss des oben erwähnten bildet, welcher über die Verwendung von Bier als Heilmittel für Gelbsucht spricht, warnt vor den Nebeneffekten von Bier. Wie in moderner pharmazeutischer Werbung preisen die Gelehrten zunächst die Heilkräfte des Biers und fahren mit der Warnung fort, dass es leider auch Impotenz verursachen kann. Wie William Shakespeare bekanntermaßen in Macbeth geschrieben hat: „Es reizt die Begierde, aber es verhindert die Vollbringung." Obwohl häufig als Legende betrachtet, gibt es doch medizinische Befunde, die zeigen, dass Alkohol Impotenz verursachen kann. Laut dem Indian Journal of Psychiatry[6] kann übermäßiger Alkoholkonsum aufgrund neurologischer Ursachen und Gefäßverengungen zu Erektionsstörungen führen.

6 Bijil Simon Arackal, Vivek Benegal: Prevalence of Sexual Dysfunction in Male Subjects with Alcohol Dependence, Indian Journal of Psychiatry, 49 Jg. (2007), H. 2, S. 109–112.

> Schabbat 140b
> R. Hisda sprach zu seinen Töchtern: Seid keusch in Gegenwart eurer Männer. Esset kein Brot in Gegenwart eurer Männer. Esset nachts keine Kräuter, esset nachts keine Datteln und trinket nachts kein Bier.

Diese etwas frauenfeindliche Anmerkung von Rabbi Hisda weist nochmals auf einige der unbeabsichtigten Konsequenzen des Biertrinkens hin. Laut Raschis Kommentar haben der Konsum von Grüngemüse, Datteln und Bier eines gemeinsam – sie verursachen Blähungen. Denn es ist bei Nacht, wenn man mit seinem Gatten im gleichen Bett liegt, nicht gerade ideal, Flatulenzen zu haben. Was die Wissenschaftlichkeit hinter der gasproduzierenden Eigenschaft von Bier angeht, so ist dies vermutlich eine Folge der durch den Gärungsprozesses natürlich entstehenden Karbonisierung.

Woher, möchte man nun fragen, wusste Rabbi Hisda soviel über Bier? Er war selbst ein Bierbrauer![7] Die meisten Rabbiner im Talmud hatten andere Berufe, und es scheint, dass Rabbi Hisda ein recht erfolgreicher Bierbrauer war.

7 Pesachim 113a: „R. Hisda sagte: Hätte ich kein Bier gebraut, so würde ich nicht reich geworden sein."

BIER UND KASCHRUT

Das nächste große Interessensgebiet der Rabbiner in Bezug auf Bier war Kaschrut. Wie bei allen anderen Substanzen, die eingenommen werden, befanden die Rabbiner auch über die Zulässigkeit von Bier:

> Hulin 67a
> R. Hona sagte: Man gieße abends kein Bier durch einen Holzfilter, denn ein Wurm könnte im Filter sitzen bleiben und dann in den Becher fallen, und man würde übertreten [das Verbot] *jedes Kriechtier, das auf der Erde kriecht.*[8]

8 Levitikus 11:41: „Und alles Gewimmel, das auf dem Lande wimmelt, ein Scheusal ist es, gegessen darf es nicht werden."

Dieser faszinierende Text entstammt dem Traktat Hulin, Teil der Ordnung Kodaschim, der sich hauptsächlich mit ungeweihten Gefäßen und Gefäßen für die Speisezubereitung befasst. Ebenso wie andere Texte aus Hulin von der alltäglichen kulinarischen Welt der Amoräer handeln, bezieht sich dieser spezifisch auf den Bierkonsum dieser Zeit. Wie auch heute üblich wurde Bier vor dem Konsum abgeseiht. Heutzutage wird Bier vor der Filterung und Abfüllung gelagert. Es scheint aber, dass in der Amoraim-Periode Bier erst unmittelbar vor dem Konsum gefiltert wurde. Damals war wohl noch mehr Filtration notwendig, da das Bier Brotstücke enthielt, um den Gärungsprozess in Gang zu bringen. Archäologen haben sowohl Gefäße speziell für die Bierfiltration gefunden als auch einzigartige Strohhalme mit Filtern, die beim Trinken aus einem gemeinschaftlichen Behälter verwendet wurden.[9]

9 Michael M. Homan, Ancient Israelites (wie Anm. 1).

Neben dem Verständnis, wie Bier in dieser Periode konsumiert wurde, erfährt man auch, dass sich Bier in der gleichen Lebensmittelkategorie befindet wie Gurken oder Fisch. In ähnlichen Texten in diesem Traktat sind die Rabbiner ebenso strikt bei der Prüfung anderer Nahrungsmittel, die nicht-koschere Insekten enthalten könnten. Dies ist ein erstklassiges Beispiel der rabbinischen Vorstellung von „*siyag l'Tora*", der Errichtung eines Zaunes um die Tora. Es scheint, dass Bier an sich wie auch andere vegetarische Lebensmittel keine Kaschrut-Probleme verursacht, aber die Rabbiner darauf bestehen, Bier vor eventueller Kontaminierung zu bewahren.

Heutzutage ist Bier zumeist koscher. Es gibt jedoch einige Sorten, die nicht-koschere Bestandteile enthalten wie Fischblase vom Filterungsprozess (die von einem nicht-koscheren Fisch stammen könnte) oder Austern (z.B. Austern Stout).

Die Kaschrut-Vorschriften für Bier unterscheiden sich wesentlich von denen für Wein. Letzterer ist koscher gemäß den Gesetzen zur *aboda zara* (Götzenverehrung). Der Gedanke dahinter ist die Sorge, dass Nicht-Juden, die an der Weinherstellung beteiligt sind, den Wein ihren Gottheiten widmen könnten; nähme dann ein Jude diesen Wein zu sich, würde er aus der Götzenverehrung Nutzen ziehen. Dies trifft aber nicht auf Bier zu, da es in heidnischen

Ritualen in nicht der gleichen Weise verwendet wird. Im folgenden Text aus dem Traktat Aboda Zara besprechen die Rabbiner dann doch das Problem mit Bier und Nicht-Juden.

> Aboda Zara 31b
> Es wurde gelehrt: Weshalb haben sie das Bier der Nichtjuden verboten? Rami b. Hama erklärte im Namen R. Jichaqs, wegen der Verschwägerung. [...] R. Papa ließ es [das Bier] sich zur Tür des Ladens herausbringen und trank es. R. Ahaj ließ es sich nach Hause bringen und trank es. Nach beiden ist es wegen der Verschwägerung verboten.

Dieser verblüffende Text aus Aboda Zara bietet Einsicht in das Wesen von Kaschrut. Viele Gelehrte haben angenommen, dass das Kaschrut-System eigentlich als ein Mittel zur Abgrenzung entwickelt wurde.[10] Essen und Trinken, häufig eine äußerst gemeinschaftliche Aktivität, führt ganz natürlich zu Geselligkeit. Bei Alkoholgenuss, der Hemmungen verringert, ist dies umso mehr der Fall. Die Gelehrten legen klar dar, dass von Nicht-Juden hergestelltes Bier an sich keineswegs unkoscher sei; es wäre bloß untersagt, dieses gemeinsam mit Nicht-Juden zu trinken, aus Furcht vor Geselligkeit, die zu Mischehen führen könnte.

10 http://www.biblicalarchaeology.org/daily/ancient-cultures/daily-life-and-practice/making-sense-of-kosher-laws.

BIER UND RITUAL

Schließlich interessierten sich die Gelehrten noch für die Nutzung des Biers für religiöse Zwecke. Die beiden nun folgenden Texte sind vielleicht die interessantesten und erstaunlichsten, da Bier historisch gesehen nicht in der gleichen Weise mit jüdischem Ritual in Verbindung gebracht wurde wie Wein. Klarerweise war Wein immer das für rituelle Zwecke wichtigste Getränk, doch schafften die Gelehrten auch einen Rahmen zur Einbindung des Biers in den religiösen Ritus.

> Schabbat 139b
> Man darf am Halbfeste Bier für den Bedarf am Halbfeste brauen, nicht für den Bedarf am Halbfeste ist es verboten; einerlei ob Bier aus Datteln oder Bier aus Gerste.

Selbstverständlich ist das Brauen an einem Feiertag (*chag*) nicht gestattet, da dies Arbeit erfordert (insbesondere die Verwendung von Feuer), die am Schabbat und an Feiertagen untersagt ist. Obwohl sie ebenfalls eine gewisse Heiligkeit besitzen, unterliegen die dazwischenliegenden Tage des Feiertages (*chol hamo'ed*) nicht den gleichen Restriktionen bezüglich *m'lachot* (Arbeit). Daher entschieden die Gelehrten, wenn auch mit Vorbehalt gerade wegen dieser gewissen Heiligkeit, dass Bierbrauen wie andere Arbeit auch erlaubt sei.

Der möglicherweise interessanteste Teil dieses Textes ist die Wendung „für den Bedarf am Halbfeste“. Das fordert natürlich die Frage heraus: Wann wird es verlangt, Bier an einem Feiertag zu trinken? Der Text geht nicht weiter auf diese mysteriöse Ausdrucksweise ein, aber auch nirgendwo sonst im Talmud taucht ein Hinweis zur Notwendigkeit des Biers an irgendeinem Feiertag auf. Man kann davon ausgehen, dass dies nicht für Pessach bestimmt war, da die Regeln betreffend *chametz* (gesäuerte Waren) Bier für diesen Feiertag unkoscher machen. Daher könnte Bier als Teil der zwei restlichen Feste, Sukkot und Schawuot, verwendet worden sein, wobei Letzteres am ehesten zuzutreffen scheint. Wie viele andere jüdische Feiertage war auch dieses ursprünglich ein landwirtschaftliches Fest. Schawuot markierte das Ende der Sommergerstenernte und den Beginn der sommerlichen Weizenernte. Hier scheint es sich um eine verlorengegangene Tradition zu handeln, bei der Bier getrunken oder als Opfergabe als Teil der Schawuot-Feierlichkeiten zum Tempel gebracht wurde.

> Pesachim 107a
> Mar Januqa und Mar Qasisa, die Söhne R. Hisdas, erzählten R. Asi: Einst kehrte Rabin in unsere Ortschaft ein, und da wir keinen Wein hatten, brachten wir ihm Bier; aber er sprach darüber nicht den Unterscheidungssegen und übernachtete nüchtern. Am folgenden Tage bemühten wir uns und besorgten ihm Wein; da sprach er den Unterscheidungssegen und aß etwas. Ein Jahr darauf kehrte er abermals in unsere Ortschaft ein, und da wir keinen Wein hatten, besorgten wir ihm Bier. Da sprach er: Nachdem dies der Wein dieses Landes ist. Hierauf sprach er darüber den Unterscheidungssegen und aß etwas. [...]
> R. Hisda fragte R. Hona: Darf man den Weihsegen über Bier sprechen? Dieser erwiderte: Ich fragte Rabh, Rabh den R. Hija, R. Hija inbetreff des Gerstentrankes, des Feigentrankes und des Maulbeertrankes, und dieser entschied es nicht, um wieviel weniger über Bier. Er glaubte hieraus zu entnehmen, dass man darüber nur den Weihsegen nicht sprechen dürfe, wohl aber den Unterscheidungssegen, da sprach R. Hisda: Folgendes sagt Rabh: Wie man darüber den Weihsegen nicht sprechen darf, ebenso darf man darüber den Unterscheidungssegen nicht sprechen. Ebenso wird gelehrt: R. Tahlipa b. Abimi sagte im Namen Samuels: „Wie man darüber den Weihsegen nicht sprechen darf, ebenso darf man darüber den Unterscheidungssegen nicht sprechen." Levi sandte an Rabbi Bier aus dreizehn Mischungen, das sehr schmackhaft war. Da sprach er: Ein solcher ist Wert, dass man darüber den Weihsegen und alle Lieder und Lobpreisungen der Welt spreche.

In diesem Text diskutieren verschiedene Rabbiner die Zulässigkeit der Bierverwendung sowohl beim Unterscheidungssegen (Hawdala) als auch beim Weihsegen (Kiddusch). Der Text beginnt mit einer Geschichte (Aggada) über Amemar, einen der prominentesten Gelehrten der fünften und sechsten Generation der Amoräer, der in einer Stadt, in welcher er auf Besuch ist, das Hawdala-Ritual vornimmt. Als er bemerkt, dass die Stadtbewohner ihm Bier statt Wein für den Segensspruch bringen, weigert er sich, das Ritual durchzuführen, und isst auch nicht, da es Brauch ist, erst nach dem Unterscheidungssegen zu essen. Die Stadtbewohner bemühen sich dann sehr, Wein zu beschaffen, und er fährt mit der Zeremonie fort. Als er ein Jahr später wieder diese Stadt besucht, wird ihm abermals Bier für das Ritual gebracht, doch diesmal ist er einverstanden dieses statt des Weins zu verwenden, da er einsieht, dass das Bier „der Wein des Landes" ist.

Der Text geht dann zur Frage der halachischen Zulässigkeit über, Bier und andere spezielle Getränke für Hawdala und Kiddusch zu verwenden. Obwohl zahlreiche abweichende Meinungen erhalten sind, überwiegt die Meinung von Rabbi Jehuda HaNasi (einfach Rabbi genannt), dass Kiddusch über Bier zulässig sei. Laut diesem Bericht kam Rabbi erst nach Verkostung eines außergewöhnlichen, dreizehnfach gefilterten Biers zu dieser Entscheidung. Es scheint, dass sein Beschluss auf dem Konzept von *hiddur mitzwa* beruht, der Verschönerung des Gebots.[11] Solange das Getränk in irgendeiner Weise besonders ist, kann es

11 Midrasch Mechilta, Schirata, Kap. 3.

für den Weihsegen verwendet werden. Die Grundlage, worauf „besonders“ basiert, ist vollkommen subjektiv; somit kann der Wein einer Stadt das Bier einer anderen sein. Diese Entscheidung bleibt auch in späteren Gesetzesbüchern aufrecht. Es ist sogar heute noch gestattet, Bier für den Kiddusch zu verwenden, falls dieses tatsächlich „der Wein des Landes“ ist.[12]

12 Schulchan Aruch, Orach Chaim 272.

EIN ABSCHLIESSENDER GEDANKE ...

> Schabbat 140b
> R. Hisda sagt; Wer Bier vertragen kann und Wein trinkt, übertritt das Verbot, nichts zu zerstören (*bal taschchit*).

Rabbi Hisda, der berühmte bierbrauende Gelehrte, gibt einen abschließenden interessanten Kommentar zu Bier ab. Während er die Gesetze zu *bal taschchit* – die rabbinische Verfügung gegen mutwillige Zerstörung und Verschwendung – diskutiert, entscheidet Rabbi Hisda, dass der Konsum von Bier weniger verschwenderisch sei als der von Wein. Der Skeptiker könnte in dieser Entscheidung einen Interessenskonflikt wittern und behaupten, dass Rabbi Hisda einfach versucht, mehr Bier zu verkaufen. Es ist jedoch offenkundig, dass die Bierproduktion wesentlich weniger verschwenderisch ist als die von Wein, weniger Ressourcen, Zeit und Energie erfordert, da Gerste ein wesentlich robusteres Anbauprodukt ist als Trauben. Besonders interessant an diesem Text ist der Umstand, dass dies nicht das einzige Mal in der Geschichte ist, dass Autoritäten eine Entscheidung getroffen haben, die sicherstellt, dass manche Grundnahrungsmittel mehr verwendet werden als andere. Es gibt Beweise, dass das Reinheitsgebot erstmals erlassen wurde, um Bierbrauer zu zwingen nur Gerste (statt Weizen) zu verwenden, um die Weizenpreise für Bäcker niedrig zu halten.[13]

13 Mason, Betsy: April 23, 1516: Bavaria Cracks Down on Beer Brewers. (Online: http://www.wired.com/2010/04/0423deutsche-reinheitsgebot-german-beer-purity-law/).

Wie aus der gründlichen Diskussion im Babylonischen Talmud zu ersehen ist, war Bier ein bedeutender Teil des täglichen Lebens von Rabbinern und jüdischen Laien der Amoraim-Periode. Obwohl Bier nicht annähernd so häufig im Talmud erwähnt wird wie Wein, steht ihm doch diese maßgebliche Abhandlung durch die Rabbiner zu; auch wird es, im Gegensatz zu Wein, multidisziplinär betrachtet. Bier überschnitt sich mit den wichtigsten Aspekten des täglichen Lebens: Gesundheit, physische Erscheinung, Kaschrut, Ritual und gesellschaftlicher Verkehr im Allgemeinen. Man kann sich die Gelehrten geradezu bildlich vorstellen, wie sie über einem oder zwei Krügen guten Biers die verschiedenen *halachot* diskutieren. *L'chaim*!

2/1 *Abbildung S. 18*
Dikduke Soferim. Variæ Lectiones in Mischnam et in Talmud Babylonieum
Bearbeitet von Raphael Nathan Rabinowicz (1835–1888)
München, 1874
H: 22 cm; B: 14,5 cm

Jüdisches Museum München (Bibliothek)

Rabinowicz bearbeitete und edierte 1862–1888 in München die weltweit einzige erhaltene mittelalterliche Talmud-Handschrift in der heutigen Staatsbibliothek München (Cod. Hebr. 95). Aufgeschlagen ist Abschnitt 107a des Traktats Pesachim, in dem festgehalten ist, dass Bier für bestimmte rituelle Handlungen verwendet werden kann, wenn es „der Wein dieses Landes" ist.

2/2
Esther-Rolle der Brauerei Nescher

Israel, um 2000
Papier
H: 33 cm; L: 385 cm

Jüdisches Museum München, # JM 17/2014

Seit dem späten 19. Jahrhundert verteilen Wein- und Getränkehersteller wie Manischewitz oder Coca Cola Pessach-Haggadot als Werbegeschenke. Da Bier nicht koscher für Pessach ist, verbietet sich dies für Brauereien. Die israelische Brauerei Nescher, die u. a. das Malzbier „Bira Malti" herstellt, wich deshalb auf eine Esther-Rolle aus, in deren Illustrationen die Akteure der Esther-Geschichte „Bira Malti" trinken.

2/3
„Shmaltz"-Chanukka-Leuchter

USA, 2015
Glas, Papier, Wachs
H: 27 cm; L: 50 cm

Jüdisches Museum München, # JM 15/2016

Die „Shmaltz Brewing Company" in Clifton Park, NY stellt unter der Marke „He'Brew – The chosen Beer" zahlreiche Biersorten her, die mit ihren Namen Aspekte jüdischer Religion und Identität spielerisch aufgreifen. Jährlich zu Chanukka wird eine Feiertagsedition zusammengestellt. Aus den Flaschen und den mitgelieferten Kerzen kann ein Chanukka-Leuchter zusammengestellt werden.

2/4
Zwei Bierflaschen des Temple Beth Elohim

USA, 2015
Glas
H: 23,3 cm; D (Stand): 5,5 cm

Jüdisches Museum München # JM 16.1–2/2016

Reformgemeinden in den USA bieten vielfältige Freizeitprogramme an. Die Congregation Temple Beth Elohim in Wellesley, MA, veranstaltet Kurse wie „Beer & Bible with Rabbi Josh Franklin", in denen die Gemeindemitglieder nicht nur etwas über Bier in der Bibel lernen, sondern auch selbst Biere wie den „Jew-Bock-A" oder das „BETHeweizen" gemeinsam brauen.

3/3
Bierkrug
Westerwald, um 1850
Jüdisches Museum München

»Das Kahls Siegel siehet einem Bierzeichen nicht ungleich«

DER DAVIDSTERN UND DIE ZUNFTZEICHEN UND SYMBOLE DES BRAUER- UND MÄLZERHANDWERKS

VON MATTHIAS TRUM

In vielen Brauerwappen und Brauereisymbolen findet sich neben den klassischen Brauerwerkzeugen Malzschaufel, Maischegabel und Bierschöpfer auch noch das Hexagramm, der sogenannte Bier- oder Brauerstern, der in der Literatur gerne als altes oder sogar ältestes Zunftzeichen der Brauer beschrieben wird.[1] Daneben kommt das Hexagramm damals wie heute als Bierausschankzeichen an Gastwirtschaften zum Einsatz. Das Bier-Schankrecht war im Mittelalter oft mit dem Braurecht verbunden.[2] In Nürnberg ging man gar so weit, dass der Bierausschank ausschließlich den Brauhäusern erlaubt war beziehungsweise das Gebräu gleich fassweise an die Kundschaft verkauft wurde – Bierschänken im Sinne von Gastwirtschaften gab es dort erst ab 1540.[3] Eine ähnliche Regelung galt in Köln.[4] Damit potentielle Gäste wussten, wo Speisen und Getränke feilgeboten wurden, mussten die entsprechenden Häuser mit eindeutigen Zeichen versehen werden.

Die frühesten Symbole hatten einen Bezug zum ausgeschenkten Getränk. So kamen bei Weinschänken Weinreben und bei Bierschänken Kornähren zum Einsatz. Mit etwas Fantasie könnte man in der Darstellung des „Herttel Pyrprew" im Nürnberger Hausbuch der Mendelschen Zwölfbrüderstiftung von 1425 innerhalb des Hexagramms eine angedeutete Ähre erkennen.[5] Im Laufe der Zeit wurden aus diesen getränkespezifischen Pflanzen ganz allgemein Zweige oder Büsche, die an einer Stange über dem Hauseingang befestigt waren.[6] Der heutige Begriff der Straußenwirtschaft oder Buschenschank leitet sich vermutlich daraus ab.

Oberhalb der Darstellung des „Nüssel Weinschenk" im Mendelschen Hausbuch erkennt man einen Stab, an dem der Strauß beziehungsweise Zweig als Zeichen für Weinausschank befestigt ist. Darunter befindet sich ein Wappen – vermutlich um die Herkunft des Weines zu bezeichnen. Im Übrigen ist es bemerkenswert, dass Ausschanksymbole innerhalb des Hausbuches der Mendelschen Zwölfbrüderstiftung zwar bei Weinschänkern und Bierbrauern vorkommen, aber nicht bei Wirten. Erklärbar ist dieses Phänomen möglicherweise mit der Tatsache, dass auch bei allen übrigen Berufen, wie zum Beispiel den Webern, keine berufsspezifischen Symbole gezeichnet wurden. Aushänge in Form von Wappen oder Zeichen finden wir im Hausbuch nur bei Weinschänkern, Bierbrauern und Ärzten – allesamt Berufe, die stark unter der Kontrolle des Rates standen beziehungsweise direkt mit der Gesundheit der Bevölkerung zu tun hatten. Vielleicht kommt durch die Symbolik weniger das Selbstverständnis der Handwerker als vielmehr eine besondere obrigkeitliche Überwachung zum Ausdruck.

Dem Zweig oder Strauß verwandt ist das Symbol des Kranzes, der vornehmlich Weinschänken,[7] aber auch Bierschänken bezeichnete.[8] Besonders differenziert waren die Vorschriften in Landshut: Dort hing es vom Bierpreis ab, ob man Birkenzweige oder einen Reif als Schankzeichen verwendete.[9] Birkenzweige oder anderes Astwerk wurden aber nicht nur in Landshut zur Kennzeichnung verwendet, sondern waren allgemein als Ausschankzeichen verbreitet.[10] Aus dem Kranz entwickelte sich dann später der Reif als generelles Gastlichkeitszeichen nicht nur für Weinschänken. Eine Vereinfachung der oben beschriebenen Zeichen kommt aus England: Der *ale pole* oder *ale stake*, eine Holzstange, an deren Spitze besenähnlich Zweige befestigt waren.[11] Im Südwesten Deutschlands gibt es bei den sogenannten Besenwirtschaften eine ähnliche Kennzeichnung.[12]

Dieser Beitrag ist ein überarbeiteter und aktualisierter Auszug aus meiner 2002 im Studiengang Brauwesen am Wissenschaftszentrum Weihenstephan der TU München vorgelegten Diplomarbeit „Historische Darstellungen, Zunftzeichen und Symbole des Brauer- und Mälzerhandwerks".

1 Werner Lauterbach, Dieter Löwe: Braunahrung gehörte zur Stadtnahrung. Das Brauwesen Freibergs im 14. und 15. Jahrhundert (= Acht Jahrhunderte Bier in Freiberg, Teil 1), in: Mitteilungen des Freiberger Altertumsvereins, H. 79 (1997), S. 79–113.

2 Werner Schultheiß: Brauwesen und Braurechte in Nürnberg bis zum Beginn des 19. Jahrhunderts (= Nürnberger Werkstücke zur Stadt- und Landesgeschichte, 23), Nürnberg 1978.

3 Stadtarchiv Nürnberg (Hg.): Quellen zur Geschichte und Kultur der Stadt Nürnberg, Bd. 3: Satzungsbücher und Satzungen der Reichsstadt Nürnberg aus dem 14. Jahrhundert, Lieferung 1 und 2, bearbeitet von Werner Schultheiß, Nürnberg 1965 und 1978, S. 154.

4 Johanna Kachel: Herberge und Gastwirtschaft in Deutschland bis zum 17. Jahrhundert, Stuttgart 1924, S. 54-55.

5 Hausbuch der Mendelschen Zwölfbrüderstiftung zu Nürnberg, Faksimile, Text- und Bildband 1, München 1965, S. 63; das Original befindet sich in der Sammlung der Nürnberger Stadtbibliothek.

6 Hans Conrad Peyer: Gastfreundschaft und kommerzielle Gastlichkeit im Mittelalter (= Schriften des Historischen Kollegs: Vorträge 3), München 1983, S. 23.

7 Johanna Kachel, Herberge (wie Anm. 4), S. 169–170.

8 Wilhelm Scheben: Die Zunft der Brauer in Köln in ihrem inneren Wesen und Wirken, Köln 1880, S. 54.

9 Karin Hackel-Stehr: Das Brauwesen in Bayern vom 14. bis 16. Jahrhundert, insbesondere die Entstehung und Entwicklung des Reinheitsgebotes (1516), Dissertation TU Berlin, Fachbereich 1: Kommunikations- und Geschichtswissenschaften, Berlin 1987, S. 94.

10 Karl-Sigismund Kramer: Bauern, Handwerker und Bürger im Schachzabelbuch, München-Berlin-Regensburg 1995, S. 103.

11 Roger Protz: Ale Pole, in: Garrett Oliver: The Oxford Companion to Beer, Oxford 2012, S. 31.

12 Wolfgang Alber: Besenwirtschaften in Württemberg. Zu einem kulturökonomischen Paradigma, in: Irmgard Hampp, Peter Assion (Hg.): Forschungen und Berichte zur Volkskunde in Baden-Württemberg 1974–1977, Stuttgart 1977.

„Herttel Pyrprew“ aus dem Hausbuch der Mendelschen Zwölfbrüderstiftung, Nürnberg, um 1425

„Nüssel Weinschenk“ aus dem Hausbuch der Mendelschen Zwölfbrüderstiftung, Nürnberg, um 1425

„Jorg Prewmaister“ aus dem Hausbuch der Mendelschen Zwölfbrüderstiftung, Nürnberg, 1437

Eine weitere Sitte ist aus Straßburg überliefert: Dort wurde zur Kenntlichmachung eines Bierausschankes ein Stuhl vor die Tür gestellt.[13] Zusätzlich gab es oft Ausrufer, die den Wein- oder Bierausschank in bestimmten Häusern ansagten.[14] Ein besonderes Ausschankzeichen kommt aus Nürnberg: *„Ouch sol ein iclich pierprew, waz er piers preut, selber mit offem hause und mit auzzgestossem gattern verschenken“.*[15] Dieses „Gatter“ sieht man höchstwahrscheinlich über „Jorg Prewmaister“ aus dem Mendelschen Hausbuch an einem Stab befestigt. Daneben kommt *„ein ausgeregeter, sichtiger zeiger [...], daran verständig gemacht, wie tewer das pier geschenkt“* zur Verwendung.[16]

13 Johanna Kachel, Herberge (wie Anm. 4), S. 170.

14 Ossip D. Potthoff, Georg Kossenhaschen: Kulturgeschichte der deutschen Gaststätte, Berlin 1933 (unveränd. Nachdruck) Hildesheim-Zürich-New York 1996, S. 12.

15 Werner Schultheiß, Brauwesen (wie Anm. 2), S. 267.

16 Ebd., S. 77.

Eine frühe Erwähnung, leider jedoch keine Darstellung des „Bierzeigls“ findet sich in Regensburg zu Anfang des 14. Jahrhunderts in den Streitigkeiten zwischen Stadt und Klerus um die Einführung einer Biersteuer: *„[...] die reichsstiftischen Bierbrauer fingen schon an, Bierzeigl [das Schenkzeichen] anzustecken [...]“.*[17] Dies belegt, dass nicht nur bürgerliche, sondern auch geistliche Brauer den Zeigl als Symbol verwendeten. Nachdem in späteren Darstellungen der Zeigl immer als Hexagramm dargestellt wurde, ist anzunehmen, dass dieser auch bei den geistlichen Herren ein Sechseck war. Den Beweis in Form einer konkreten Darstellung muss dieser Beitrag jedoch leider schuldig bleiben. Der Begriff des Bierzeigls lebt in der Region um Regensburg bis in die heutige Zeit fort: In der Oberpfalz gibt es die Tradition des Zoiglbiers, eine Form des kommunalen Braurechts, bei dem jeder Hausbesitzer Bier brauen darf und dieses mit einem am Haus befestigten „Bierzoigl“ anzeigt. Der Ausdruck „Zoigl“ ist dabei der Oberpfälzer Dialektausdruck für Zeiger.[18] Eine ähnliche Tradition hat sich in der Fränkischen Schweiz und in der Pegnitzer Gegend mit dem „Flindern“ erhalten. Hier wird jedoch kein Brauerstern, sondern ein Zweig als Symbol für den Bierausschank verwendet.[19]

17 Karin Hackel-Stehr: Brauwesen (wie Anm. 9), S. 157.

18 Andreas Kassalitzky: Vom Plempl zum Kultgetränk. Faszination Zoigl (= Weidner heimatkundliche Arbeiten 22), Weiden 2011, S. 32–36.

19 Ebd.

Der Brauerstern in Nürnberg war entweder in roter oder weißer Farbe angestrichen, um den Ausschank von Rot- oder Weißbier anzuzeigen.[20] In der Abbildung des „Hans Albrechtt genannt Distler" im Mendelschen Hausbuch sieht man an dem Stab im Hintergrund zum einen das rote Hexagramm, zum anderen eine Art Zweig. Diese quasi doppelte Auszeichnung ist recht ungewöhnlich, war doch der Mischausschank eigentlich nicht erlaubt. Sie erklärt sich möglicherweise mit der Tatsache, dass in Einzelfällen Weinschänken das Recht zum Ausschank von auswärtigem Bier – in diesem Fall wohl Rotbier – gegeben wurde.[21] Unterstützt wird diese These durch den Text über der Zeichnung: „Hans Albrecht sonst Distler genannt ain preumaister des pierpreu handels" und den Umstand, dass Albrecht ohne Brauwerkzeuge dargestellt wird. Zusätzlich erscheint der Hintergrund der Zeichnung sehr ländlich, also eventuell außerhalb der Nürnberger Stadtmauer.

20 Stadtarchiv Nürnberg (Hg.): Quellen (wie Anm. 3), S. 77; ebenso: Walter Grönert: Die Entwicklung des Gaststättenrechts in der Freien Reichsstadt Nürnberg seit dem 14. Jahrhundert, Dissertation, Universität Erlangen, Fachbereich Rechtswissenschaften, Erlangen-Nürnberg 1967, S. 55.

21 Ebd., S. 58.

Etwas unklar wird der Sachverhalt dadurch, dass die erste bekannte Verordnung des Nürnberger Stadtrates zum Ausschank von auswärtigem Bier aus dem Jahr 1561 stammt, der Distler jedoch schon im Jahr 1560 gestorben ist. Es ist allerdings anzunehmen, dass schon vor dieser ersten städtischen Anordnung Fremdbier in Nürnberg ausgeschenkt wurde, beispielsweise bei den immer wieder auftretenden Versorgungsengpässen in den Sommermonaten.

DAS HEXAGRAMM

Die Symbolik des Brauersterns – das Hexagramm – ist heute weniger als Bierzeichen, sondern vielmehr als ein Symbol des Judentums bekannt. Wie kommt es nun, dass das gleiche Zeichen zwei so unterschiedliche Bedeutungen haben kann? Besteht vielleicht sogar eine Verbindung zwischen den beiden Bedeutungsformen, gehen sie auf einen gemeinsamen Ursprung zurück oder ist die Ähnlichkeit rein zufällig?

Zur Geschichte des Davidsterns gibt es sehr umfangreiche Literatur. Die Frage der Herkunft des Symbols und seiner erstmaligen Verwendung in einem jüdischen Kontext wird dabei äußerst kontrovers diskutiert. So soll die jüdische Gemeinde zu Prag Mitte des 14. Jahrhunderts das Hexagramm als ihr Symbol verwendet haben. Dazu kam es, weil im Mittelalter die Bürger ihre Städte öfter gegen Übergriffe von außen verteidigen mussten. Die jüdischen Gemeinden hatten dabei manchmal ein eigenes Tor, das Judentor, zu schützen.[22] In Prag war das ähnlich und deshalb gab es eine eigene jüdische Miliz. Kaiser Karl IV. soll den Juden das Recht verliehen haben, eine eigene Fahne mit Zeichen zu tragen. Diese Fahne galt lange als erster Beleg der Verwendung des Hexagramms als politisches Zeichen einer jüdischen Gemeinde.[23] Belegbare Quellen für diese vermeintlich erste Verwendung des Davidsterns in Prag gibt es jedoch nicht. Vielmehr lässt sich die Verwendung des Davidsterns als Symbol auf der Fahne der Prager Judenschaft erstmals 1490 nachweisen.[24]

22 Georg Caro: Sozial- und Wirtschaftsgeschichte der Juden, Bd. 1, Hildesheim-Zürich-New York 1999.

23 Gerbern S. Oegema: Von Prag in die ganze Welt. Kaiser Karl IV. schenkte der Judenschaft eine Fahne mit goldenem Stern, in: Johanna S. Eichmann, Wolf Stegemann (Hg.): Der Davidstern. Zeichen der Schmach – Symbol der Hoffnung, Dorsten 1991, S. 70–73.

24 Alexandr Putík, The Origin of the Symbols of the Prague Jewish Town. The Banner of the Old-New Synagogue - David's Shield and the „Swedish Hat", in: Judaica Bohemiae, 29. Jg. (1993), S. 4–37.

Bemerkenswert ist zudem, dass Böhmen die einzige größere Region in Europa war, in der die Juden nicht gezwungen wurden, Abzeichen oder bestimmte Kleidung zu tragen, um von der übrigen, zumeist christlichen Bevölkerung unterschieden werden zu können.[25] Vielleicht trugen diese relativ hohe Akzeptanz

25 Ebd., S. 62–63.

und Freiheit und das damit einhergehende jüdische Selbstbewusstsein in den mährischen Gebieten zur späteren weltweiten Verbreitung des Hexagramms als jüdisches Symbol bei. Nach Ende des Mittelalters finden sich hingegen nur wenige Belege der Verwendung des Davidsterns und wo er dennoch in einem jüdischen Kontext verwendet wurde, löste er gelegentlich sogar Verwunderung aus. In der Mitte des 18. Jahrhunderts zeigte das „Kahls-Siegel" (Gemeinde-Siegel) der Jüdischen Gemeinde Fürth einen Davidstern, in den als Abbreviatur „Heilige Gemeinde Fürth" eingeschrieben war. Der Nürnberger Pfarrer Andreas Würfel, der 1754 eine Geschichte dieser damals größten jüdischen Gemeinde in Süddeutschland schrieb, bemerkte dazu: „Das Kahls Siegel siehet einem Bierzeichen nicht ungleich."[26] Der „Durchbruch" als jüdisches Symbol kam für das Hexagramm durch die zionistische Bewegung in den 1880er- und 1890er-Jahren. Gleichzeitig wurde es aber auch in der antisemitischen Propaganda zum Symbol der Ausgrenzung und Verächtlichmachung. In der Zeit des Nationalsozialismus wurde der „Gelbe Stern" zum Zeichen völliger Rechtlosigkeit. Danach hat der Davidstern jedoch eine verbindende und für viele auch religiöse Wirkung und findet sich sowohl in der religiösen Ikonografie wie auch als Erkennungssymbol im Erscheinungsbild zahlreicher weltlicher jüdischer Organisationen, nicht zuletzt seit 1948 als nationales Symbol auf der Flagge des Staates Israel.[27]

26 Andreas Würfel: Historische Nachricht von der Judengemeinde in dem Hofmarkt Fürth unterhalb Nürnberg, Frankfurt/Main-Prag 1754, S. 71.

27 Elisabeth Fuchshuber-Weiß: Vom Ornament zum Staatssymbol. Zur Geschichte des Davidsterns, Freiburger Rundbrief, 21. Jg., H. 3 (2014) S. 162–170, 21. Jg. H. 4 (2014), S. 272–279 und 22. Jg., H. 1 (2015), S. 28–34.

HERKUNFT UND ANTIKE BEDEUTUNG DES HEXAGRAMMS

Die Geschichte des Hexagramms beginnt allerdings lange vor dem 14. Jahrhundert. Grundsätzlich lagen dem Sechseck zwei Bedeutungskategorien zugrunde: Zum einen symbolisierte es ähnlich dem chinesischen Yin und Yang die Gegensätze der Natur, beispielsweise Gut und Böse oder die Elemente Feuer und Wasser in der Alchimie. Zum anderen hatte das Hexagramm eine Bedeutung als Schutzsymbol und Glücksbringer auf Amuletten oder an Häusern.

Es findet sich auf einem Siegel aus dem siebten Jahrhundert v. u. Z. aus Sidon und bei den Templern.[28] Eine der ältesten Darstellungen existiert in Beth-El in der Nähe des heutigen Ramallah. Ob das Hexagramm dort und damals schon als jüdisches Symbol wahrgenommen wurde, ist heute leider nicht eindeutig feststellbar. Dagegen spricht jedoch die Tatsache, dass an dieser Stelle noch zahlreiche weitere Symbole und Zeichen gefunden wurden, was immerhin bedeutet, dass das Hexagramm nicht als das repräsentierende Symbol des Judentums jener Epoche betrachtet werden kann.[29] Jedenfalls wird hier der Schutzgedanke des Zeichens in den Vordergrund gestellt.

Im Hinduismus, genauer in den tantrischen Sagen aus dem achten Jahrhundert v. u. Z., finden sich Zeichnungen des Hexagramms, die den Gegensatz, aber auch die Verbindung zwischen Mann und Frau darstellen.[30] Die Ägypter benutzten das Symbol zur Kommunikation mit den Toten. Im Alten Ägypten wurde das Hexagramm neben dem Pentagramm auch als Schutzsymbol für Haus und Herd eingesetzt.[31]

Später findet sich das Hexagramm in der arabischen Welt wieder. Es ist zum einen Ornament in der Kunst, zum anderen alchimistisches Symbol.[32] Die Alchimie ist der Vorläufer der uns heute bekannten Chemie. Sie war aus

28 Gerbern S. Oegema: „Ein Stern tritt hervor aus Jakob". Pentagramm und Hexagramm in der Antike, in: Johanna S. Eichmann, Wolf Stegemann: Der Davidstern (wie Anm. 23), S. 16–21, hier S. 19.

29 Asher Eder: The Star of David. An Ancient Symbol of Integration, Jerusalem 1987, S. 11.

30 Ebd., S. 21–23.

31 Gerbern S. Oegema: Denn König David hatte ein Schild… Das Hexagramm als magisches Schutzsymbol und als „Stein der Weisen", in: Johanna S. Eichmann, Wolf Stegemann, Der Davidstern (wie Anm. 23), S. 22–25, hier S. 23.

32 Asher Eder, Star of David (wie Anm. 29), S. 12–82.

verschiedenen Lehren der Griechen und Ägypter entstanden und wurde ab dem 4. Jahrhundert n. u. Z. von den Arabern adaptiert. Diese brachten sie auch im Jahre 711 bei ihren Eroberungszügen mit nach Spanien und damit nach Europa. Von dort aus entwickelte sich die mittelalterliche Alchimie, die unter anderem die Umformung von unedlen Metallen in edle (zum Beispiel Eisen in Gold) zum Ziel hatte. Die beiden übereinandergelegten Dreiecke des Hexagramms symbolisierten dabei die Elemente Feuer und Wasser.

Die arabische Alchimie beeinflusste um die Jahrtausendwende die jüdische Kabbala. Diese wiederum hat eine starke Vorbildwirkung für die christliche Alchimie, was schließlich im 16. Jahrhundert zur fast synonymen Verwendung der beiden Begriffe führte. Gerne wird in diesem Zusammenhang auch argumentiert, dass Brauer und Alchimisten sich sehr ähnlich gewesen seien, da ja beide in Kesseln rührten, mit Feuer und Wasser arbeiteten und ein „Gebräu" herstellten. Deshalb sei es nicht weiter verwunderlich, dass die Bierbrauer das alchimistische Hexagramm für sich übernahmen.[33]

33 Ursula Pfistermeister: Hier kehrt man ein. Wirtshausschilder aus drei Jahrhunderten, Nürnberg 1998, S. 80.

Vermutlich hat speziell die jüdische Kabbala zur Verbreitung des Hexagramms in Europa beigetragen. Immerhin waren die Juden im frühen Islam durchaus angesehen und stellten gleichzeitig über den Fernhandel sowie ihre historische Verwurzelung und weitreichenden Familienbande eine Verbindung zwischen Morgen- und Abendland her.[34] Eine der frühesten europäischen Darstellungen des Sechsecks findet sich dann auch in einer hebräischen Handschrift, dem Leningrader Pentateuch-Codex aus dem Jahre 1009.[35]

34 Georg Caro, Sozialgeschichte (wie Anm. 22).

35 Gerbern S. Oegema: Letztlich ein jüdisches Symbol. Das Hexagramm als Ornament, in: Johanna S. Eichmann, Wolf Stegemann: Der Davidstern (wie Anm. 23), S. 28–29.

Im Mittelalter wurden, wie schon bei den Ägyptern, sowohl Hexagramm als auch Pentagramm als mystische Zeichen verwendet, die vor Dämonen, Waffen und Feuer oder ganz allgemein vor Unglück schützen sollten.[36] Die Symbole wurden in den Türrahmen oder die Eingangsschwelle geritzt. Bemerkenswert ist in diesem Zusammenhang, dass die frühen Logen der Bauleute, zum Beispiel Steinmetze, das Hexagramm als Symbol verwendeten.[37] Fortsetzung bis in die heutige Zeit findet sich in der Symbolik der Freimaurer.[38]

36 Gerbern S. Oegema, Der Davidstern, in: Enzyklopädie jüdischer Geschichte und Kultur, Stuttgart 2011, S. 67–69.

37 Wolfgang Kamke: Pentagramm, Hexagramm und Achtort bei Kirchen der Zisterzienser und anderer Kirchen, Berlin 2003.

38 Helmut Reinalter, Die Freimaurer, 6. Aufl., München 2010, S. 32.

Die gleichzeitige und synonyme Verwendung von Fünf- und Sechseck – teils aus Verwechslung, teils aus Absicht – durchzieht die gesamte Geschichtsschreibung.[39] Ein bemerkenswerter Zusammenhang besteht zwischen dem Hexagramm und der militärischen Festungs- und Verteidigungstechnik. Eine Abwehrlinie in Form eines Sechsecks, zum Beispiel eine mittelalterliche Stadtmauer, ist eine der effizientesten Schutzmechanismen im Gefecht und wurde deshalb in Vergangenheit und Gegenwart immer wieder eingesetzt. Vielleicht war das sogar einer der Gründe für die erstmalige Verwendung des Hexagramms als Schutzsymbol.

39 Käthe von Jezewski: Vom Wirtshausstern, in: Jahrbuch der Gesellschaft für Geschichte und Bibliographie des Brauwesens e. V. 1935, S. 140–146.

WARUM GERADE DAS HEXAGRAMM ALS BRAUERZEICHEN?

Wie bereits erwähnt, beschreibt die Literatur den Brauerstern gerne als alchimistisches Zeichen, in dem die zur Bierherstellung notwendigen Elemente symbolisiert werden. Allerdings erscheint es zweifelhaft, dass die Bierbrauer der Stadt um die alchimistische Bedeutung des Hexagramms und der dadurch repräsentierten Stoffe wussten. Zudem war das Bierbrauen ursprünglich Aufgabe der Frauen und wurde später von Mönchen und dann von den Handwerkern der Städte übernommen. In Regensburg hatten die Geistlichen, wie oben erwähnt, den Bierzeiger als Ausschanksymbol benutzt.

Als weiteres Indiz ist anzumerken, dass die Alchimisten überall in Deutschland tätig waren. Der Brauerstern findet sich, von wenigen Ausnahmen abgesehen, in dieser Form aber nur im fränkisch-oberpfälzischen Raum. Im Übrigen stellt sich die Frage, wie in der damals vorurteilsbehafteten Welt aus den von der Kirche verachteten und mitunter verfolgten Alchimisten in den Städten plötzlich angesehen Bierbrauer werden konnten, die teilweise sogar im Stadtrat saßen. Als Letztes mutet der Vergleich zwischen Bierbrauern (verwandeln Wasser in Bier) mit Alchimisten (verwandeln unedle in edle Metalle) aus mittelalterlicher Sicht etwas seltsam an: Wurde doch das Bier, anders als der Wein, nicht als edles Getränk, sondern als Nahrung für die einfache Bevölkerungsschicht verstanden.

In der Summe erscheinen die Theorien zur Verbindung zwischen Alchimie und Bierbrauen neuzeitlich eingefärbt. Welche anderen Gründe aber hätten die Brauer veranlassen können, das Hexagramm als Symbol zu verwenden?

Eine mögliche Antwort liegt in der zweiten Bedeutung des Hexagramms als Schutzsymbol. Wie erwähnt, wurde das Hexagramm im Mittelalter als Abwehrzeichen gegen Unglück, Dämonen, Waffen und Feuer verwendet. Die Abwehr von Dämonen war für den Bierbrauer sehr wichtig, ebenso der aus heutiger Sicht wesentlich bedeutsamere Schutz vor Feuer. So ist immer wieder von Bränden in Brauereien und Mälzereien die Rede, die verheerende Schäden anrichteten.[40] Das Sechseck findet sich zudem in den Wappen einiger anderer Handwerke, die ebenfalls mit der Gefahr des offenen Feuers konfrontiert waren, zum Beispiel bei den Schornsteinfegern in Dresden.[41] Im Übrigen war auch den Juden das Hexagramm als Feuerschutzzeichen bekannt.[42]

Die Deutung des Hexagramms als Schutzzeichen gegen Feuer lässt sich speziell für Nürnberg durch weitere Indizien unterstützen. So wurde der Ausschankstop am Abend in Nürnberg durch die Feuerglocke eingeläutet. In anderen Städten geschah dies durch besondere Bierglocken oder Ausrufer.[43] Des Weiteren sehen wir in der Abbildung des Jorg Prewmaister im Mendelschen Hausbuch das städtisch vorgeschriebene Gatter als Ausschankzeichen. Anders als zwischen Zweigen beziehungsweise Kränzen und Wein besteht scheinbar kein inhaltlicher Zusammenhang zwischen einem Gatter und Bier. Betrachten wir jedoch den Schutzpatron der fränkischen Bierbrauer, den heiligen Laurentius, der auch gegen Feuer schützen sollte,[44] so eröffnet sich eine neue Interpretationsmöglichkeit: Laurentius war ein christlicher Märtyrer, der von Kaiser Valerian im Jahr 258 n.u.Z. auf einem glühenden Eisengitter hingerichtet wurde, das zu seinem Heiligenattribut wurde. Möglicherweise symbolisiert das Nürnberger Gatter eben dieses Gitter, versinnbildlicht damit den Heiligen und ist somit ein Zeichen für den Schutz gegen Feuer. Es gäbe dann einen inhaltlichen funktionalen Zusammenhang zwischen Hexagramm und Gatter.

Dies würde auch erklären, warum sich Stern und Gatter, anders als die übrige Zunftsymbolik wie Maischegabel, Malzschaufel und Bierschöpfer, nicht

40 Walter Grönert, Gaststättenrechte (wie Anm. 20), S. 51, ebenso: Karin Hackel-Stehr: Brauwesen (wie Anm. 9), S. 134.

41 Alfred Grenser: Zunft-Wappen und Handwerker-Insignien, unveränderter Neudruck der Ausgabe von 1889, Wiesbaden 1971, Tafel XI.

42 Johann Jakob Schudt: Jüdische Merckwürdigkeiten, 6. Buch, Frankfurt-Leipzig 1714, S. 75–77.

43 Ossip D. Potthoff, Georg Kossenhaschen, Kulturgeschichte (wie Anm. 14), S. 26–27.

44 Werner Scharrer: Die Prozessionsstangen in St. Martin in ihrem historischen Kontext, in: 300 Jahre Jesuitenkirche St. Martin in Bamberg (= Veröffentlichungen des Diözesanmuseums, Bd. 5), Bamberg 1993, S. 165–166.

deutschlandweit durchsetzten: Feuerschutz wurde in jeder Stadt anders gehandhabt und Laurentius war nicht überall der Patron der Brauer.[45] Es sprechen also einige Indizien dafür, dass das Hexagramm eventuell nicht als alchimistisches Zeichen, sondern als Schutzsymbol gegen Feuer und Dämonen von den Brauern verwendet wurde.

45 Alfred Grenser, Zunftwappen (wie Anm. 41), S. 22.

DAVIDSTERN UND BRAUERSTERN, EINE UNABHÄNGIGE ENTWICKLUNG?

Der Frage nach der Verbindung zwischen David- und Brauerstern ist Peter Freimark in seiner Arbeit „Davidschild und Brauerstern. Zur Synonomie eines Symbols" nachgegangen. Er kommt zu dem Schluss, dass die einzige Gemeinsamkeit des Symbols „*[...] die Herkunft aus dem böhmisch/mährisch/ fränkischen Raum*" ist, die Entwicklung im Übrigen aber unabhängig voneinander stattfand.[46]

46 Peter Freimark: Davidschild und Brauerstern, Zur Synonomie eines Symbols, in: Martin Forstner (Hg.): Festgabe für Hans-Rudolf Singer, Frankfurt/Main 1991, S. 629–648, hier S. 647.

Die bisherigen Ausführungen haben gezeigt, dass das Hexagramm aus dem Orient nach Europa gelangte, und die Juden dabei als Bindeglied und Fernhändler eventuell einen Anteil hatten. Des Weiteren wurde gezeigt, dass nach heutigem Wissensstand das von alters her überlieferte Hexagramm als explizit jüdisches Zeichen erstmalig im 15. Jahrhundert in Prag auf der Fahne der

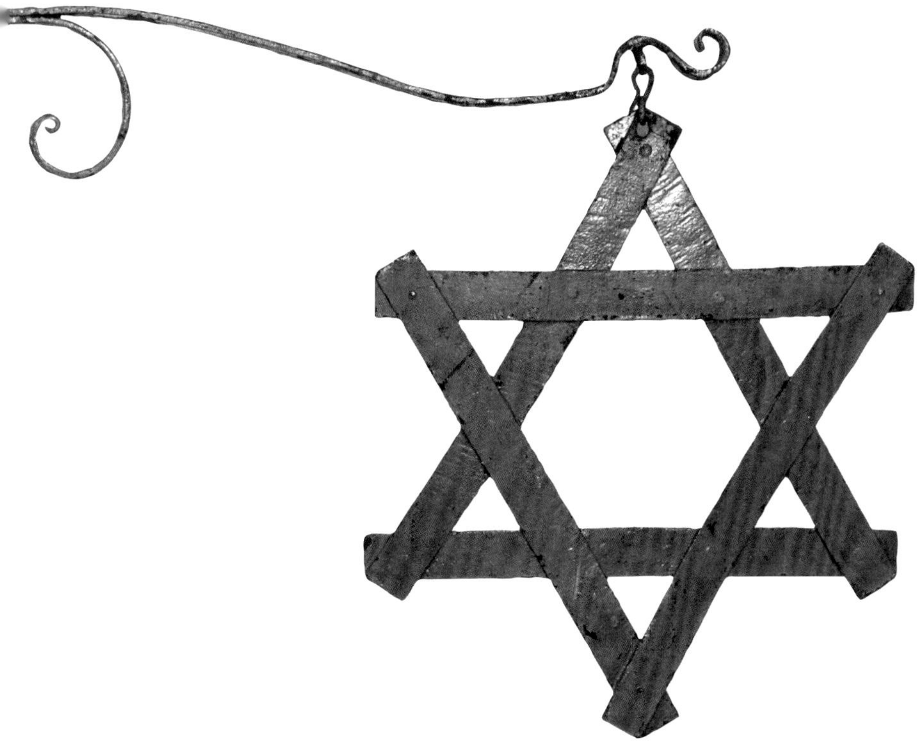

3/1
Ausleger einer Zoigl-Wirtschaft

Eschenbach in der Oberpfalz,
um 1900
Schmiedeeisen
L: 165 cm; H: 84,5 cm

Heimatverein Eschenbach in der Oberpfalz e. V.

In der Oberpfalz werden Häuser mit Braurecht in den Zeiten, in denen in ihnen Bier ausgeschenkt wird, mit einem „Zoigl" angezeigt. Dieser Zoigl-Ausleger stammt aus dem Haus Kirschnerbiener am Karlsplatz 19 in Eschenbach.

jüdischen Gemeinde verwendet wurde und als Brauerstern in einer Darstellung erstmalig 1425 in Nürnberg nachgewiesen ist.

Neben der Verbreitung in einem durch zahlreiche Handelsbeziehungen verbundenen geografischen Raum gibt es also auch eine deutliche zeitliche Nähe der beiden erstmaligen Vorkommen. Außerdem scheinen beide Bedeutungen des Symbols nach bisherigem Wissensstand auf einen gemeinsamen Ursprung im Orient zurückzugehen. Besteht also vielleicht trotz der Ausführungen von Peter Freimark ein Zusammenhang zwischen den beiden Symbolen?

Nürnberg war als freie Reichsstadt direkt dem Kaiser untergeordnet. Der Anschluss an und damit die hoheitliche Unterordnung unter das 1806 proklamierte Bayern erfolgte im selben Jahr. Maßgeblich für das mittelalterliche Nürnberg waren somit die Entscheidungen des deutschen Kaisers und dieser residierte ab der Mitte des 14. Jahrhunderts in Prag. Die Juden waren als „Kammerknechte" ebenfalls direkt dem Kaiser unterstellt und genossen (zumindest auf dem Papier) dessen direkten Schutz. Dafür zahlten sie im Gegenzug eine nicht unerhebliche sogenannte „Judensteuer". Der Kaiser wiederum verpfändete diese häufig an die Landesfürsten oder Stadträte. Namentlich in Nürnberg war diese „Judensteuer" an den Stadtrat verpfändet – die Stadt zahlte dafür einen Festbetrag von jährlich

400 Gulden an den Kaiser.[47] Von den Mendels, den Stiftern des ersten Bruderhauses, ist überliefert, dass sie in ihrer Eigenschaft als Ratsmitglieder bei verschiedenen Gelegenheiten diese Steuer nach Prag überbrachten.[48] Es bestanden also intensive Beziehungen zwischen Prag und Nürnberg. Man kann davon ausgehen, dass sich diese auch auf das alltägliche Leben und die Kultur der beiden Städte auswirkten. Insbesondere nach dem Nürnberger Judenpogrom in der Mitte des 14. Jahrhunderts kann man davon ausgehen, dass zumindest ein Teil der jüdischen Bevölkerung nach Prag – in den Schutz ihrer Glaubensbrüder – floh und dabei vermutlich Gebräuche und Sitten mitnahm und damit die Prager Gemeinde beeinflusste.

Vor dem Hintergrund der oben geschilderten Tatsachen erscheint es möglich, dass das Hexagramm damals in Franken und der Oberpfalz allgemein als Schutzsymbol verbreitet war und in dieser Funktion sowohl von Juden als auch von Brauern verwendet wurde. Die aus Nürnberg und Franken fliehenden Juden brachten den Stern dann möglicherweise mit nach Prag, wo er zum Symbol der jüdischen Gemeinde wurde und sich von dort über die ganze Welt verbreitete. Der Brauerstern blieb dagegen nur im süddeutschen Raum in Verwendung und entwickelte sich dort allmählich zum Gastlichkeitszeichen.

47 Emil Reicke: Geschichte der Reichsstadt Nürnberg, Nürnberg 1896 (unveränd. Nachdruck), Neustadt/Aisch 1983, S. 233.

48 Hausbuch der Mendelschen Zwölfbrüderstiftung (wie Anm. 5), S. 63.

3/2
Stitzen-Kanne mit Brauerstern

Westerwald, um 1880
Steinzeug, geritzt, kobaltbemalt
H: 20,5 cm; D (Stand): 13 cm; V: 1½ l
ungemarkt

Jüdisches Museum München, # JM 133/2015

Der Brauerstern als Dekoration weist dieses Gefäß als Kanne für den Kauf von Bier in Gasthäusern für den häuslichen Trunk aus.

3/3 *Abbildung S. 32*
Bierkrug

Westerwald, um 1850
Steinzeug, geritzt, kobaltbemalt, Zinn
H: 16,8 cm; D (Stand): 8,5 cm; V: k. A.
Krug und Deckel: ungemarkt

Jüdisches Museum München, # JM 1-836/2005

Der Krug trägt einen geritzten, kobaltbemalten Brauerstern, darin eingeschrieben „J&B“, wohl der abgekürzte Name einer Brauerei. Auf dem flachen Deckel mit schlichter Daumenrast eingraviert der Name „Bauer“ und die Zahl „183“.

3/4
Bierkrug

Um 1900
Feinsteinzeug, emailbemalt
H: 15,2 cm; D (Stand): 8,7 cm; V: k. A.
Krug: JGN (= Jakob Goldschmidt, Nürnberg) und 4 eingestempelt

Jüdisches Museum München, # JM 123/2015

Der Krug des in Nürnberg tätigen jüdischen Bierkrugveredlers Jakob Goldschmidt trägt die Schriftzüge „Gruss aus Nürnberg", „Henkersteg" und „Burgpartie", darüber Veduten, von denen zwei mit Gerstenähren und Brauersternen bekrönt sind.

3/5
Bierkrug des Würzburger Hofbräu

Um 1930
Steinzeug, bedruckt
H: 11,5 cm; D: (Stand): 8,8 cm; V: ½ l
Krug: ungemarkt

Jüdisches Museum München, # JM 85/2015

Der Krug trägt einen aufgedruckten Brauerstern im Kreis, darin eingeschrieben die Krone der Fürstbischöfe von Würzburg. Darunter der Schriftzug „Würzburger Hofbräu“. Die 1643 gegründete Brauerei befand sich bis zur Auflösung des Hochstifts Würzburg und seiner Eingliederung nach Bayern im Besitz der Fürstbischöfe von Würzburg.

3/6
Bierglas des Würzburger Hofbräu

Um 1930
Pressglas, bedruckt
H: 14,9 cm; D (Stand): 8,7 cm; V: 0,4 l
Krug: SG in Krone (= Sächsische Glasfabrik Radeberg; „niedriges Deutsch-Pilsner Bierseidl“)

Jüdisches Museum München, # JM 128/2015

Nach 1933 wurde das Markenzeichen des Würzburger Hofbräu in Form und Farbe deutlich verändert, um eine Assoziation mit dem Davidstern zu erschweren.

3/7
Bierkrug des Sternbräu Regensburg

Um 1930
Steinzeug, bedruckt
H: 12 cm; D (Stand): 9,1 cm; V: ½ l
Krug: ungemarkt

Jüdisches Museum München, # JM 72/2015

Der Krug trägt einen aufgedruckten Brauerstern im Kreis, darin eingeschrieben die Silhouette des Regensburger Doms auf einem Wappenschild stehend. Darunter die Abkürzung „St. B." für „Sternbräu Regensburg".

3/8
Bierkrug der Brauerei Gebrüder Maisel

Um 1930
Steinzeug, bedruckt
H: 18,8 cm; D (Stand): 10,5 cm; V: 1 l

Jüdisches Museum München, # JM 96/2015

Der Maßkrug trägt die Aufschrift „Maiselbräu Bayreuth" sowie einen Brauerstern mit dem eingeschriebenen Monogramm „MB", das die Brauerei Gebrüder Maisel seit ihrer Gründung 1887 als Markenzeichen verwendet.

3/9
Bierkrug der Sternquell-Brauerei Plauen

Um 1980
Steinzeug
Krug: SB (= VEB Steinzeugwerke Bitterfeld) und HANDARBEIT
H: 11,5 cm; D (Stand): 8,6 cm; V: k. A.

Jüdisches Museum München, # JM 95/2015

3/10
Bierflasche der Brauerei Watzdorf

Um 1900
Pressglas, Porzellan, Metall
H: 30,5 cm; D (Stand): 6,5 cm; V: ½ l

Jüdisches Museum München, # JM 8/2015

BRAUEREI WATZDOR

Hans Riehl
Zum Andenken
Erich

3/11
Bierkrug-Deckel-Sammlung

19.–20. Jh.
Zinn

Jüdisches Museum München, # JM 33/2009

In den 1990er-Jahren schenkte der Regensburger Zinndeckel-Sammler Erich Sarnes dem damaligen Vorsitzenden des Landesverbandes der Israelitischen Kultusgemeinden in Bayern, Dr. mult. Simon Snopkowski (1925–2001), diese kleine Sammlung von 20 Zinndeckeln. Der Sammler nahm an, dass es sich wegen der darauf abgebildeten Hexagramme um Deckel von Bierkrügen jüdischer Besitzer handelt. Tatsächlich stellt die Verzierung den Brauerstern dar. Der einzige Zinndeckel, der aus einem jüdischen Kontext stammt, ist jener mit der Beschriftung „Jak. Weill / Rabiner“. Es ist der einzige Zinndeckel dieser kleinen Sammlung, der nicht mit einem Hexagramm verziert ist.

3/12
Ansichtskarten des Gasthauses zum Sünfzen, Lindau i. B.

a) Um 1930 (Photohaus Bodensee, Willi Späth, Wasserburg)
H: 14 cm; B: 8,9 cm
b) Um 1938 (Photohaus Bodensee, Willi Späth, Wasserburg)
H: 14 cm; B: 8,9 cm
c) Um 1960 (Bodan-Ansichtskartenverlag H. Bockelmann, Langenargen)
H: 10,2 cm; B: 14,7 cm

Jüdisches Museum München, # JM 10/2015

Über dem Eingang des Gasthauses zum Sünfzen, einst Sitz der Patriziergesellschaft Sünfzen in der Maximilianstraße in Lindau im Bodensee, befindet sich ein schmiedeeiserner Ausleger mit dem Brauerstern, in den eine Bierkanne eingeschrieben ist. Während der NS-Zeit wurden zwei Zacken des Sterns entfernt, um eine Analogie zum Davidstern nicht mehr möglich zu machen. Nach 1945 wurden die beiden entfernten Zacken wieder angebracht.

3/13
Bierdeckel von Brauereien und Zoigl-Wirtschaften

1960–2015
Karton, bedruckt

Jüdisches Museum München

4/1
Die Nürnberger Hopfenhandelshäuser
Um 1870
Firmenarchiv Joh. Barth & Sohn, GmbH & Co. KG, Nürnberg

»Wegen der israelitischen Feiertage geschah gestern und heute im Hopfengeschäft nichts …«

ÜBER JÜDISCHE HOPFENHÄNDLER IN BAYERN

VON LILIAN HARLANDER UND BERNHARD PURIN

Hopfen, neben Wasser, Malz und Hefe, einer der Grundstoffe des Biers, ist eine Kletterstaude und zählt zu den Hanfgewächsen. Seit wann Hopfen als Bitterstoff und Konservierungsmittel für das Brauen kultiviert und genutzt wird, ist unklar. Er dürfte jedoch ausgehend von den Klosterbrauereien des Früh- und Hochmittelalters zunehmend andere konservierende Zusätze wie Eichenlaub oder -rinde verdrängt haben. Bis in das ausgehende Mittelalter war Hopfen als Handelsgut von geringer Bedeutung. Die zahlreichen kleinen Brauereien bauten den benötigten Hopfen in Hopfengärten in unmittelbarer Nähe der Braustätten an. In zahlreichen Orten Deutschlands haben sich deshalb Flurnamen wie „Im Hopfengarten" oder „Am Hopfenacker" erhalten, die auf solchen lokalen Hopfenanbau verweisen.

Die Spezialisierung einzelner Bauern – zuerst in der Gegend um Spalt und Hersbruck bei Nürnberg, später in der Hallertau, einem Landstrich zwischen München und Ingolstadt – auf die Kultivierung von Hopfen ließ im späten 15. Jahrhundert eine eigene Handelssparte, den Hopfenhandel, entstehen, der vorerst allerdings nur von regionaler Bedeutung war. Zur gleichen Zeit entstanden nach den Vertreibungen der Juden aus den Städten in Franken, Schwaben und der Oberpfalz zahlreiche jüdische Landgemeinden. Dieses zeitliche Zusammentreffen der Entstehung einer neuen Handelssparte und der Notwendigkeit der aus den Städten vertriebenen nunmehrigen Landjuden, sich neue wirtschaftliche Existenzen aufzubauen, dürfte wohl wesentliche Ursache der Dominanz jüdischer Händler im Hopfenhandel der folgenden Jahrhunderte gewesen sein.

Die starke Verwurzelung süddeutscher Juden im Hopfenhandel wurde 1813 deutlich, als das damals erlassene „Edikt über die Verhältnisse der jüdischen Glaubensgenossen im Königreiche Baiern" Juden auch die Annahme deutscher Familiennamen vorschrieb und vornehmlich in Franken neue Familiennamen wie Hopf, Hopfmann oder Hopfenmeier entstanden.

Ab der zweiten Hälfte des 19. Jahrhunderts wandelte sich der Hopfenhandel: Durch den zunehmenden Ausbau des Eisenbahnnetzes wurde der Hopfen nicht mehr nur regional, sondern zunehmend überregional und international gehandelt. In Städten wie Bamberg, Landshut oder München entstanden Hopfenmärkte. Die bedeutendste Stellung im Hopfenhandel nahm jedoch Nürnberg ein, wo der Hopfenmarkt – ab 1866 in und vor dem ehemaligen Zeughaus der Stadt – in den letzten Jahrzehnten des 19. Jahrhunderts zum weltweit größten Handelsplatz für Hopfen wurde. Die Zahl der Hopfenhandlungen erreichte um 1890 mit über 350 ihren Höhepunkt. Die überwiegende Mehrzahl der Hopfenhandlungen – rund 70 Prozent – waren in jüdischem Besitz. Nürnberger Hopfenhändler-Familien wie Bing, Gerngross oder Hopf wurden zu wichtigen Förderern und Mäzenen ihrer Stadt.

Der Erste Weltkrieg, aber vor allem auch die 1919 in den USA eingeführte Prohibition, die den wichtigsten Exportmarkt der Nürnberger Händler einbrechen ließ, führten zu einem Rückgang der Hopfenhandlungen und zum Verlust der Bedeutung Nürnbergs als Weltzentrum des Hopfenhandels. 1930 waren noch 170 Hopfenhandlungen in Nürnberg tätig, rund 120 davon in jüdischem Besitz. Diese Geschäfte wurden – genauso wie die der jüdischen Hopfenhändler in Bamberg, München und anderen bayerischen Orten – nach der Machtübergabe

4/4
Hopfenmarkt in Nürnberg
1905
Jüdisches Museum München

an die Nationalsozialisten 1933 liquidiert oder „arisiert“. Einige der hochspezialisierten Hopfenhändler-Familien wie die Familien Fromm oder Steiner kehrten nach 1945 zurück und setzten innovative Schritte in der Hopfenveredelung und dem Hopfenhandel. Die Pasinger Hopfenhandlung Fromm, Mayer-Bass entwickelte in den 1960er-Jahren in Pasing und Wolnzach das Hopfenpulver als Grundlage der heute im Brauereiwesen überwiegend verwendeten Hopfen-Pellets. Die Simon H. Steiner, Hopfen GmbH, bis 1992 im württembergischen Laupheim und heute in Mainburg in der Hallertau in sechster Generation in Familienbesitz geführt, ist mit ihrer Marke „Hopsteiner“ einer der Weltmarktführer im Hopfenhandel.

Literatur

Heinrich Joh. Barth u. a.: Der große Hopfenatlas. Geschichte und Geographie einer Kulturpflanze, Nürnberg 1994 | Gunter Dehne: Bier und Hopfen im Bild. Eine Dokumentation der stadtgeschichtlichen Museen Nürnberg, Nürnberg 1986 | Robert G. Fromm: Geschichten aus meinem Leben, München 1997 | Gerhard Jochem: Geschichte des Hopfenhandels in Nürnberg (Online: http://www.rijo.homepage.t-online.de/pdf/DE_NU_GA_hopfenhandel.pdf) | Lorenz Kettner: Hallertauer Hopfenbau. Geschichte und Gegenwart, Mainburg 1976 | Bernhard Koch: Die Hopfenhandlung Joachim Fromm. Vom Provinzbetrieb zur Firmenholding (1872–1939), in: Bernhard Schoßig (Hg.): Ins Licht gerückt. Jüdische Lebenswege im Münchner Westen. Eine Spurensuche in Pasing, Obermenzing und Aubing, München 2008 | Luise Pitz: Probleme des Hopfenhandels in volkswirtschaftlicher Beziehung, Phil. Diss. Univ. Erlangen 1928.

LUISE PITZ-ROSENFELD UND DIE STRUKTUREN DES HOPFENHANDELS

Während sich über den Hopfenanbau seit dem frühen 19. Jahrhundert umfassende Literatur finden lässt, ist der Hopfenhandel selbst mit Ausnahme einzelner Firmenmonografien ein weitgehend unerforschtes Feld. Dies mag vor allem daran liegen, dass bis weit in das 20. Jahrhundert hinein Handelsabschlüsse meist nicht durch Verträge, sondern lediglich per Handschlag abgeschlossen wurden und sich deshalb kaum schriftliche Quellen erhalten haben. Die Ausschaltung der jüdischen Hopfenhändler durch die Nationalsozialisten und ihre Vertreibung oder Ermordung – sie hatten immerhin rund 70 Prozent der in Süddeutschland, aber auch in den böhmischen Hopfenanbaugebieten um Saaz tätigen Händler ausgemacht – mag ein weiterer Grund für dieses Desiderat sein.

Eine der wenigen Ausnahmen, die Einblicke in die Struktur des Hopfenhandels gibt, stellt die 1928 an der Philosophischen Fakultät in Erlangen von Luise Pitz (1899–?) vorgelegte Dissertation „Probleme des Hopfenhandels in volkswirtschaftlicher Beziehung" dar. Die Verfasserin wurde am 18. Oktober 1899 in Köln als Tochter des katholischen Justizoberinspektors Matthias Pitz und seiner Frau Luise geboren. Nach dem Abitur 1921 besuchte sie sechs Semester die Wirtschafts- und Sozialwissenschaftliche Fakultät der Universität Bonn und schloss 1926 ihr Wirtschaftsstudium an der Handelshochschule Nürnberg ab. Daran schloss sich ein Promotionsstudium in Erlangen an, das die in Nürnberg lebende Studentin 1928 bei dem Wirtschaftswissenschaftler Hero Moeller (1892–1974) mit ihrer Dissertation über den Hopfenhandel abschloss.[1]

Wohl bei ihren Recherchen zum Hopfenhandel lernte sie den Hopfenhändler Kurt Rosenfeld (1877–1950) kennen. Er war gemeinsam mit seinem Bruder Arthur in dritter Generation Inhaber der Nürnberger Hopfenhandlung Rosenfeld & Co., die auch eine Niederlage im böhmischen Saaz besaß, sowie Mitinhaber der Hopfenhandlungen Adolf Riegelmann[2] und S. B. Bing Söhne.[3] Auch gehörte er dem Aufsichtsrat der Brauerei Joh. Humbser AG in Fürth an.[4] Bis zu seiner Scheidung 1927 war er mit der 1885 geborenen Betty Humbser, wohl einer Angehörigen der Fürther Brauerfamilie, verheiratet. Noch im gleichen Jahr ehelichte er Luise Pitz. 1928 wurde die Tochter Marie Luise sowie 1930 der Sohn Kurt Jörg geboren.[5]

Ihre Beziehung zu Kurt Rosenfeld ermöglichte es Luise Pitz, bei der Arbeit an ihrer Dissertation tiefe Einblicke in die Struktur des Hopfenhandels zu gewinnen. Im Literaturverzeichnis führte sie *„Statistisches Material der Firma Rosenfeld & Co., Nürnberg"* an, hatte also Zugang zum Firmenarchiv der Hopfenhandlung. Nürnberg war ohnehin der geeignetste Ort für ein solches Promotionsvorhaben. Zwar gab es in Städten wie Bamberg oder Fürth ebenfalls bedeutenden, von jüdischen Händlern dominierten Hopfenhandel und auch in zahlreichen jüdischen Landgemeinden Mittel- und Oberfrankens waren einzelne jüdische Hopfenhändler tätig. Aber die ehemalige Reichsstadt Nürnberg entwickelte sich in der zweiten Hälfte des 19. Jahrhunderts – nicht zuletzt wegen der großen Hopfenanbaugebiete im Nürnberger Umland – zum Weltzentrum des Hopfenhandels. Ein 1869 von der in Nürnberg erscheinenden „Allgemeinen Hopfenzeitung" herausgegebenes „Geschäfts-Taschenbuch für Hopfenhändler, Bierbrauer, Produzenten und sonstige Geschäftsleute" listet für Nürnberg 114 Hopfenhandlungen auf, davon rund die Hälfte in jüdischem Besitz. In der Nachbarstadt Fürth gab es 30 Handlungen, zwei Drittel davon mit jüdischen Besitzern, und für Bamberg listet das Taschenbuch 39 Hopfenhandlungen auf, die zu dreiviertel jüdische Besitzer hatten.[6]

Die Dominanz jüdischer Hopfenhändler im Nürnberger Hopfenhandel spiegelt sich auch in den von der „Hopfenzeitung" veröffentlichten Marktberichten wider. Die hohen jüdischen Feiertage Neujahr und Versöhnungstag sowie das Laubhüttenfest finden wenige Wochen nach der Hopfenernte während der Hauptsaison des Hopfenhandels statt und deshalb kam der Hopfenmarkt für einige Tage zum Erliegen. So finden sich jährlich in den einschlägigen Marktberichten über den Nürnberger Hopfenmarkt Formulierungen wie *„Der jüdischen Feiertage wegen war der Markt heute nur schwach befahren"*[7], *„Wegen der israelitischen Feiertage geschah gestern und heute im Hopfengeschäft nichts*

1 Lebenslauf, in: Luise Pitz: Probleme des Hopfenhandels in volkswirtschaftlicher Beziehung, Phil. Diss. Univ. Erlangen 1928, S. 4.
2 Deutsches Reichs-Adreßbuch für Industrie, Gewerbe, Handel und Landwirtschaft 1929, Bd. 1, Berlin 1929, S. 992.
3 Ebd., S. 976.
4 Adreßbuch der Direktoren und Aufsichtsräte, Bd. 1, Berlin 1933, S. 1430.
5 Stadtarchiv Nürnberg: Meldekarte C 21/X Nr. 7. Ich danke Herrn Gerhard Jochem, Stadtarchiv Nürnberg, für die Bereitstellung der Informationen.
6 Nürnberger Geschäfts-Taschenbuch für Hopfenhändler, Bierbrauer, Produzenten und sonstige Geschäftsleute, Nürnberg 1869, S. 1–4.
7 Fränkischer Kurier, 16. 10. 1859, S. 3.

[…]"[8] oder „*[…] und machte der israelitische Feiertag, Laubhüttenfest, seinen Einfluß insofern geltend, daß der Besuch der Käufer ziemlich beschränkt war.*"[9]

Um 1890 erreichte die Zahl der Nürnberger Hopfenhandlungen mit über 350 ihren Höhepunkt. Unmittelbar vor dem Ersten Weltkrieg bestanden noch 260 Handlungen. Der Erste Weltkrieg sowie der ab 1919 durch die Prohibition eingebrochene US-Markt ließen jedoch die Bedeutung Nürnbergs als Weltzentrum des Hopfenhandels schwinden.[10] 1930 waren noch 170 Hopfenhandlungen in der Stadt tätig, von denen rund 70 Prozent in jüdischem Besitz waren. Sie alle wurden wenige Jahre später im Zuge der nationalsozialistischen Gewaltmaßnahmen „arisiert" oder liquidiert.[11]

In ihrer Dissertation weist Luise Pitz auf einige Besonderheiten des Hopfenhandels hin. So unterliegt Hopfen als Rohstoff eines Genussmittels starken Marktschwankungen, seine Qualität ist in hohem Maß von Klimaschwankungen abhängig und zudem war er vor der Erfindung der Hopfen-Pellets in seiner Lagerfähigkeit sehr eingeschränkt. Dies führt zu einer äußerst differenzierten Qualitätsbeurteilung, wie sie bei anderen Landwirtschaftsprodukten nicht notwendig ist. Die Qualitätsunterschiede sind nach Pitz so fein, „*dass nur wenige Kaufleute, noch weniger Brauer sie im Rohzustande des Hopfens zu erkennen vermögen. Mit dieser Schwierigkeit der Qualitätsdifferenzierung des Hopfens steht die Tatsache in kausalem Zusammenhange, dass der Handel traditionell in den selben Händen bleibt, sich vom Vater auf den Sohn, auf den Enkel usw. vererbt. Die außerordentlich große Fachkenntnis, die der Hopfenhandel erfordert, erschwert es neuen Interessenten, sich einen Platz im Hopfenhandel zu erobern.*"[12]

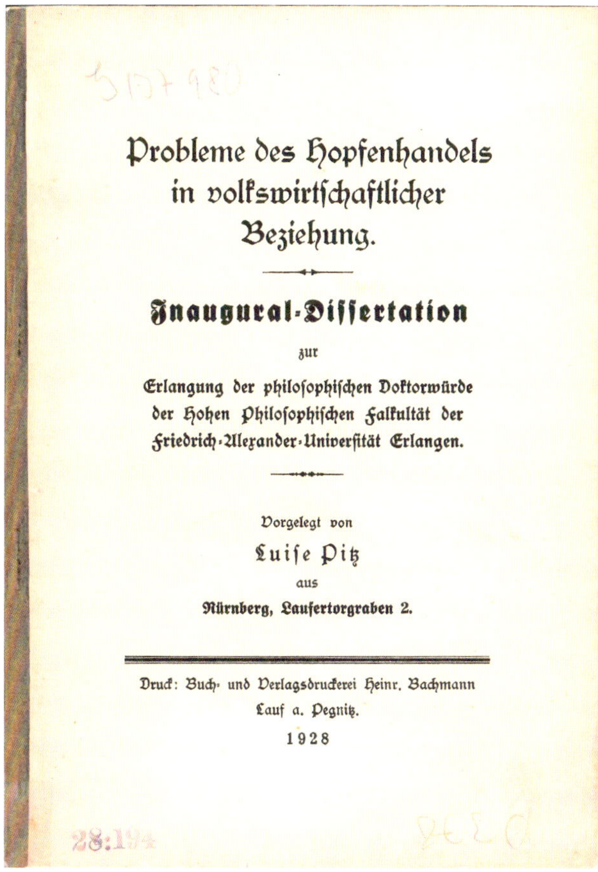
Probleme des Hopfenhandels in volkswirtschaftlicher Beziehung.

Inaugural-Dissertation zur Erlangung der philosophischen Doktorwürde der Hohen Philosophischen Fakultät der Friedrich-Alexander-Universität Erlangen.

Vorgelegt von Luise Pitz aus Nürnberg, Laufertorgraben 2.

Druck: Buch- und Verlagsdruckerei Heinr. Bachmann Lauf a. Pegnitz.
1928

4/5
Luise Pitz: Probleme des Hopfenhandels in volkswirtschaftlicher Beziehung
Phil. Diss. Univ. Erlangen 1928
Jüdisches Museum München

Das Kapital des Händlers war also seine hohe Fachkenntnis in der Qualitätsbeurteilung und in der damit verbundenen Bestimmung des Preises, auf die sich seine Abnehmer mehr oder weniger blind verlassen mussten, weil die Richtigkeit der Beurteilung erst nach dem Brauvorgang zu Tage trat. Für den Händler war damit auch ein hohes Risiko verbunden: Wenn er zu falschen Beurteilungen gekommen wäre und überhöhte Preise für schlechte Qualitäten verlangt hätte, hätte er am Markt nicht lange erfolgreich bestehen können. Die Weitergabe des Fachwissens als dem wesentlichen Garanten wirtschaftlichen Erfolgs innerhalb der Familie von Generation zu Generation lässt sich deshalb bei fast allen Hopfenhändler-Familien nachweisen und führte auch dazu, dass der Hopfenhandel einer der wenigen Handelszweige war, in dem eine Reihe von Emigranten nach 1945 wieder nach Deutschland zurückkehrte und ihre restituierten Handelshäuser weiterführte.

Bekanntestes Beispiel dafür ist das 1845 von Heinrich Steiner (1794–1885) und seinem Sohn Simon Heinrich Steiner (1817–1867) im württembergischen Laupheim gegründete Hopfenhandelshaus S. Steiner. Simon Heinrich Steiners Sohn Louis Steiner (1863–1911) übernahm die Leitung des Laupheimer Stammhauses, während 1886 sein Bruder Samuel Simon Steiner (1865–1955) nach New York übersiedelte, dort die amerikanische Niederlassung des Handelshauses aufbaute und 1895 Sadie Liebmann (1868–1939), die Tochter eines der Besitzer der S. Liebmann's Sons Brewery heiratete. Die einzige Tochter des Ehepaars, Elionor Steiner (1896–1983), heiratete Louis Gimbel 2nd (1902–1942), einen Sohn der Besitzer der damals größten Warenhaus-

8 Allgemeine bayrische Hopfen-Zeitung, 12. 09. 1861, S. 1.
9 Bayerischer Kurier, 07. 10. 1868, S. 1822.
10 Helmut Schwarz: Der grüne Segen. Hopfenhandel in Nürnberg, in: Christian Koch, Hans-Christian Täubrich (Hg.): Bier in Nürnberg-Fürth. Brauereigeschichte in Franken, München 1987, S. 136–153.
11 Axel Drecoll: Der Fiskus als Verfolger. Die steuerliche Diskriminierung der Juden in Bayern 1933–1941/42, München 2009, S. 276–281. Vgl. dazu auch: Gerhard Jochem: Geschichte des Hopfenhandels in Nürnberg (Online: http://www.rijo.homepage.t-online.de/pdf/DE_NU_GA_hopfenhandel.pdf).
12 Luise Pitz, Hopfenhandel (wie Anm. 1), S. 8.

kette Amerikas. Nach der Enteignung des Laupheimer Betriebs durch die Nationalsozialisten und der Restitution nach 1945 sowie der 1992 erfolgten Verlegung des Firmensitzes von Laupheim nach Mainburg in der Hallertau leitet heute mit Louis S. Gimbel 4th (geb. 1968) ein Angehöriger der sechsten Generation der Familie das Unternehmen. Heute ist es mit seiner Marke „Hopsteiner" eines der größten Hopfenhandelshäuser der Welt.[13]

In ihrer Dissertation weist Luise Pitz auf einige weitere Alleinstellungsmerkmale hin, die den Hopfenhandel von anderen Handelsformen unterscheidet. Der Händler kaufte den Hopfen überwiegend nicht über Zwischenhändler, sondern in erster Linie direkt bei den Hopfenbauern. Dies geschah in der Regel in kleinen Mengen, die gelagert und für den Verkauf aufbereitet werden mussten. Um Einbußen bei regionalen Ernteausfällen abzufedern, kauften die Händler nicht nur in einem Anbaugebiet. So hatten die meisten großen süddeutschen Hopfenhandelshäuser Niederlassungen im böhmischen Saaz, dem neben der Hallertau zweitgrößten Hopfenanbaugebiet Europas. Der Verkauf erfolgte in der Regel ebenfalls direkt und ohne Zwischenhändler an die Endkunden, die Brauereien. Dazu bedienten sich die Handelshäuser eines international agierenden Netzes von Vertretern. Dem Zwischenhandel von Händler zu Händler kam hingegen nur eine geringe Bedeutung zu. Vor dem Verkauf musste der Hopfen jedoch für die Verwendung aufgearbeitet werden. Nach dem Nachpflücken und Trocknen erfolgte die umstrittene Schwefelung, die Abfüllung in große Transportsäcke und die Zwischenlagerung bis zum Verkauf. Für diese Arbeiten waren Betriebsanlagen und Lagerhäuser von beträchtlicher Größe notwendig.

Ähnlich wie in der Beziehung zwischen Brauereien und Gaststätten, wo durch Bierlieferverträge mit ihrem komplizierten System von Darlehensgebungen finanzielle Abhängigkeiten und Bindungen zwischen der Brauerei als Verkäufer und dem Gastwirt als Abnehmer von Bier bis heute bestehen, hatten sich auch im Hopfenhandel vergleichbare Finanzierungsmodelle etabliert. Luise Pitz führt zu dieser Rolle der Hopfenhändler als „kleine Bankiers" aus: „*Dem Bauern wird eine finanzielle Unterstützung zuteil, durch die Vorkäufe (d. h. der Kauf wird abgeschlossen, wenn die Ernte noch im Felde steht) oder durch Vorauszahlungen. Dem Brauer wird ein offener Kredit gewährt in Form von langem Ziel bei der Lieferung; ferner erhält er Darlehen, um ihn zu beeinflussen bezüglich seines Hopfeneinkaufs. Diese Finanzierungsgeschäfte können nicht ohne Einfluss bleiben auf sein Betriebsgebahren, auf die technische Abwicklung des Güterumsatzes und auf seine Einstellung zum Markte.*"[14]

Die engen wirtschaftlichen Verflechtungen zwischen Hopfenhändlern und Bierbrauern führten gelegentlich sogar dazu, dass Hopfenhändler selbst zu Bierbrauern wurden. So gelangte beispielsweise der Wochinger-Bräu im niederbayerischen Rotthalmünster – wohl wegen Verschuldung des Brauereibesitzers – 1910 in den Besitz der Nürnberger Hopfenhändler-Familien Wild, Weinschenk und Hammelbacher. Sie führten die Brauerei bis zu ihrer „wilden Arisierung" 1938 weiter und nahmen nach der Restitution 1948 das Braugeschäft für einige Jahre wieder auf.[15]

Die zahlreichen durch wechselnde Nachfrage und klimatisch bedingte Qualitätsunterschiede bedingten Unwägbarkeiten des Hopfenhandels, aber auch das Entstehen größerer Handelshäuser durch Zusammenschlüsse, haben seit dem letzten Drittel des 19. Jahrhunderts schließlich zu einer Spezialisierung und zu Sonderformen des Hopfenhandels geführt, die Pitz mit dem Kommissionshandel, dem Kundschaftshandel und dem Platzhandel benennt. Diese Handelsformen bedienten Nischen, in denen sich auch kleinere Hopfenhandlungen und Einzelhändler ohne eigenes Vertriebssystem etablieren konnten.

Der Kommissionshandel spielte vor allem für kleinere Hopfenanbaugebiete eine Rolle, in denen sich der Ankauf durch große Handelshäuser nicht lohnte und von dem vor allem kleine Hopfenhändler in den zahlreichen jüdischen Landgemeinden profitierten: „*Der Kommissionär steht zwischen dem Bauer und dem Händler. Er bekommt von der einen Seite Auftrag zum Verkauf, von der anderen Auftrag zum Einkauf. Er bringt die passenden Posten der verfügbaren und angeforderten Waren zusammen, tätigt also Einkauf und Verkauf rein als Vermittlungsperson, ohne je selbst in den Besitz eines Ballens Hopfen zu gelangen.*"[16]

Der Kundschaftshandel, der Verkauf des Hopfens an die Brauereien, steht am anderen Ende der einzelnen Handelsschritte, wobei dem Einkäufer, der entweder Angestellter der Hopfenhandlung oder selbstständig tätig war, eine zentrale Rolle zukam: „*Der Einkauf der Ware geschieht beim Kundschaftshändler durch den Einkäufer, der allerdings seine Tätigkeit nur in den bevorzugten Hopfenanbaugebieten ausüben kann,*

13 Zur Firmengeschichte vgl. Louis S. Gimbel 3rd (Hg.): Steiner, New York 2004. Die Geschichte der Firma Steiner ist im Museum zur Geschichte von Christen und Juden in Laupheim ausführlich dargestellt.

14 Luise Pitz, Hopfenhandel (wie Anm. 1), S. 11–12.

15 Zur „wilden Arisierung" der Brauerei vgl. Frank Pega: Die Tätigkeit der Deutschen Revisions- und Treuhand AG von 1925 bis 1945, Phil. Diss. Univ. München 2010, S. 249–259.

16 Luise Pitz, Hopfenhandel (wie Anm. 1), S. 28.

4/3
Hopfenmarkt in Nürnberg
1897
Jüdisches Museum München

denn der Einkäufer ist einer der teuersten Angestellten im Hopfenhandel und daher nur dort zu verwenden, wo sich das Einkaufsgeschäft am schnellsten und sichersten abwickeln kann. Es entwickeln sich im Laufe der Jahre feste und freundschaftliche Beziehungen zwischen Hopfenhändlern bzw. seinem Einkäufer und dem Produzenten, sodass Abnehmer und Bauer oft stärker als durch Vertrag aneinander gebunden erscheinen. So gibt es ganze Ortschaften, die jedes Jahr regelmäßig an die gleiche Firma verkaufen."[17]

Als letzte Handelsform, die allerdings von nachrangiger Bedeutung war, nennt Pitz den Platzhandel auf dem Hopfenmarkt: „*Er kommt für die kleinen, selbständigen Aufkäufer in Betracht, die den Hopfen in den Gebieten sammeln, wo der Anbau mehr sporadisch betrieben wird und in solchen, wo die Qualitäten sehr gemischt sind und zu wünschen übrig lassen. Diese kleinen Zwischenhändler bringen viele kleinen Mengen zusammen, sortieren sie und bringen sie am Lokalmarkt zum Verkauf an Händler.*"[18]

Der enge Kontakt zwischen Hopfenbauern und jüdischen Hopfenhändlern führte auch dazu, dass in den Hopfenanbaugebieten – selbst in der Hallertau, in deren näherer Umgebung sich keine jüdischen Landgemeinden befanden – jiddische Ausdrücke in die lokale Mundart einflossen. So erinnert sich etwa der aus Lindkirchen bei Mainburg in der Hallertau stammende Walter Hösl in seinen Lebenserinnerungen: „*Eine sprachliche Besonderheit hat sich in der Hallertau bis in meine Kindheit erhalten. Sie hat ihren Ursprung vermutlich im langjährigen geschäftlichen Kontakt der Bauern mit den Hopfenhändlern, unter denen auch Juden waren. [...] Die Hallertauer haben offensichtlich den einen oder anderen Begriff aus dem Jiddischen, der ihnen in ihren eigenen Wortschatz gepasst hat, übernommen. Bei uns zu Hause und in unserem Dorf wurden jiddische Wörter auch im Alltag verwendet.*"[19] Als Beispiele nennt der Autor Begriffe wie „Hopfenschmuser", „Schtuß" oder „Tinef", die Eingang in die Alltagssprache fanden. Auch sollen die Hallertauer Hopfenbauern die hebräischen Zahlwörter perfekt beherrscht haben, was ähnlich wie im Vieh- und Pferdehandel die Geschäftsverhandlungen mit den jüdischen Händlern wesentlich erleichterte.[20]

Luise Pitz geht in ihrer Arbeit noch auf viele weitere Details des Hopfenhandels ein, die hier nicht weiter ausgeführt werden können. Im Unterschied zu anderen Abhandlungen zum Hopfenhandel dieser Zeit, die in der Regel für die Ausschaltung des Hopfenhandels plädieren und nicht selten gehässige antisemitische Vorwürfe enthalten, steht Luise Pitz – wohl bedingt durch ihre Beziehung zu dem Hopfenhändler Kurt Rosenfeld – dem Handel wohlwollend gegenüber und betont in ihrer Dissertation wiederholt dessen Notwendigkeit. An einer Stelle geht sie auch auf die Dominanz jüdischer Hopfenhändler ein, wobei angesichts des sich zunehmend radikalisierenden Antisemitismus der 1920er-Jahre ihre Ausführungen naiv scheinen: „*Eine weitere Erscheinung unter den Eigenarten des Hopfen-Marktes ist die, dass fast der gesamte Hopfenhandel in den Händen des Judentums liegt. Diese Tatsache muss doch unbedingt in irgend etwas ihren Grund haben. Vielleicht lässt sich diese Erscheinung auf die besondere Rührigkeit, Lebhaftigkeit und Aktivität im Handeln zurückführen, die gerade dem jüdischen Kaufmann eigen und für den Hopfenhändler von unerlässlicher Notwendigkeit ist.*"[21]

FAMILIE ROSENFELD NACH 1938

Im Dezember 1938 versuchte Luise Rosenfeld mit ihren beiden Kindern in die USA zu emigrieren, wo ihre Schwester Gerta (1901–?) seit 1923 mit Paul Hoverman, einem deutschstämmigen Amerika-Auswanderer, ver-

17 Ebd., S. 32f.
18 Ebd., S. 34f.
19 Walter Hösl: In der Hallertau der Jahre 1940 bis 1950. Mein Werdegang vom Kleinkind zum Schulbuben im Heimatdorf Lindkirchen bei Mainburg/ Hallertau, Norderstedt 2010, S. 31f.
20 Vgl. dazu : Anton Graf: Die Hallertau und ihr Hopfenanbau. Eine volkskundliche und wirtschaftliche Untersuchung, München 1975, S. 33.
21 Luise Pitz, Hopfenhandel (wie Anm. 1), S. 51.

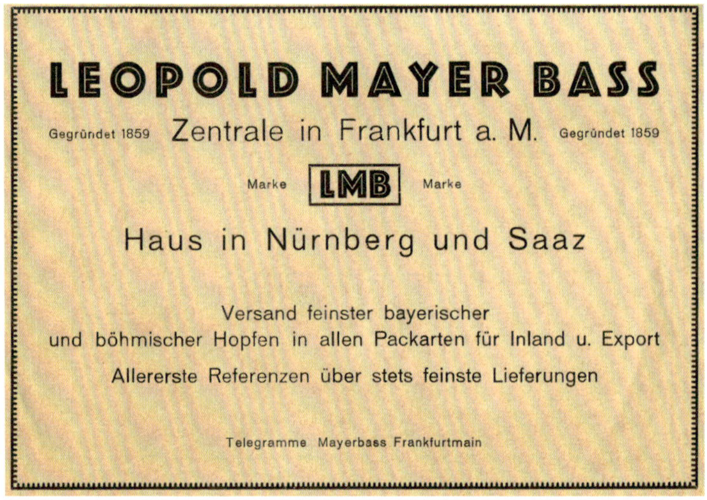

4/6
Werbeanzeigen von Hopfenhandlungen
Um 1920–1925
Jüdisches Museum München

heiratet war.[22] Dieser erste Emigrationsversuch scheiterte jedoch – die Namen der drei Passagiere sind auf der entsprechenden Passagierliste ausgestrichen.[23] Im März 1939 reiste schließlich Gerta Hoverman nach Europa, holte die beiden Kinder in Nürnberg ab und brachte sie in die USA.[24] Den Eltern gelang die Emigration in die USA nicht mehr. Kurt Rosenfeld meldete sich im Juli 1939 nach London ab, seine Frau folgte ihm. 1941 wurde der gesamten Familie die deutsche Staatsangehörigkeit aberkannt.[25] Im gleichen Jahr wurde Luise Rosenfeld wegen „Reichsflucht" die Doktorwürde durch die Universität Erlangen entzogen.[26] Das Ehepaar Rosenfeld ließ sich im Londoner Stadtteil Finchley nieder. Der Ausbruch des Zweiten Weltkriegs wenige Wochen nach ihrer Ankunft in London verhinderte eine Familienzusammenführung. Die beiden Kinder wuchsen bei ihrer Tante in New Jersey auf. Erst am 30. August 1945 erreichten sie Southampton und sahen ihre Eltern nach über sechs Jahren zum ersten Mal wieder.[27] Vater Kurt Rosenfeld starb am 3. August 1950 in Fürth, wo er sich offensichtlich wegen des Wiedergutmachungsverfahrens aufhielt.[28] Über den weiteren Lebensweg seiner Frau Luise ist wenig bekannt. 1959 scheint sie zum letzten Mal in einem englischen Wählerverzeichnis auf.[29] Ihr Sohn Kurt Jörg Rosenfeld studierte 1948–1951 in Weihenstephan das Fach des Braumeisters, leitete über viele Jahre die Londoner Niederlassung der Hopfenhandlung Fromm, Mayer-Bass GmbH[30] und betrieb bis vor wenigen Jahren in Abington bei Oxford ein Handelsunternehmen für Brauereizubehör.[31]

Bernhard Purin

22 Ancestry.com. New York City Heiratsindizes 1866–1938, Nr. 37301 (03. 12. 1923).
23 Ancestry.com. New York, Passagierlisten, 1820–1957, S. S. Bremen ab Bremen 06. 12. 1938.
24 Ancestry.com. New York, Passagierlisten, 1820–1957, S. S. Europa ab Bremen 14. 03. 1939.
25 Stadtarchiv Nürnberg (wie Anm. 5).
26 Thomas A. H. Schöck (Hg.): Aberkennung der Doktorwürde an der Universität Erlangen in der Zeit des Nationalsozialismus (= Akademische Reden und Kolloquien 29), Erlangen-Nürnberg 2010, S. 76.
27 Ancestry.com. Großbritannien, Liste ankommender Passagiere, 1878–1960, S. S. Niuew Amsterdam, 30.08. 1945.
28 Ancestry.com. England und Wales, nationaler Nachlasskalender1858–1966, Bd. 1951, R–Ro.
29 Ancestry.com. London, England, Wales, Wählerregister 1959, Finchley West.
30 Alt-Weihenstephaner Brauerbund e.V. Jahrbuch 1992, S. 51.
31 http://www.companiesintheuk.co.uk/director/7413667/kurt-rosenfeld.

DIE FAMILIE FROMM – VIER GENERATIONEN IM HOPFENHANDEL

Die ersten Belege für den bayerischen Hopfenanbau lassen sich im Hochstift Freising gegen Ende des 9. Jahrhunderts finden. Vermutlich dort wurde der Grundstein für das weiter nördlich gelegene Anbaugebiet der Hallertau gelegt.[32] Im Mittelalter legten Bierbrauer zahlreiche Hopfengärten vor den Stadtmauern Münchens an und auch zu Beginn des 19. Jahrhunderts existierten noch kleinere Hopfengärten, die aber zugunsten der großen Anbaugebiete in der Hallertau, in Tettnang und in Spalt weichen mussten.[33] An ihre Stelle trat der 1837 mit königlichem Erlass eingerichtete Hopfenmarkt, der von Oktober bis April einmal wöchentlich in einer Getreidehalle im Tal und ab 1853 in der Maximilians-Getreide-Halle, der heutigen Schrannenhalle am Rande des Viktualienmarktes, abgehalten wurde.[34] Der Markt wurde vorwiegend von auswärtigen, meist jüdischen Hopfenhändlern beschickt. Dennoch haben sich in München einige Hopfenhändler niedergelassen: 1819 lässt sich mit Maier Sussmann Hopfen (um 1770–1838), der ein Haus am Promenadenplatz besaß, erstmals ein jüdischer Hopfenhändler nachweisen.[35] 1885 nennt das Münchner Adressbuch bereits 15 Hopfenhändler, von denen zwölf jüdisch waren.[36] Zur Jahrhundertwende war ihre Zahl nur geringfügig auf 21 überwiegend jüdische Händler gestiegen.[37] Die Zahl der Hopfenhandlungen blieb damit freilich stark hinter jenen der fränkischen Hopfenhandelsplätze zurück.

Ein im Februar 1938 publiziertes Verzeichnis jüdischer Gewerbetreibender in München nennt noch sieben Hopfenhandlungen in der Stadt.[38] Ende 1938 waren nur noch zwei Hopfenhandlungen, die Hopfen- und Malzgroßhandlung Stefan Künstler sowie die Hopfenhandlung Joachim Fromm OHG tätig. Beide wurden noch im gleichen Jahr „arisiert" bzw. abgemeldet.[39] Insbesondere der Firma von Joachim Fromm gelang es nach der Zäsur des Zweiten Weltkriegs an zuvor bereits vorhandene internationale Erfolge anzuknüpfen und den Hopfenhandel als Familienbetrieb weiterzuführen.

Im Jahr 1872 gründete der aus Fischach stammende und ursprünglich im Schnittwarenhandel tätige Joachim Fromm (1816–1885) in Augsburg die Hopfenhandlung Joachim Fromm, nachdem er das Bürger- und Heimatrecht erhalten hatte. 1880 übernahmen seine drei Söhne Jakob (1843–1912), David (1845–1905) und Gustav (1849–1916) den bereits florierenden Betrieb. 1889 eröffneten Jakob und David Fromm den Firmenzweig Joachim Fromm OHG München, der sich bald zur Hauptniederlassung entwickelte, während Gustav Fromm weiterhin die Hopfenhandlung in Augsburg als Nebenbetrieb leitete. In dritter Generation übernahm 1912/13 Davids Sohn Adolf Fromm (1874–1943) gemeinsam mit Gustavs Sohn Heinrich Fromm (1886–1959) die Geschäfte in München. Sie erwarben ein großes Gelände in der Pasinger Kreuzstraße (seit 1947 Bäckerstraße) und modernisierten in kurzer Zeit die dort befindlichen Hallen zur Hopfentrocknung, Lagerung und Verpackung. Es ging also nicht mehr nur um den Hopfenhandel allein, sondern auch um dessen Weiterverarbeitung. Heinrich Fromm kümmerte sich bereits vor dem Ersten Weltkrieg um die Exportgeschäfte und knüpfte Beziehungen zur 1859 in Frankfurt am Main gegründeten Hopfenhandlung Leopold Mayer-Bass, die über gute Kontakte ins Ausland verfügte. 1923 erfolgte die Eingliederung der Frankfurter Hopfenhandlung in die Joachim Fromm OHG. Im gleichen Jahr konnten auch die Hopfenhandlungen Gieser & Odenheimer und die Jakob Treumann KG aus München sowie das Handelshaus Epstein, Mendl und Grube unter dem Dach der Joachim Fromm OHG vereint werden. Wenige Jahre später expandierte Fromm durch den Erwerb einer niederländischen Hopfenhandlung, der Eerste Hollandsche Hophandelmaatschappij. Der so entstandene Firmenzusammenschluss war insbesondere im Export erfolgreich: Noch im November 1936 betrug der Exportanteil 76 Prozent.[40]

Heinrich Fromm war nicht nur erfolgreicher Hopfenhändler, sondern auch als Kunstförderer tätig: So war er Teilhaber des Graphischen Kabinetts in der Brienner Straße ebenso wie der Münchner Kammerspiele.[41] Heinrichs Sohn Robert Gustav (geb. 1924) erzählt hierzu in seinen Memoiren: „*Mein Vater war [...] an einer Kunsthandlung, dem Graphischen Kabinett [...], beteiligt. Des Weiteren gehörte der Familie die Theatergesellschaft der Kammerspiele (oder sie hatte die Majorität). [...] Meine Eltern hatten eine interessante Bildersamm-*

32 Carl Stiegler: Die Entwicklung des Hopfenbaus in der Weltwirtschaft, München 1927, S. 38.
33 Christian Schäder: Münchner Brauindustrie 1871–1945. Die wirtschaftsgeschichtliche Entwicklung eines Industriezweiges, Marburg 1999, S. 185, Anm. 615.
34 Johann Friedrich von Cotta: Allgemeine Zeitung München, 22. 08. 1837, S. 1838.
35 Alois Huber: München im Jahr 1819. Darstellung der neuesten Numerirung, Anhang, Heft 2, München 1819, S. 137. Zu seinen Lebensdaten vgl.: Die Bayer'sche Landbötin, 20. 03. 1838, S. 284.
36 Adreßbuch für München 1885, München 1885, S. 79.
37 Adreßbuch für München 1900, München 1900, S. 127.
38 Verzeichnis der gewerbepolizeilich gemeldeten jüdischen Gewerbetreibenden in München, Stadtarchiv München, Gewerbeamt 177.
39 Wolfram Selig: „Arisierung" in München. Die Vernichtung jüdischer Existenz 1937–1939, Berlin 2004, S. 596–598 u. S. 600–602.
40 Bernhard Koch: Die Hopfenhandlung Joachim Fromm. Vom Provinzbetrieb zur Firmenholding (1872–1939), in: Bernhard Schoßig (Hg.): Ins Licht gerückt. Jüdische Lebenswege im Münchner Westen. Eine Spurensuche in Pasing, Obermenzing und Aubing, München 2008, S. 73–84.
41 Ebd., S. 79.

lung – quer durch die verschiedenen Epochen, jedoch mit Schwerpunkt auf modernen deutschen Künstlern. Meines Wissens hat mein Vater sich für das Graphische Kabinett interessiert, um jungen Künstlern Ausstellungsmöglichkeiten zu bieten. Die Kammerspiele und das Graphische Kabinett waren wohl Zuschußbetriebe."[42] 1912 gründete der Kunsthändler Israel Ber Neumann (1887–1961) in Berlin das erste Graphische Kabinett und schuf damit eine wichtige Plattform für die aufstrebenden und bereits anerkannten Künstler der Moderne. Innerhalb weniger Jahre eröffnete Neumann weitere Zweigstellen in mehreren deutschen Städten. 1923 gründete er ein Graphisches Kabinett in München, das Neumanns ehemaliger Volontär Günther Franke (1900–1976) zunächst als Geschäftsführer und später als sein Partner leitete. Durch seine Verbindungen zu Künstlern wie Paul Klee oder Max Beckmann und die finanziellen Mittel Heinrich Fromms wurde das Kabinett zu einem renommierten Forum der Münchner Kunst. Heinrich Fromm selbst zählte zu den frühen Förderern und Sammlern Beckmanns.[43]

Der Einbruch des US-Markts wegen der 1919 eingeführten Prohibition zwischen 1919 und 1933 und die Wirtschaftskrisen der 1920er-Jahre gingen auch an der Joachim Fromm OHG nicht spurlos vorüber und zogen finanzielle Einbußen nach sich. Nachdem diese verlustreichen Jahre eben überstanden waren, brachten die Nationalsozialisten durch ihre „Arisierungen" der Joachim Fromm OHG den Ruin[44]: Im Februar 1938 wurde Adolf Fromm eine Neuausstellung seiner Gewerbelegitimation wegen „Unzuverlässigkeit" ohne jede Rechtsgrundlage versagt. Selbst der Einwand der Industrie- und Handelskammer (IHK) München, dass es sich bei diesem Betrieb um eine bedeutende Hopfenexportfirma handle, die für die Devisenwirtschaft wichtig sei, half nicht. Die Cousins Fromm mussten im September 1938 ihr Lager in Pasing an die Gebrüder Frank in Nürnberg verkaufen. Ab November 1938 leitete Hans Breitschaft als Treuhänder das Büro in München und sorgte offenbar als Reaktion auf die IHK dafür, dass Adolf Fromm zumindest seine Auslandsgeschäfte weiterhin abwickeln durfte. Darüber hinaus hatte Breitschaft großes Interesse daran, gemeinsam mit seinem Partner Michael Gruber die Firma zu übernehmen. Die Firma Breitschaft & Gruber war 1936 in Nürnberg aus einer „Arisierung" zweier Hopfenhandlungen hervorgegangen und mit 31. Dezember 1938 war ihr Ziel erreicht: Adolf und Heinrich Fromm mussten ihr Gewerbe endgültig abmelden, die neuen Besitzer übernahmen nicht nur die Firma, sondern auch den renommierten Namen, um in Zukunft davon zu profitieren.[45] Als nach Kriegsausbruch 1939 kaum mehr Exportgeschäfte möglich waren, gelang es Breitschaft & Gruber nicht, an die ursprünglichen Erfolge der Fromms anzuknüpfen. Zur gleichen Zeit entschlossen sich die Angehörigen der Familie Fromm, Deutschland zu verlassen. Adolf Fromm gelang die Flucht nach Brasilien, Heinrich Fromm entkam kurz vor Kriegsbeginn mit seiner Frau Helene nach England. Heinrichs Sohn Robert G. Fromm besuchte bereits seit 1935 ein Schweizer Internat und folgte seinen Eltern im August 1939 nach England. 1940 wurde ihnen die deutsche Staatsangehörigkeit aberkannt, damit verfielen jegliche finanziellen Ansprüche an das Deutsche Reich.[46]

Trotz schwieriger Anfänge in London gelang es Heinrich Fromm rasch, wieder einen Hopfenhandel zu eröffnen – die Firma Mayer-Bass Ltd. – und mit Fromm, Mayer-Bass Inc. auch eine Niederlassung in den USA zu begründen. Der eigentliche Aufschwung stellte sich jedoch erst nach 1945 ein. Obwohl der Hauptwohnsitz in London blieb, kehrte Heinrich Fromm nach Kriegsende nach München zurück, um die Restitution seiner Firma voranzutreiben und sie wieder aufzubauen. Mithilfe seines Sohnes Robert konnten 1949 die Firmen Joachim Fromm GmbH gemeinsam mit Leopold Mayer-Bass ihr Gewerbe wieder anmelden. Das Restitutionsverfahren wurde 1951 abgeschlossen. Heinrich Fromm widmete sich wieder dem Export und erschloss Absatzmärkte wie beispielsweise China, Japan, Russland, aber auch Skandinavien, die Türkei, USA und Kanada. Um 1955 wurden die drei ursprünglichen Firmen unter dem Namen Fromm, Mayer-Bass GmbH zusammengefasst. Robert G. Fromm übernahm nach dem Tod seines Vaters 1959 die Geschäfte und lenkte den Hopfenhandel durch seine Entwicklung des Hopfenpulvers in neue Bahnen.

DIE FROMM, MAYER BASS GMBH – EIN ERFINDERISCHER UND INNOVATIVER BETRIEB

Für den Export des Hopfens wurden in Pasing eigens zinkverkleidete Holzkisten angefertigt. Diese teure Verpackungsmethode ebenso wie die Preisschwankungen veranlassten Leopold Mayer-Bass 1875, einem Jahr, in dem der Hopfen gut gediehen und billig war, Hopfen in abgedichtete Metallzylinder zu pressen, die unter Vakuum verschlossen wurden. Das Konzept ging auf, der Hopfen war auch im Folgejahr brauchbar

42 Robert G. Fromm: Geschichten aus meinem Leben, München 1997, S. 8f.

43 Felix Billeter: Günther Franke: Kunsthändler und Sammler. Zur Geschichte des Kunsthandels und der Erwerbshistorie der staatlichen und städtischen Kunstsammlungen in München. Eine Projektskizze, in: AKMB-news, Jg. 18, 2012, S. 31–34.

44 Bernhard Koch, Die Hopfenhandlung Joachim Fromm (wie Anm. 40), S. 73–84.

45 Wolfram Selig, „Arisierung" in München (wie Anm. 39), S. 596–598.

46 Bernhard Koch, Die Hopfenhandlung Joachim Fromm (wie Anm. 40), S. 77–80.

und hatte wenig von seiner Qualität eingebüßt. Diese durchaus erfolgreiche Methode wurde in der Joachim Fromm OHG übernommen und über einen langen Zeitraum angewandt. Dennoch verfolgte man weiterhin die Frage, wie Hopfen ohne Qualitätsverlust langfristig haltbar gemacht werden könnte. Die Antwort fand Robert G. Fromm 1962 in der Entwicklung des Hopfenpulvers. 1966 ging in Wolnzach ein technischer Großbetrieb für das „Hopstabil"-Pulver in Betrieb.[47] Diese Erfindung begeisterte Brauer insofern, als die bisher bekannte, problematische Hopfenextraktion mittels chemischer Lösungsmittel nunmehr der Vergangenheit angehörte. „Der Spiegel" äußerte sich zu Fromms Erfindung folgendermaßen: „*Da kam Hopfenhändler Fromm dem bayrischen Minister*[48] *und seinen bedrohten Bauern zu Hilfe. Er eröffnete vor kurzem eine Fabrik, in der er Edelhopfen nach einem neuen Verfahren konserviert: Die Dolden werden getrocknet und zu einem grünen Pulver vermahlen. In Zehn-Pfund-Kartons verpackt, hält Fromms ‚Hopstabil' ohne chemische Zusätze mindestens zwei Jahre lang das Aroma.*"[49] Das Hopfenpulver war also in der Qualität mit dem Naturhopfen vergleichbar.

Simon H. Steiner
Stammhaus:
Laupheim (Württbg.)
Fernsprecher Nr. 17 u. 24
Telegr.-Adr.: Hopsteiner
★
Zweigniederlassungen:
Tettnang (Württemberg)
Saaz (Tschechoslowakei)
★
Haus in
New-York, S. S. Steiner
50 Union Square
★

Die im Jahre 1845 von Simon H. Steiner gegründete, aus bescheidenen Anfängen hervorgegangene Firma gleichen Namens, nahm bereits Ende des vorigen Jahrhunderts einen erheblichen Aufschwung.

Beziehungen, die der Gründer damals schon mit den Vereinigten Staaten von Nordamerika anbahnte, wurden Mitte der achtziger Jahre durch Etablierung eines Sohnes des Gründers unter der eigenen Firma S. S. Steiner in New York mit ständig wachsendem Erfolg ausgebaut; auch der Export nach anderen überseeischen Ländern sowohl als nach dem kontinentalen Ausland nahm zu und schon vor Ausbruch des Weltkrieges zählte die Firma zu den größten und bestrenommierten der Hopfenbranche des Kontinents.

Der Weltkrieg brachte eine ungeheure Umwälzung auf allen Gebieten, so bewirkte er auch durch die Einführung der Prohibition in den Vereinigten Staaten und den Rückgang des Bierkonsums auf dem Kontinent eine erhebliche Einschränkung des Hopfenbaues, der nach dem Verlust bedeutender Produktionsgebiete (Posen und Elsaß-Lothringen) nur mehr 25% der Vorkriegszeit betrug. Das veranlaßte die Firma, sich dem Anbau von Hopfen in der anerkannt bevorzugten Tettnanger Lage intensiv zuzuwenden und es gelang ihr durch zielbewußte Arbeit, daß sie heute zu den größten Produzenten Deutschlands zählt und den Ruf genießt, ein ganz hervorragend qualitätvolles Produkt zu erzeugen. Zum Zwecke sorgfältigster Trocknung wurden moderne Darren errichtet, und überdies dient ein separates Magazin in Tettnang zur Präparation und Verpackung.

Hand in Hand damit gingen auch die Bestrebungen der Firma, dem Württemberger und speziell Tettnanger Hopfen auf der ganzen Welt die richtige Geltung zu verschaffen, und wenn dies heute erreicht ist und der Tettnanger Hopfen den bevorzugten Rang in der Brauerei einnimmt, der ihm zukommt, so hat das Tettnanger Produktionsgebiet dies in erster Linie den rastlosen Bemühungen der Firma Simon H. Steiner in Laupheim zu verdanken.

4/8
Werbeanzeige der Hopfenhandlung Simon H. Steiner
Um 1930
Jüdisches Museum München

47 Thomas Hasselwander, Helmut Eber: Pasinger Archiv. Fotographische Streiflichter eines Pasinger Jahres, verbunden mit Bildern aus vergangenen Tagen, Pasing 1994, S. 11–18.

48 Gemeint ist Alois Hundhammer (1900–1974), von 1957 bis 1969 bayerischer Staatsminister für Landwirtschaft und Forsten.

49 Sünde mit Chemie, in: Der Spiegel, Nr. 48 (1966), S. 108f.

Für den Brauer boten sich dadurch eine ganze Reihe von Vorteilen: So war das Hopfenpulver raumsparender zu lagern und zu transportieren. Außerdem sorgte es neben der besseren Haltbarkeit für eine Erleichterung der Arbeitsprozesse und geringere Abfallstoffe (Hopfentreber).[50]

1969 wurde ein weiteres Hopfenpulverwerk in Worcester, England bei der Hop Developement Ltd. errichtet.[51] In Pasing entwickelte man die neuen Hopfenextraktionsverfahren weiter und schuf 1982 in Münchsmünster in Kooperation mit dem Chemieunternehmen SKW Trostberg eine moderne Industrieanlage, die HEG Hopfenextraktion GmbH. 1970 wurden die Gebäude in Pasing abgerissen und durch eine Wohnanlage ersetzt. Als sich Robert G. Fromm zur Ruhe setzte, verkaufte er seine Anteile, die sich auf etwa 65 Prozent der Fromm, Mayer-Bass-Gruppe beliefen, an die SKW Trostberg. Sechs Jahre später veräußerte die SKW Trostberg diese Anteile an die Simon H. Steiner, Hopfen GmbH, die ihren Hauptsitz in Laupheim hat. Gemeinsam blieben SKW und die Simon H. Steiner, Hopfen GmbH an der HEG Hopfenextraktion GmbH beteiligt.[52]

50 Lorenz Kettner: Hallertauer Hopfenbau. Geschichte und Gegenwart, Mainburg 1976, S. 313.
51 Ein Leben mit dem Hopfen. Interview mit R. G. Fromm zum 70. Geburtstag, in Brauwelt Nr. 10/11, Jg. 134 (1994), S. 436–438.
52 Ebd., S. 80f; SKW Trostberg verkauft [...] Anteil an der Fromm, Mayer-Bass-Gruppe [...], in: Brauwelt Nr. 40/41, Jg. 136 (1996).
53 Ein Leben mit dem Hopfen (wie Anm. 51), S. 438.

Robert G. Fromm blieb auch nach dem Verkauf seiner Anteile an der Fromm, Mayer Bass-Gruppe 1992 einige Jahre als Berater tätig, ehe er sich endgültig vom Hopfenhandel zurückzog. In einem Interview anlässlich seines 70. Geburtstags 1994 blickte er auf sein berufliches Leben zurück, wohl wissend, dass er mit der Entwicklung des Hopfenpulvers Basisarbeit geleistet und damit den Grundstein für die heute im Brauwesen vorwiegend verwendeten Hopfen-Pellets gelegt hatte.

Die starken strukturellen Veränderungen im Hopfenhandel, die am Ende seines aktiven Berufslebens sichtbar wurden, sah Robert G. Fromm mit einem lachenden und einem weinenden Auge, sei doch der Hopfenhandel ein gutes Spiegelbild der Entwicklung der Wirtschaft, des handelspolitischen Denkens und der Internationalisierung der Wirtschaftssysteme.[53]

Lilian Harlander

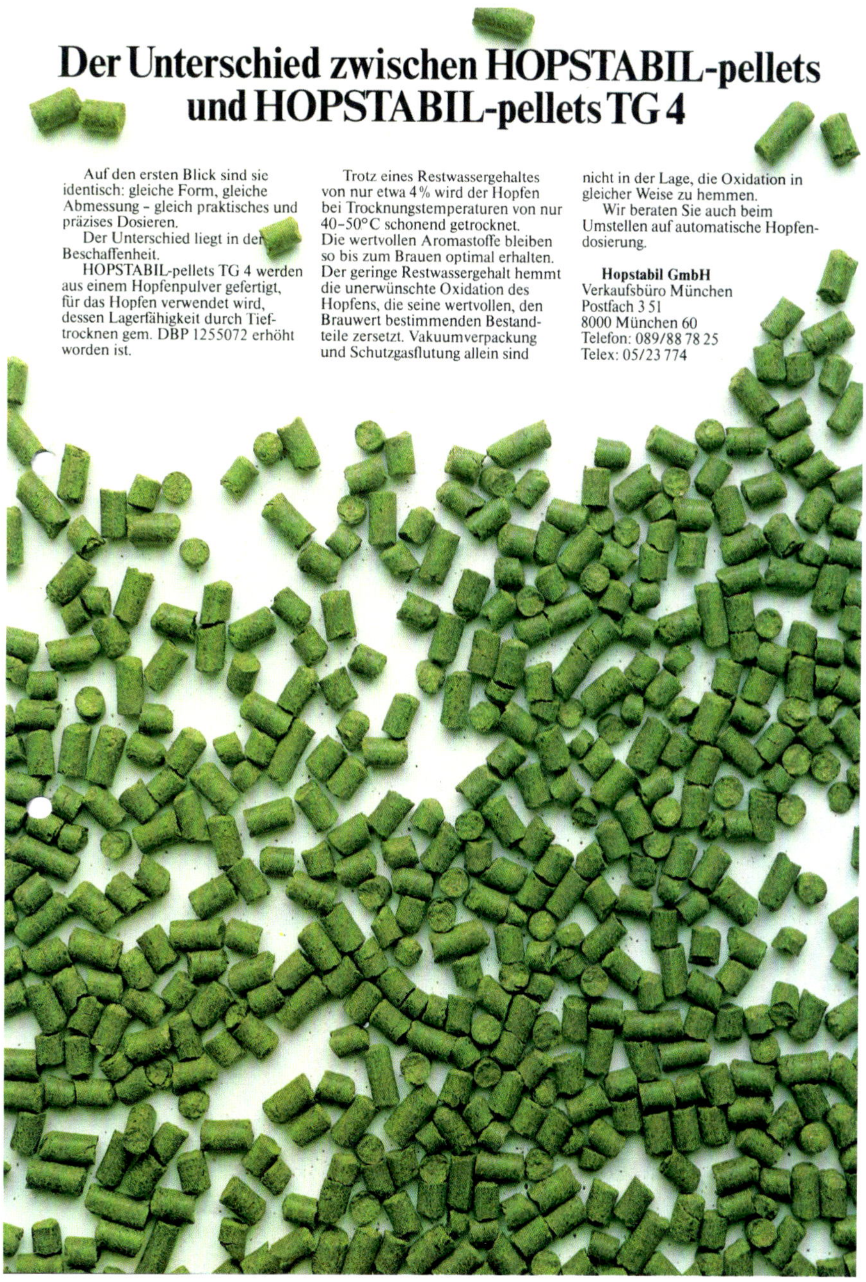

< 4/14
Produktionsstätte für Hopstabil
Wolnzach 1966
Privatbesitz, München

4/15
Werbeanzeige für „Hopstabil"
Um 1980
Deutsches Hopfenmuseum Wolnzach

4/2

4/1 *Abbildung S. 52*
Die Nürnberger Hopfenhandelshäuser

Um 1870
Lithografie mit aufgeklebter Fotomontage von Heinrich Popp, Fotograf in Nürnberg
Papier
H: 73,8 cm; B: 62 cm

Firmenarchiv Joh. Barth & Sohn GmbH & Co. KG, Nürnberg

Das dekorative Blatt zeigt die größten Nürnberger Hopfenhandelshäuser um 1870. Elf der 16 abgebildeten Geschäfte waren in jüdischem Besitz. Die mittige Fotomontage zeigt Hopfenhändler vor der Nürnberger Lorenzkirche.

4/2
Der Hopfenmarkt in Nürnberg

Um 1880
Holzstich
nach einer Originalskizze von Friedrich Drescher
H: 18,5 cm; B: 24 cm

Jüdisches Museum München,
JM 42/2015

Der Nürnberger Hopfenmarkt befand sich seit 1866 in und vor dem ehemaligen im späten 16. Jahrhundert erbauten Zeughaus am Hauptplatz.

4/3 *Abbildung S. 59*
Hopfenmarkt in Nürnberg

1897
Holzstich
H: 11 cm; B: 10 cm

Jüdisches Museum München,
JM 41/2015

4/4 *Abbildung S. 55*
Hopfenmarkt in Nürnberg

1905
Chemografie
nach einer Originalzeichnung von Otto Meyer-Wegener
H: 22 cm; B: 33 cm

Jüdisches Museum München,
JM 40/2015

Das Bild zeigt die verschiedenen Tätigkeiten vom Anpreisen der Ware über die Qualitätsprüfung bis zum Verkauf, den der Einkäufer in sein Geschäftsbuch einträgt.

4/5 *Abbildung S. 57*
Luise Pitz: Probleme des Hopfenhandels in volkswirtschaftlicher Beziehung

Phil. Diss. Univ. Erlangen 1928
H: 20 cm; B: 14,7 cm

Jüdisches Museum München (Bibliothek)

Die seit 1927 mit dem Nürnberger Hopfenhändler Kurt Rosenfeld (1877–1950) verheiratete Luise Pitz-Rosenfeld (1899–?) legte mit ihrer Dissertation eine der wenigen fundierten Studien über die Struktur des Hopfenhandels vor.

4/6 *Abbildung S. 60*
Werbeanzeigen von Hopfenhandlungen

Um 1920–1935
Papier

Jüdisches Museum München,
JM 34.1–8/2015

Die aus Brauerei-Fachjournalen stammenden Werbeanzeigen spiegeln die große Zahl von Hopfenhandlungen in jüdischem Besitz in Bayern wider.

4/7 >
Hopfensäcke der Hopfenhandlung S. Steiner

Um 1960/1970
Jute
H: 245 cm; B: 119 cm

Jüdisches Museum München,
JM 58/2015

Hopfensäcke trugen neben dem Namen der Hopfenhandlung auch verschiedene Stempel und Jahrgangsangaben, die den Hopfen als Siegel- bzw. Qualitätshopfen ausweisen. Der Brauerstern mit dem eingeschriebenen Monogramm „SS“ ist bis heute Teil des Markenzeichens der Hopfenhandlung S. Steiner.

4/8 *Abbildung S. 63*
Werbeanzeige der Hopfenhandlung Simon H. Steiner

Um 1930
Papier
H: 26,4 cm; B: 20,4 cm

Jüdisches Museum München,
JM 33/2015

Die 1845 in Laupheim bei Ulm gegründete Hopfenhandlung übersiedelte nach „Arisierung“ und Restitution 1992 nach Mainburg in der Hallertau und wird heute in sechster Generation in Familienbesitz geführt. Mit ihrer Marke „Hopsteiner“ ist sie einer der Weltmarktführer im Hopfenhandel.

927
Bayern
2670
D.S.H. – Bay. N.A
1973 №
D.S.H. BAY. N.A
61850

4/9
Echter Hopfen (Humulus lupulus)

Um 1860
Lithografie
H: 24,7 cm; B: 16,4 cm

Jüdisches Museum München, # JM 116/2015

Der zum Bierbrauen verwendete Echte Hopfen (Humulus lupulus) ist eine Kletterpflanze und gehört zur Familie der Hanfgewächse.

4/10
Hermann Schülein (1884–1970) bei einer Hopfenprobe

Um 1960
Fotografie (Reproduktion)
H: 23,7 cm; B: 17,9 cm

Bayerisches Wirtschaftsarchiv, F2/8226

Der ehemalige Generaldirektor der Löwenbräu AG, nach der Emigration 1937 in ähnlichen Funktionen bei der Liebmann Brewery in New York tätig, reiste bis ins hohe Alter regelmäßig in die Hallertau, um selbst den Hopfen für seine Brauereien einzukaufen.

4/11
Hopfen-Metzen

Um 1950
Zinkblech, Holz
H: 61 cm; D (Stand): 34 cm

Deutsches Hopfenmuseum Wolnzach

Hopfen-Metzen wurden als Sammelbehälter beim Hopfenpflücken verwendet und dienten gleichzeitig als Maß für die Entlohnung der Hopfenpflücker.

4/12
Hopfendolden
„Hallertauer Tradition“

2015

Simon H. Steiner, Hopfen GmbH, Mainburg

Bis in die 1960er-Jahre wurden dem Biersud vorwiegend ganze Hopfendolden zugegeben, die heute in der Craft Bier-Szene wieder zunehmend an Bedeutung gewinnen.

4/13
Hopfen-Pellets
„Hallertauer Tradition“

2015
Hopfen, Aluminium
H: 27 cm; B: 19,5 cm

Simon H. Steiner, Hopfen GmbH, Mainburg

Mit der Erfindung des Hopfenpulvers in den 1960er-Jahren wurden die Voraussetzungen für die Herstellung von Pellets geschaffen, die heute die am meisten verwendete Lager- und Zugabeform von Hopfen im Brauprozess darstellen.

4/14 *Abbildung S. 64*
Produktionsstätte für „Hopstabil“

1966
8 Sw-Fotografien (Reproduktion)
H: 57 cm; B: 55,3 cm

Privatbesitz, München

1966 verlegte Fromm, Mayer-Bass ihr Hopfenlager und die Verarbeitungsanlagen nach Wolnzach. Gleichzeitig wurde das „Hopstabil“-Werk für die Produktion von Hopfenpulver errichtet. Auf den Fotografien sieht man eine erste Begehung, zu der verschiedene Persönlichkeiten der Gemeinde Wolnzach eingeladen worden waren.

4/15 *Abbildung S. 65*
Werbeanzeige für „Hopstabil“

Um 1980
Papier
H: 21 cm; B: 29,7 cm

Deutsches Hopfenmuseum Wolnzach

5/10
Kassette mit 52 Fotografien der Schlossbrauerei Planegg
Um 1890
Bildarchiv Sebastian Winkler, München

»… so ist ein vollkommenes Bräuhaus seiner Vollendung nahe«

DIE FAMILIE VON HIRSCH UND IHRE SCHLOSSBRAUEREI IN PLANEGG BEI MÜNCHEN

VON LILIAN HARLANDER

Die ursprünglich aus einfachen unterfränkischen Verhältnissen stammende Familie Hirsch prägte die soziokulturelle und wirtschaftliche Landschaft Deutschlands in zweierlei Hinsicht: Zum einen nahm sie mit der Nobilitierung Jakob von Hirschs 1818 als erste geadelte jüdische Familie Deutschlands einen bemerkenswerten Sonderstatus ein. Zum anderen – und dies geht gewissermaßen mit der Nobilitierung einher – formte sie durch ihr erfolgreiches Wirken im Bank- und vor allem auch im Brauwesen die deutsche Wirtschaft und Industrie des 19. Jahrhunderts wesentlich mit. Mit der Schlossbrauerei Planegg gründete Jakob von Hirsch (1765–1849) im Jahr 1836 nicht nur eine ausgesprochen erfolgreiche Großbrauerei vor den Toren Münchens, sondern schrieb durch die damit verbundenen technischen Innovationen Industriegeschichte. Es ist also gerade diese Besonderheit – jüdischer Adel und erfolgreiche Bierbrauer –, die dieser Familie innerhalb der deutsch-jüdischen Kulturgeschichte eine bemerkenswerte Rolle einräumt. Sowohl die adeligen Kreise als auch die Welt des Brauens waren zunächst nicht-jüdisch, und das nicht nur zu Beginn des gesellschaftlichen und wirtschaftlichen Aufstiegs der Familie von Hirsch, sondern weit darüber hinaus. Es wird hier also mit der Familie von Hirsch gewissermaßen eine „jüdische Erfolgsgeschichte" erzählt. Abgesehen davon sind es zwei Faktoren – ein wirtschaftlicher und ein gesellschaftspolitischer –, die die Spezifik im Wirken der Familie von Hirsch unterstreichen.

Aus wirtschaftlicher Perspektive betrachtet, nehmen die von Hirsch insofern eine Sonderstellung ein, als der Schritt in einen sehr traditionellen Produktionszweig nur wenigen jüdischen Familien so erfolgreich gelang. Und dies, obwohl sich die von Hirsch aufgrund ihrer jüdischen Herkunft immer wieder gegen staatliche und gesellschaftliche Repressalien behaupten mussten. Sowohl die frühen Generationen, die sich der jüdischen Kultur und Lebensweise verpflichtet fühlten, als auch deren Nachkommen, die sich spätestens seit Beginn des 20. Jahrhunderts nicht mehr als traditionell jüdisch verstanden beziehungsweise zum Christentum konvertierten, sahen sich mit Hindernissen konfrontiert, die kaum den darin liegenden Antisemitismus verbergen konnten. Dieser verband sich auf eigentümliche Weise mit pseudowirtschaftlichen Argumenten, wenn etwa die Regierungsinstanzen und der Verein der Münchener Brauereien e. V. gemeinsam versuchten, zwölf Jahre lang eine jüdische Familie am Bierbrauen zu hindern. So lange nämlich währte der Rechtsstreit, bis die Familie von Hirsch ihre Brauerei endlich in Betrieb nehmen konnte. Das wirft ein deutliches Licht auf die widrigen Umstände, mit denen die von Hirsch zu kämpfen hatten.

Der zweite Faktor, die gesellschaftspolitische Perspektive, lenkt nun das Auge des Betrachters auf die Nobilitierung der Familie von Hirsch. Gemeinhin als Ehrung verstanden, muss dennoch mitbedacht werden, dass hintergründige Motive einer Adelung von Juden stets in der Finanzierung der Herrscherhäuser und staatlichen Institutionen lagen. Eine entsprechende Situation zeigt sich deutlich bei den von Hirsch, zumal Jakob Hirschs Nobilitierung in unmittelbarem Zusammenhang mit seinem Erwerb des Ritterguts Gereuth stand, das er den Herren von Greiffenklau für eine erkleckliche Summe abkaufte. Für die Familie Hirsch bedeutete die Erhebung in den Freiherrenstand beachtliche Vorteile wie die Ausführung einer lokalen, auf die eigenen Untertanen beschränkten Patrimonialgerichtsbarkeit, weiterer Erwerb von Grundbesitz und nicht zuletzt die Einrichtung mehrerer Brauereien. Aber auch diese Möglichkeiten waren stets mit rechtlichen Auseinandersetzungen verbunden, wie sich noch hinreichend zeigen wird. Auf einer ideellen Ebene und im Kontext jüdischer Emanzipationsbestrebungen diente die Nobilitierung jüdischen Familien als

Integrationsschritt hin zu einer Gleichberechtigung innerhalb des Wertesystems der deutsch-christlichen Mehrheitsgesellschaft, ein Anliegen, das die von Hirsch'schen Oberhäupter der Familie mit viel Engagement verfolgten.

VORGESCHICHTE: DIE FAMILIE HIRSCH IN UNTERFRANKEN

5/4
Wappen der Familie von Hirsch auf Gereuth
Jüdisches Museum München

Die Familie Hirsch stammt aus dem unterfränkischen Gaukönigshofen, in dem es eine kleine, zum Hochstift Würzburg gehörende jüdische Gemeinde gab. Der Viehhändler und fürstbischöfliche Schutzjude Moses Hirsch (ca. 1740–1811) wird dort 1761 in einer Gemeinderechnung erwähnt, als er das Wasser- und Weiderecht für sein Vieh bezahlte. Als sogenannten Schutzjuden oblag es den Vorständen der jüdischen Familien, ihre sogenannten Privilegien wie ein schlichtes Bleibe- und auch Arbeitsrecht mittels bestimmter Abgaben zu vergüten. In diesem Sinne ist auch die Rechnung zu verstehen, in der Moses Hirsch die notwendigen Schutzgelder zahlt, um als Viehhändler existieren zu können. Einerseits wollte man mit der Institution des Schutzjudentums die Zahl der legal an einem Ort lebenden Juden beschränken und überwachen. Da es sich aber um eine relativ sichere Einnahmequelle für die Kurfürstentümer handelte und überdies bestimmte Handelszweige je nach Bedarf gelenkt werden konnten, waren andererseits manche Fürsten durchaus daran interessiert, jüdische Familien in ihren Fürstentümern anzusiedeln. 1803 erwarb Moses Hirsch als erster Jude seit 1643 das Niederlassungsrecht für Würzburg und etablierte sich dort mit seiner Familie, um unter anderem an dem Aufbau einer neuen jüdischen Gemeinde mitzuwirken. 1828 lebten bereits 34 jüdische Familien in Würzburg, das waren in Summe 218 Personen, die zu diesem Zeitpunkt das Würzburger Wohnrecht besaßen. Es existierten sieben Privatsynagogen, eine davon gehörte der Familie Hirsch. Formell erfolgte die Gründung einer Israelitischen Kultusgemeinde in Würzburg allerdings erst 1836, nachdem sich der Bau einer gemeinsamen Synagoge über Jahre hingezogen hatte. Nach seiner Ankunft in Würzburg erwarb Moses Hirsch dort und in Franken Landbesitz und legte den Grundstein für Ansehen und Wohlstand seiner Familie.

Moses' Sohn, Jakob Hirsch (1765–1840), wurde in Gaukönigshofen geboren. Er genoss eine zu dieser Zeit übliche traditionelle jüdische Erziehung. Trotz des wirtschaftlichen Erfolgs der Familie Hirsch lebte auch er in der sozialen Unsicherheit, die die Situation der jüdischen Minderheit prägte. Wie auch sein Vater wurde Jakob Hirsch als Schutzjude spätestens ab 1788, also bereits im Erwachsenenalter, dem Hochstift Würzburg unterstellt. 1815 erwarb er das Rittergut Gereuth bei Ebern in Unterfranken, zu dem neben dem Schloss, weiteren Gebäuden und Grundbesitz auch abhängige Untertanen und die Patrimonialgerichtsbarkeit gehörten. Für die Erwerbung der Herrschaft zwar nicht unbedingt erforderlich, war der Adelsstand für die Ausübung der Gerichtsbarkeit zwingende Voraussetzung. Da Jakob Hirschs jüdische Herkunft grundsätzlich keinen Hinderungsgrund für den Erwerb eines Adelsprädikats darstellte – das Adelsedikt war eine konfessionsunabhängige Einrichtung –, tätigte er bei König Maximilian I. Joseph von Bayern eine entsprechende Eingabe und wurde 1818 tatsächlich in den erblichen Adelsstand erhoben. Er war damit der erste jüdische Grundherr in den absolutistisch regierten deutschen Staaten, der auch die Patrimonialgerichtsbarkeit über seine Untertanen – darunter die in Memmelsdorf und Untermerzbach befindlichen jüdischen Gemeinden – ausübte. 1821 übersiedelte Jakob von Hirsch gemeinsam mit seinem jüngeren Sohn Joseph (1805–1885) nach München, wo er 1824 zum Hofbankier ernannt wurde und das Bankhaus Hirsch eröffnete. Der ältere Sohn Joel Jakob (auch Julius genannt, 1789–1876) blieb in Würzburg und vertrat dort die Interessen seines Vaters. Damit teilte sich die Familie von Hirsch in einen Gereuther und einen Planegger Zweig, aus dem die Münchner Linie hervorgegangen ist. Heute besteht nur mehr die Planegger Linie. Auch Julius von Hirsch war im Bankgeschäft tätig. Außerdem beschäftigte er sich mit dem Eisenbahnbau und reorganisierte den fränkischen Holzhandel, für dessen Ausbau er maßgeblich verantwortlich war. Als einer der Pioniere der fränkischen Wirtschaft und Industrie gründete er 1837 in Rottendorf bei Würzburg, wo sein Vater Jakob Besitz erworben hatte, eine Zuckerfabrik, in der er bis 1865 den Betrieb aufrechterhielt. 1863 erwarb er in Rottendorf zwei Gasthäuser, ließ eines davon abreißen und errichtete stattdessen eine kleine Brauerei, den Hirschbräu. Im selben Jahr gründete er außerdem einen „Arbeiter Krankenverein", für den kleine Beträge des Lohnes einbehalten wurden, um jedem seiner Arbeiter im Krankheitsfall einen Aufenthalt im Krankenhaus zu ermöglichen. In den 1880er-Jahren verkaufte Julius von Hirsch seine Brauerei, die mit einigen weiteren Besitzerwechseln bis 1922 bestand.

Jakob von Hirsch starb 1840 in München und hinterließ ein bemerkenswertes Testament, in dem er insgesamt 73.400 Gulden diversen gemeinnützigen Stiftungen in Planegg, München und Würzburg vermachte. Dabei berücksichtigte er christliche Einrichtungen ebenso wie jüdische. So berichten die Israelitischen Annalen, dass Jakob von Hirsch Geld stiftete, zur „*Unterstützung armer Kinder und Jünglinge israelitischer Religion in Bayern, welche von den Eltern zur Landwirthschaft erzogen werden, oder sich derselben widmen*". Er beschenkte christliche Armenhäuser, den Münchner Rabbiner und auch die Münchner Israelitische Kultusgemeinde.

DIE FAMILIE VON HIRSCH VOM SPÄTEN 19. JAHRHUNDERT BIS ZUR ZEIT DES NATIONALSOZIALISMUS

Jakobs Enkel Emil von Hirsch (1837–1917) entschied sich zusammen mit seiner Frau Mathilde, geborene Ladenburg (1858–1917), die gemeinsamen Kinder taufen zu lassen. Sie selbst dürften zwar einer jüdisch-traditionellen Lebensweise nicht mehr allzu nahe gewesen sein, entschlossen sich jedoch nicht zu diesem Schritt. Nach den sogenannten Nürnberger Rassegesetzen der Nationalsozialisten galten die Kinder dennoch als jüdisch und wurden daher verfolgt. Während des Novemberpogroms 1938 kam es zu einem Anschlag auf Rudolf von Hirsch (1875–1975), einem der Söhne Emils, der in letzter Konsequenz die „Arisierung" des Guts Planegg zur Folge hatte. Bereits zuvor hatte das Gut Begehrlichkeiten des Münchner NS-Funktionärs Christian Weber (1883–1994) hervorgerufen. Weber hatte 1936 den Verein „Das Braune Band von Deutschland e. V., Reichsorganisation" gegründet, um die jährlich in München stattfindenden Pferderennen zu finanzieren. Neben der Organisation einer Reihe damit zusammenhängender Veranstaltungen galt Webers Hauptinteresse der Vermehrung seines Grundbesitzes, indem er Güter im Namen des Vereins pachtete oder kaufte. Besonders die Gebiete südlich von München entlang der Würm bis zum Starnberger See brachte er nahezu vollständig in seinen Besitz – alles unter dem Deckmantel seiner diversen Organisationen. Seine Übernahme des Schlossguts Planegg ist ein Paradebeispiel für Webers Methode, sich mit teilweise illegalen Methoden zu bereichern. Nachdem sich Rudolf von Hirsch im Sommer 1938 standhaft weigerte, Planegg zu verkaufen, organisierte Christian Weber in der Nacht vom 8. auf den 9. November 1938 einen Überfall. Er stürmte – unabhängig von der landesweit

5/1
Jakob von Hirsch (1765–1840)
Um 1830
Familie Freiherr von Hirsch, Planegg

5/2
Joseph von Hirsch (1805–1885)
Um 1850
Stadtarchiv München

5/3
Emil von Hirsch (1837–1917)
1905
Familie Freiherr von Hirsch, Planegg

organisierten Pogromnacht – mit einer Gruppe SS-Männern das Schloss, setzte es in Brand und verhinderte ein Eingreifen von Polizei und Feuerwehr. Rudolfs Bruder, Karl von Hirsch (1871–1944), wurde bei dieser Aktion in die Würm geworfen und schwer am Kopf verletzt. Am nächsten Morgen verhaftete die Gestapo die gesamte Familie von Hirsch. Während die Frauen relativ rasch wieder freigelassen wurden, brachte man die Männer in das Konzentrationslager Dachau. Dort wurde Rudolf von Hirsch solange bedrängt, bis er dem Verkauf seines Anwesens zustimmte. 1942 wurde er gemeinsam mit seiner Schwester, der verwitweten Ida Freiin von Feury (1877–1957), und seinem Bruder Karl von Hirsch in das KZ Theresienstadt deportiert. Dort teilten sich die Geschwister im „Prominentenbereich" ein Zimmer, das diffamierend „Hirschpark" genannt wurde. Eine zweite Schwester, Irene Maria Freiin von Hirsch (geb. 1879), war bereits 1939 in München gestorben, wobei die näheren Umstände nicht bekannt sind. Karl von Hirsch wurde 1944 ermordet, die Geschwister Ida Freiin von Feury und Rudolf von Hirsch überlebten das Kriegsende im KZ Theresienstadt. Letzterer kehrte nach Planegg zurück. Erst 1950 wurde das Schlossgut Planegg an die Familie von Hirsch restituiert. Die Nachkommen leben bis heute dort.

Literatur

Biographisches Gedenkbuch der Münchner Juden 1933–1945., Bd. 1, München 2003 | Erika Bosl: Die Familie von Hirsch-Gereuth im 18. und 19. Jahrhundert, in: Claus Grimm (Hg.): Geschichte und Kultur der Juden in Bayern. Lebensläufe, München u. a. 1988 | Mordechai Breuer, Michael Graetz: Deutsch-jüdische Geschichte in der Neuzeit. Tradition und Aufklärung. 1600–1780., Bd. 1, München 1996 | Kai Drewes: Jüdischer Adel. Nobilitierungen von Juden im Europa des 19. Jahrhunderts, Frankfurt/Main 2013 | Axel Feuß: Das Theresienstadt-Konvolut, Hamburg 2002 | Roland Flade: Die Würzburger Juden. Ihre Geschichte vom Mittelalter bis zur Gegenwart, Würzburg 1987 | Dr. J. M. Jost (Hg.): Israelitische Annalen. Ein Centralblatt für Geschichte, Literatur und Kultur der Israeliten, aller Zeiten und Länder, Frankfurt/Main 1839 | Volker Koop: In Hitlers Hand. Die Sonder- und Ehrenhäftlinge der SS, Köln-Weimar-Wien 2010 | Thomas Martin: Aspekte der politischen Biographie eines lokalen NS-Funktionärs. Der Fall Christian Weber, in: ZBLG 57, 1994 | Thomas Michel: Die Juden in Gaukönigshofen/Unterfranken 1550–1942, (= Beiträge zur Wirtschafts- und Sozialgeschichte 38), Wiesbaden 1988 | Gemeinde Planegg (Hg.): Planegg. Geschichte und Geschichten, 2 Bde., Planegg 2009 | Joseph Prys: Die Familie Hirsch auf Gereuth. Erste quellenmäßige Darstellung ihrer Geschichte, München 1931.

DER STREIT UM DIE ERRICHTUNG DER SCHLOSSBRAUEREI

Die Geschichte der Schlossbrauerei Planegg beginnt genau genommen bereits im 17. Jahrhundert. In einem aus dem Jahr 1616 stammenden Salbuch, also einem Güter- und Einnahmeregister, ist von einer Brauerei mit Hopfengarten und gutem Keller die Rede. Sie hat also zu dieser Zeit, in welcher Form auch immer, bereits existiert, lückenlos nachvollziehbar wird ihr Bestehen allerdings erst mit Jakob von Hirsch.[1]

Ende 1824 kaufte Jakob von Hirsch das Rittergut Planegg, dessen Erwerb ihm aber trotz seines Adelsstandes von der Isarkreis-Regierung streitig gemacht wurde, sodass er erst im Mai 1827 als Eigentümer eingetragen werden konnte. Früh erkannte Jakob von Hirsch den Bedarf an einer Brauerei und ein potentiell einträgliches Absatzgebiet – die umliegenden Orte mussten bis dahin ihr Bier andernorts beziehen. Deshalb errichtete er 1836 die Schlossbrauerei Planegg, eine der modernsten Brauereianlagen ihrer Zeit, die nicht nur eine Konkurrenz für die Münchner Brauereien bedeutete, sondern in einschlägigen Journalen wie beispielsweise der Wiener Allgemeinen Bauzeitung 1837 als mustergültig vorgestellt wurde.

Zwischen der Idee zu einer Brauerei und ihrer tatsächlichen Realisation vergingen allerdings insgesamt zwölf Jahre, in denen sich Jakob von Hirsch mit verschiedenen rechtlichen Instanzen konfrontiert sah, die sein Vorhaben unter allen Umständen verhindern wollten. Als jüdischer Bierbrauer nahezu beispiellos in Bayern, gelang es ihm aber trotz aller damit verbundenen Repressalien, mit der Schlossbrauerei Planegg eine Institution zu errichten, die über 90 Jahre lang im Besitz der Familie von Hirsch erfolgreich Bier braute. Zu den wenigen anderen jüdischen Bierbrauern zählen Wolf Wilhelm Mailänder, der 1862 in Nürnberg die Brauerei Mailänder gründete, und der Ziegeleibesitzer und Hopfenhändler Simon Lessing mit seiner 1885 eröffneten Ersten Bamberger Exportbierbrauerei Frankenbräu.[2] Auch der Hofbankier Simon Freiherr von Eichthal beschäftigte sich mit dem Thema Bierbrauen. Er erwarb im Jahr 1815 das Brauhaus und den Wirtschaftskomplex des ehemaligen Klosters Ebersberg.[3] Im Gegensatz zu Jakob von Hirsch konvertierte Simon von Eichthals Vater, Aaron Elias Seligmann, 1814 zum Christentum und wurde erst anschließend in den Freiherrenstand erhoben.[4]

Nachdem Jakob von Hirsch das Gut Planegg 1824 erworben hatte, richtete er ein Gesuch zur Übertragung der Braukonzession und zur Errichtung einer Brauerei an die Regierung des Isarkreises. Der damalige Minister für Inneres, Fürst Ludwig von Öttingen-Wallerstein, wollte 1824 das Braurecht für die Hofmark Leutstetten (am unteren Teil des Starnberger Sees gelegen) verkaufen. Zu dieser Zeit bedurfte es einer eigens genehmigten und vor allem lokal gebundenen Braukonzession, da das Braurecht, im Gegensatz zu anderen handwerklichen Berufen, bis ins 19. Jahrhundert nur als landesherzogliches Lehen vergeben werden konnte. Diese Regelung bildete den Grundstein für den über ein Jahrzehnt andauernden Streit zwischen Jakob von Hirsch und den verschiedenen Regierungsinstanzen.[5] Ausschlaggebend für die Auseinandersetzung war zum einen die Tatsache, dass eine jüdische Familie Bier brauen wollte; die entsprechenden, durchwegs antisemitischen Argumente wurden hier mit den wirtschaftlichen Interessen der betroffenen Parteien verbunden.[6] Zum anderen wogen die hervorragende Lage Planeggs direkt an der Würm (zum Betreiben einer Brauerei war und ist viel Wasser von hoher Qualität nötig) und seine Nähe zum Absatzgebiet München schwer. Das hatte besonders seitens der Münchner Bierbrauer, die jeden Braukonkurrenten fürchteten, lautstarke Proteste zur Folge. Aber auch der Wunsch des Besitzers, die Schlossbrauerei nach den modernsten Methoden aufzubauen und zu betreiben, führte von Anfang an zu Konkurrenzängsten.

Bereits vor Jakob von Hirschs Einreichen des Gesuchs lag der Regierung des Isarkreises ein Protest der Münchner Brauereibesitzer gegen von Hirsch vor. Dem aus der 1825 aufgelösten Zunft hervorgegangenen „Bierbrauer-Verein“ stand mit dem Inhaber des Löwenbräu, Georg Brey, ein wirtschaftlich wie auch gesellschaftlich gut vernetzter Brauherr vor. Der Verein erwies sich bei den Eingaben gegen von Hirsch stets als gut informiert und klagte darüber, dass die Brauereien

1 Inamarie Kottmeier: Der Himmel der Bayern liegt im Biergarten! Von alten Gastwirtschaften in Planegg, in: Gemeinde Planegg (Hg.): Planegg. Geschichte und Geschichten, 2 Bde., Planegg 2009, hier S. 37-112.
2 Regina Hanemann: Jüdisches in Bamberg, Petersberg 2013; Christian Koch, Hans-Christian Täubrich: Bier in Nürnberg-Fürth. Brauereigeschichte in Franken, München 1987.
3 Sylvia Krauss-Meyl: Das Leben der letzten bayerischen Kurfürstin Maria Leopoldine und ihre Beziehungen in den Ebersberger Raum, in: Historischer Verein für den Landkreis Ebersberg e.V. (Hg.): Land um den Ebersberger Forst. Beiträge zur Geschichte und Kultur. Jahrbuch 1 (1998), Neukeferloh / München 1999, S. 11-34.
4 Anton Löffelmeier: Wege in die bürgerliche Gesellschaft (1799–1848), in: Richard Bauer, Michael Brenner (Hg.): Jüdisches München. Vom Mittelalter bis zur Gegenwart, München 2006, S. 58-88.
5 Die hier in aller Kürze wiedergegebene Auseinandersetzung findet sich ausführlich in Joseph Prys, Die Familie Hirsch auf Gereuth. Eine quellenmässige Darstellung ihrer Geschichte, München 1931, besonders Kap. 11, S. 52–78.

außerhalb der Stadt das Münchner Gewerbe schädigen würden. Darüber hinaus berief er sich auf das Judenedikt von 1813, das Juden das Brauen dezidiert verbot, *„so ist leicht zu ermessen, daß der Bewerber auch nach den neueren Gesetzen nie eine Hoffnung haben kann, seinen Zweck zu erreichen*"[7]. Ein anderes Argument des Vereins der Münchner Brauer verwies auf den Reichtum Joseph von Hirschs, der seine Brauaktivitäten völlig unnötig mache: *„Der Bittsteller ist überdies mit zeitlichen Gütern überhäuft und mehrere Millionen reich und sollte es daher billig verschmähen, bürgerliche Bräuhäuser, die ohnehin sich kaum zu erhalten vermögen, vollends zu unterdrücken.*"[8] Abgesehen von der rechtlichen Irrelevanz dieses Arguments ist das von den Münchner Brauern hier gezeichnete Bild – der „reiche Jude", der die armen bürgerlichen Brauer in den Ruin zu treiben versucht – bis ins Groteske verzerrt, zumal es jeglicher Grundlage entbehrt. Darüber hinaus hatte die Fusion vieler kleinerer Brauereien längst begonnen und die finanzielle Lage der Großbrauereien (des Vereins der Münchner Brauer) war abgesichert. Das Landgericht entschied dann auch im Januar 1835 zugunsten von Hirsch. Dessen ungeachtet wurde sein Antrag von der Isarkreis-Regierung abgelehnt und die Debatte begann von Neuem: *„Schließlich glauben wir [Isarkreis-Regierung] noch darauf aufmerksam machen zu müssen, daß [...] demnach v. Hirsch noch immer nach dem Edikt vom 10. Juni 1813 [Judenedikt] von dem Betriebe und dem Besitze einer Brauerei ausgeschlossen sein dürfte, also schon in dieser Hinsicht eine solche weder als erkauft noch als neu verliehen besitzen könne.*"[9] Das Innenministerium befürwortete als höhere Instanz Hirschs Ansinnen, gleichzeitig begann sich der Stadtmagistrat dagegen auszusprechen. Er sah den Lokalmalzaufschlag der Stadt München als Einnahmequelle gefährdet und zwar solchermaßen, dass der Bau der Ludwigskirche in höchstem Maße bedroht sei. Der Magistrat befürchtete, die in Aussicht gestellte Bezuschussung von einer halben Million Gulden zur Errichtung der Ludwigskirche nicht mehr leisten zu können, sollte in Planegg tatsächlich eine Brauerei gebaut werden. Darüber hinaus sah der Magistrat das gesamte Kapital der städtischen Schuldentilgungskasse durch diese fehlende Einnahmemöglichkeit (des Lokalmalzaufschlags) gefährdet.

Der Biograf der Familie von Hirsch, Joseph Prys, bemerkt hierzu treffend: *„Mit anderen Worten: Die gesamte Stadtverwaltung schien in ihrem Fortbestand bedroht.*"[10] Wie erklärt sich nun diese, wenn auch maßlos übertriebene Befürchtung? Der Lokalmalzaufschlag war eine Steuer, die eine Gemeinde für selbst produzierte Produkte erheben konnte. Bei Bierlieferungen außerhalb der Gemeinde wurde der Aufschlag je nach Menge rückerstattet. Planegg war nun insofern ein Sonderfall, als es als Vergnügungsort kategorisiert wurde. Damit musste die Stadt München den Malzaufschlag nicht retournieren, jedoch nur solange dort keine eigene Brauerei stand, die das Bier um eben diesen Aufschlag günstiger verkaufen konnte. Es lag also ganz im Interesse der Stadt München, dass in Planegg keine Brauerei errichtet wurde. Während dieser bürokratischen Winkelzüge hatte Jakob von Hirsch vorausblickend mit dem Bau der Brauerei begonnen und sie so konzipiert, dass man sie gegebenenfalls auch als Brennerei nutzen konnte; ein Gewerbe, für das keine Konzession notwendig war. Und wiederum protestierten die Münchner Brauer und sorgten für ein vorläufiges Brauverbot, solange der Rechtsweg nicht geklärt war. Besorgt wurde hierzu in einer Akte vermerkt: *„Wie die inneren Teile sich darstellen, so ist ein vollkommenes Bräuhaus seiner Vollendung nahe.*" Im Dezember 1836 fand der Konflikt sein rechtsgültiges Ende und Jakob von Hirsch wurde nach einem zwölf Jahre andauernden Rechtsstreit endlich die Übertragung des Braurechts und damit auch die Konzession für die Schlossbrauerei Planegg genehmigt.[11]

Nach ihrer Fertigstellung und Inbetriebnahme erwies sich die Schlossbrauerei tatsächlich als ausgesprochen profitabel. Dabei halfen nicht nur ihre äußerst günstige Lage, sondern auch ihre industriellen und technischen Standards, die sie als modernste Brauerei ihrer Zeit in Bayern auswiesen. Sie wurde so auch in technologischer Hinsicht zum Vorbild für jene Münchner Brauereien, die in den folgenden Jahren die beengten Betriebe in der Altstadt aufgaben und neue Brauanlagen in den Vorstädten errichteten.

6 Marcus Pyka: Gefährdete „jüdisches Bier" den Bau der Ludwigskirche?, in: Angela Koch (Hg.): Xenopolis. Von der Faszination und Ausgrenzung des Fremden in München, München 2005, S. 71-88.

7 Eingabe des Vereins der Münchner Brauer nach Joseph Prys, Familie Hirsch (wie Anm. 5), S. 54.

8 Ebd., S. 55.

9 Ebd., S. 59.

10 Ebd., S. 60.

11 Ebd., S. 52-78.

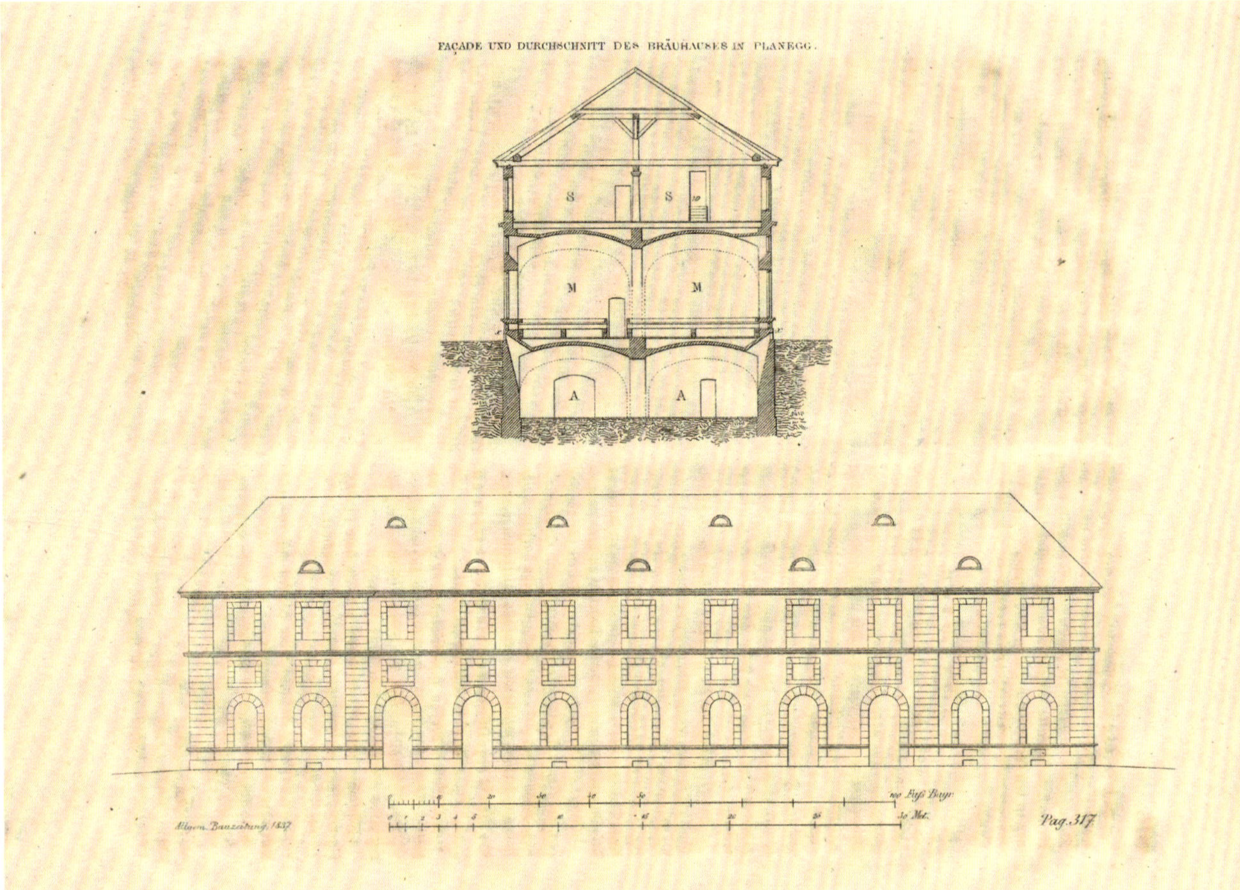

5/5

5/1 *Abbildung S. 75*
Jakob von Hirsch (1765–1840)

Um 1830
Lavierte Chemografie
nach einem Gemälde von Friedrich Hohbach (1809–1877)
H: 28 cm; B: 24,4 cm

Familie Freiherr von Hirsch, Planegg

5/2 *Abbildung S. 75*
Joseph von Hirsch (1805–1885)

Um 1850
Sw-Fotografie (Reproduktion)
H: 21,5 cm; B: 16,8 cm

Stadtarchiv München, # AZ 3992/3231

5/3 *Abbildung S. 75*
Emil von Hirsch (1837–1917)

1905
Fotografie nach einem Gemälde (1904)
H: 43 cm; B: 35 cm

Familie Freiherr von Hirsch, Planegg

5/4 *Abbildung S. 73*
Wappen der Familie von Hirsch auf Gereuth

Aus: Konrad Tyroff: Wappenbuch des gesamten Adels des Königreichs Baiern, Bd. 6, Nürnberg 1823, Blatt 252.
Kupferstich
H: 17,3 cm; B: 9,7 cm

Jüdisches Museum München,
JM 93/2015

5/5
„Façade und Durchschnitt des Bräuhauses in Planegg“

Aus: Christian Friedrich Ludwig Förster (Hg.): Allgemeine Bauzeitung mit Abbildungen, 2. Jg., Wien 1837, S. 317.
Lithografie
H: 20,5 cm; B: 26,5 cm

Jüdisches Museum München,
JM 02/2015

5/6
Architekturpläne – „Bräuhaus des Herrn Joseph Freiherr von Hirsch in Planegg bei München“

Aus: Christian Friedrich Ludwig Förster (Hg.): Allgemeine Bauzeitung, 2. Jg., Wien 1837, Atlasband
Tafel CLIV: Bräuhaus des Herrn Joseph von Hirsch in Planegg bei München
Tafel CLV: Längendurchschnitt vom Bräuhause in Planegg
Lithografien
H: 27,5 cm; B: 42,5 cm

Jüdisches Museum München,
JM 02/2015

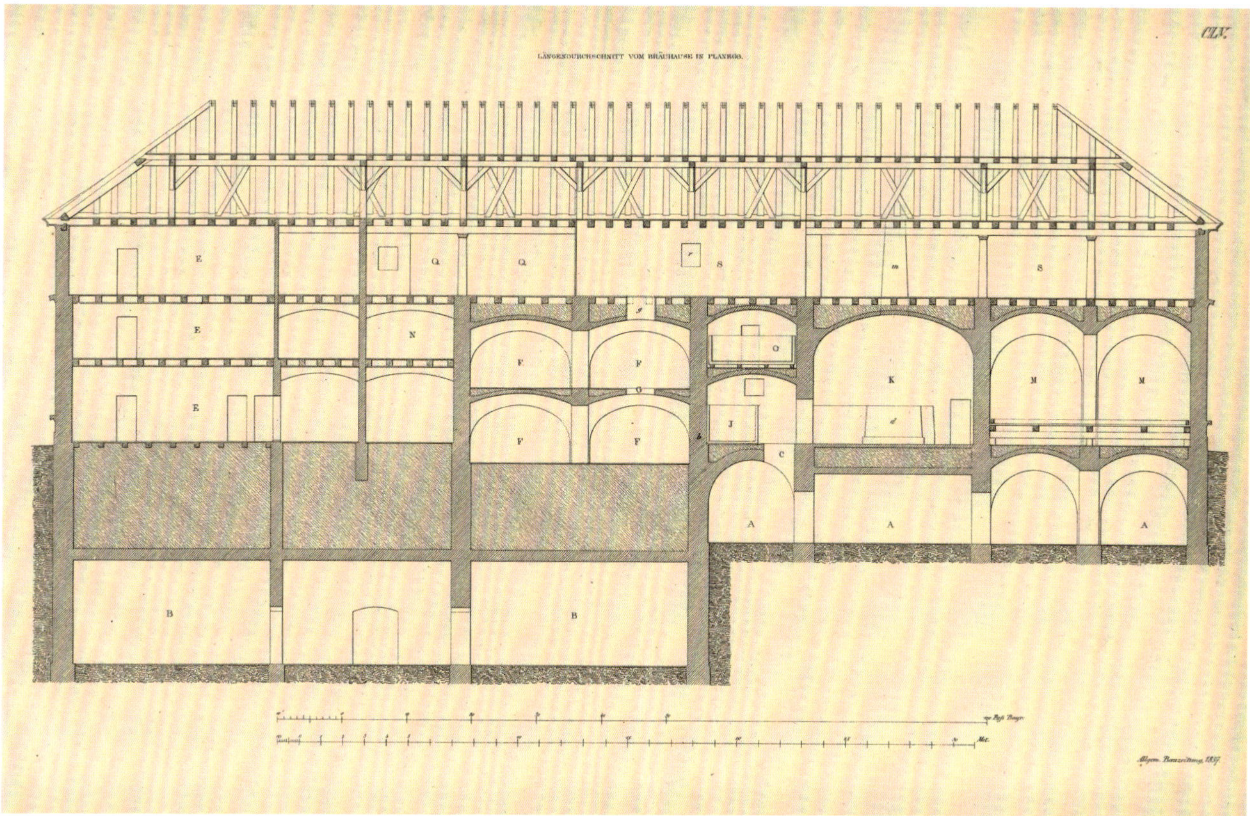
CLV.
LÄNGENDURCHSCHNITT VOM BRÄUHAUSE IN PLANEGG.

5/6

CLIV.
BRÄUHAUS DES HERRN JOSEPH FREIHERRN VON HIRSCH IN PLANEGG BEI MÜNCHEN.
№ 2.
№ 4.
Erster Stock
№ 1.
№ 3.

f e l d
Planegg

5/7
Katasterplan Planegg

1898
Papier
H: 60 cm; B: 110 cm

Gemeinde Planegg, Archiv & Galerie

Im unteren Planausschnitt ist das auf einer Insel der Würm gelegene Schloss Planegg zu erkennen. Westlich davon befindet sich der langgestreckte Bau der Brauerei.

5/8
Modell der Schlossbrauerei Planegg

2015/16
Holz
Modellbau: Michael Ratheiser, Nonnersdorf
Maßstab: 1:33,3
L: 190 cm; H: 91 cm; T: 77 cm

Jüdisches Museum München, # JM 01/2016

Das Modell zeigt die Schlossbrauerei Planegg ein Jahr nach ihrer Erbauung. Als Vorlage dienten Architekturpläne der Allgemeinen Bauzeitung, Wien 1837. Dort wurde die Brauerei als mustergültiges Beispiel einer modernen Brauerei vorgestellt.

BLÜTEZEIT UND ENDE DER SCHLOSSBRAUEREI PLANEGG

Jakob von Hirsch und sein Sohn Joseph besaßen neben der Schlossbrauerei Planegg eine Zeit lang einige weitere kleine Brauereien. 1830 erwarben sie die Schlossbrauerei Runding bei Cham in der Oberpfalz, die mehrere Jahrzehnte im Besitz der Familie blieb und noch heute als Brauerei besteht.[12] Die Schlossbrauerei Hart bei Wasserburg am Inn befand sich ebenso zeitweise im Besitz der Familie von Hirsch wie jene von Illertissen bei Neu-Ulm.[13] In München besaß die Familie das Braurecht des Krapferbräu im Färbergraben, das aber offensichtlich nicht wahrgenommen wurde.[14] Dass die von Hirschs streckenweise Eigentümer mehrerer Schlossbrauereien waren, erklärt sich möglicherweise durch ihre fortgesetzten Tätigkeiten im Bankwesen. Wenn das Bankhaus Hirsch als Geldgeber zumindest des südbayerischen Landadels fungierte (und davon ist auszugehen), dann ist der Erwerb verschuldeter Güter bei einer Insolvenz der betreffenden Besitzer naheliegend, zumal ja der Immobilienhandel einen weiteren Erwerbszweig der Familie von Hirsch darstellte. Es ist nicht belegt, ob sich die Familie von Hirsch bei diesen kleineren Brauereien ebenfalls mit Rechtsstreitigkeiten auseinandersetzen musste, vermutlich jedoch nicht, da diese bereits zuvor in Betrieb waren, also kein Braurecht übertragen werden musste. Außerdem dienten diese kleinen Betriebe wohl in erster Linie einer lokalen Versorgung der Bevölkerung, leicht mit ein paar Tausend Hektolitern pro Jahr zu bewerkstelligen und damit kaum Konkurrenz für die großen Münchner Betriebe. Belegt ist jedoch, dass die Familie ein Grundstück in München besessen hatte – den Butlerkeller an der Landsberger Straße 31, den Joseph von Hirsch 1858 für 26.000 Gulden an Theres Wagner, die damalige Besitzerin des Augustinerbräu, verkaufte und aus dem 1890 der Hauptsitz dieser Großbrauerei hervorging.[15] Die Veräußerung des Butlerkellers war vermutlich eine Folge der Eröffnung einer Eisenbahnlinie zwischen München und Starnberg im Jahr 1854. Diese Zuganbindung bot Joseph von Hirsch eine hervorragende Möglichkeit, Exportgeschäfte direkt von Planegg aus zu steuern, weswegen der nahe am Münchner Hauptbahnhof gelegene Butlerkeller schlicht nicht mehr notwendig war.

Wie wichtig der Export für den bayerischen Bierhandel in den Folgejahren wurde, zeigt ein Artikel des Bayerischen Brauer-Journals aus dem Jahr 1895, welcher die den Brauereien gehörenden Bierwagons auflistet: „*Welch riesigen Umfang der bayerische Bierexport gewonnen hat, zeigt ein Blick auf die Menge der Jedermann bekannten weißen Güterwagen, welche in schwarzer oder blauer Aufschrift den Namen der Firma tragen. Die Zahl der in Bayern befindlichen [...] Biertransportwagen ist jetzt 1190.*“[16] Und wenn auch die Münchner Brauereien mit 765 Wagons den Löwenanteil ausmachten, so war Planegg immerhin mit neun Güterwagons vertreten, die ihren Weg in zahlreiche größere europäische Städte antraten.

Joseph von Hirsch, 1805 in Würzburg geboren, übernahm nach dem Tod seines Vaters die Rolle des Hofbankiers. Diese Ernennung wurde sowohl von König Maximilian II. als auch Ludwig II. bestätigt. Er unterstützte die Wittelsbacher bei Grundstückserwerbungen und verhalf dem württembergischen Finanzministerium zu verschiedenen oberschwäbischen Gütern. Als Konsequenz wurde er zum württembergischen Konsul ernannt, also zu einem Repräsentanten der württembergischen Regierung, im Besonderen zuständig für die Kommunikation zwischen Württemberg und Bayern. Joseph von Hirsch wurde 1869 in den erblichen Freiherrenstand erhoben.[17] Er sorgte nicht nur für eine Aufrechterhaltung des Braubetriebs in Planegg, sondern auch für die Entwicklung der Schlossbrauerei zu einer der größten im Münchner Umland. Ein Vergleich der Baupläne der Allgemeinen Bauzeitung 1837 und späterer Abbildungen der Schlossbrauerei zeigt bei einer ursprünglichen Gebäudelänge von etwa 60 Metern, dass die Brauerei während Joseph von Hirschs Zeit in Planegg um mehr als die Hälfte erweitert worden sein muss. Die Pläne für diese Erweiterung haben sich jedoch nicht erhalten. Lediglich wenige Hinweise wie die bauliche Umwidmung mehrerer Wiesen und Äcker zwischen 1849 und 1854 erlauben Rückschlüsse auf den Zeitpunkt der Erweiterung der Brauerei.[18]

12 Pleickhard Stumpf: Bayern. Ein geographisch-statistisch-historisches Handbuch des Königreiches, München 1852, S. 462.
13 Ebd., S. 196.
14 Joseph Prys, Familie Hirsch (wie Anm. 5) 1931, S. 54.
15 Staatsarchiv München, Kataster 12556.
16 Bayerisches Brauer-Journal, V. Jg., 16. 02. 1895, S. 77.
17 Erika Bosl: Die Familie von Hirsch-Gereuth im 18. und 19. Jahrhundert, Bankiers, in: Manfred Treml, Wolf Weigand: Geschichte und Kultur der Juden in Bayern. Lebensläufe, München u. a. 1988, S. 63–70.
18 Staatsarchiv München, Kataster 13465.

Dieser weitläufige Umbau der Schlossbrauerei Planegg ist wohl auf ihre Erfolge zurückzuführen, die aber freilich nicht immer ungetrübt waren. So polemisierte der Redakteur der Bayerischen Landbötin, Peter Rothlauf, im August 1855 gegen die Qualität des Planegger Biers und diskreditierte Joseph von Hirsch als „Braunwasserfärber": „*[D]ie beiläufig 30 Wirthe des Hrn. v. Hirsch verzapfen, ja müssen zu ihrem größten Schaden, verzapfen noch immer ein Bier, welches sauer, ranzig, trüb, schal, matt, ungesund ist, kurz alle Eigenschaften hat, die ein Bier nie haben soll. Tausende von Münchnern rufen wir zu Zeugen auf […]. Nirgends war bei den Wirthen, die von der Brauerei des Hrn. von Hirsch das Bier beziehen, ein Tropfen gutes Bier zu bekommen. […] Diese ohnehin nur auf ein Sommergeschäft angewiesenen Leute müssen zu Grund gehen, wenn nicht gegen den halbadeligen Braunwasserfärber mit der größten Energie eingeschritten wird.*"[19] Joseph von Hirsch verklagte den Redakteur wegen Ehrenbeleidigung und gewann den Prozess. Rothlauf wurde letztlich zu einer Geldbuße von fünf Gulden verurteilt und musste außerdem eine entsprechende Bekanntmachung des Urteils in seiner Zeitung veröffentlichen.[20]

Der Erfolg der Brauerei führte dazu, dass die Gemeinde Planegg an diesem partizipieren wollte und den bisher nicht ausbezahlten Lokalmalzaufschlag von jährlich 4000 Mark von Joseph von Hirsch einforderte.[21] Diese hohe Summe ist sehr aussagekräftig hinsichtlich des wirtschaftlichen Erfolgs der Brauerei. Solange Freiherr von Hirsch den Malzaufschlag weder an seine Gemeinde noch an die Stadt München zahlte, konnte er München günstiger mit Bier beliefern. 1884 gelang es ihm, einen Kompromiss auszuhandeln: Die Gemeinde zog den Antrag auf den Lokalmalzaufschlag zurück und erhielt im Gegenzug nebst anderer Immobilien ein dringend benötigtes Gemeindehaus.

Nach Joseph von Hirschs Tod im Jahr 1885 ging seine Bank, die Münchner Privatbank Hirsch, in den Besitz der Bayerischen Vereinsbank über, an deren Gründung er selbst und auch sein Sohn, Emil von Hirsch, beteiligt waren und die ab diesem Zeitpunkt stets eng mit den Geschicken der Brauerei verbunden war.[22] Ehe sich Emil von Hirsch 1861 in Planegg niederließ, war er ein erfolgreicher Staatsbankier in München. Gemeinsam mit seinem Bruder Moritz von Hirsch (1831–1896) verwaltete er den Familienbesitz, kaufte von ihm 1888 Planegg und übernahm die Brauereigeschäfte.[23] Moritz von Hirsch, der primär in der österreichischen Donaumonarchie, aber zuvor teilweise auch in Brüssel und Frankreich gelebt hatte, war auch als Maurice de Hirsch bekannt. Er finanzierte unter anderem ebenso wie sein Onkel Julius von Hirsch Eisenbahnbauten, insbesondere im damaligen Osmanischen Reich – er baute die Orientbahnen von Wien nach Konstantinopel –, was ihm den Spitznamen „Türkenhirsch" einbrachte[24]. Durch seine Tätigkeiten im Finanzwesen sowie durch industrielle Unternehmungen und Immobilienkäufe gelang es ihm, das Familienvermögen beträchtlich zu vergrößern und beachtliche Teile davon in diverse, besonders jüdische, aber auch nicht-jüdische Hilfsorganisationen zu investieren, um auf vielfältige Art und Weise wohltätig wirken zu können. So wurde er in den 1870er-Jahren gemeinsam mit seiner Frau Clara, geborene Bischoffsheim (1833–1899) auf die Situation der jüdischen Bevölkerung in Südosteuropa und Kleinasien aufmerksam. Er unterstützte daraufhin die „Alliance Israélite Universelle" mit weit mehr als einer Million Francs. Zudem gründete er 1891 die „Jewish Colonization Association", deren Ziel es war, russische Juden bei ihrer Ansiedlung in Südamerika, vor allem Argentinien, zu unterstützen.[25] Er ging als bemerkenswerter Philanthrop in die Geschichte ein. Außerdem beteiligte auch er sich an der familiären Brautradition. So nutzte Moritz von Hirsch in den 1870er-Jahren die steigende Beliebtheit von Bier in Frankreich und eröffnete in der Nähe der Pariser Oper eine Bierhalle, in der ausschließlich bayerisches Bier der eigenen Brauerei ausgeschenkt wurde.[26]

Um etwa 1900 hatte die Familie von Hirsch nach einer Jahrzehnte andauernden Pause wieder mit dem Verein der Münchner Brauer zu tun, dieses Mal allerdings handelte es sich um einen Vertragsabschluss, von dem beide Seiten profitierten. Die Besitzer der Schlossbrauerei Planegg unterzeichneten einen Kundenschutzvertrag des Vereins, der aufgesetzt worden war, um die Konkurrenzsituation in München

19 Bayerische Landbötin, Nr. 199, 22. 08. 1855.
20 Bayerische Landbötin, Nr. 39, 15. 02. 1856. Siehe hierzu auch den Katalogbeitrag zur Familie Schülein.
21 Anton Grau: Geschichte Planeggs im 19. und 20. Jahrhundert, in: Planegg 2009, (wie Anm. 1), hier Bd. I, S. 224f.
22 Roland Flade: Die Würzburger Juden. Ihre Geschichte vom Mittelalter bis zur Gegenwart, Würzburg 1987, S. 105.
23 Fritz Ditsch: Die Familie von Hirsch, Planegg 2009, (wie Anm. 1), hier Bd. II, Teil 1, S. 68.
24 Zur Geschichte des Moritz von Hirsch: Kurt Grunwald: Turkenhirsch. A Study of Baron Maurice de Hirsch. Entrepreneur and Philanthropist, Israel 1966.
25 Ebd. 1966, S. 15 und 64-72.
26 Neues Wiener Abendblatt: Baron Moritz Hirsch gestorben. Nr. 110, 21. 04. 1896, S. 3.

etwas zu entschärfen. Ehe die Brauereien nennenswerte eigene Gaststätten besaßen, gab es unter ihnen einen harten Kampf um die unabhängigen Wirte, als sogenannte „Wirtehatz" bezeichnet. Da auch die Landbrauereien ihr Bier in München absetzten – noch dazu mit Preisnachlässen, die sich die Münchner Brauer nicht leisten konnten – wurde die Situation immer schwieriger. Deshalb setzte der Verein der Münchner Brauer 1895 eine „Vereinbarung der Münchner Brauereien und Umgebung" auf, die zwar die Wirte in ihrer Freiheit einschränkte, aber das Bierpreisdumping aufhob und in geregeltere Bahnen lenkte, indem Preise bestimmt wurden, an die sich alle zu halten hatten:[27] *„Bei seinem Eintritt verpflichtet sich das Mitglied, die Bestimmungen zu achten, vor allem aber die vom Verein festgelegten Preise."*[28] Diese Mitgliedschaft dürfte die Schlossbrauerei Planegg dazu legitimiert haben, auf diversen Werbemitteln, Bierkrügen und Flaschen den Zusatz „bei München" hinzuzufügen – also „Schlossbrauerei Planegg bei München". Andere Landbrauereien, die diese Vereinbarung nicht unterschrieben hatten, kamen freilich nicht in den Genuss dieses Privilegs. Weiterhin im Konkurrenzkampf mit den Münchner Brauern unterboten sie die Bierpreise enorm und überschwemmten den Münchner Absatzmarkt. Werbestrategisch signalisierten die Landbrauereien ihre Nähe zur Stadt, indem sie trotz Markenschutz nicht davor zurückschreckten, ihre Etiketten mit dem Zusatz „bei München" oder „vor München" zu versehen. Der Verein der Münchner Brauer strebte diesbezüglich einen Prozess an, den er letztlich auch gewann.[29]

Etwa 20 Jahre nach dieser Episode übernahm Emils Sohn Rudolf von Hirsch das Biergeschäft und kümmerte sich ab 1917 um das Schlossgut, sein Bruder Karl von Hirsch führte die Hirsch'sche Brauerei in dritter Generation fort, bis sie als Folge des Ersten Weltkriegs nahezu bankrott war und verkauft werden musste. Dabei hatten sich der Erste Weltkrieg und seine Folgen bayernweit auf das Brauwesen ausgewirkt. Eine permanente Erhöhung des Bierpreises, bedingt durch teureres Rohmaterial, und eine Verdreifachung der Biersteuer, veranlassten Dr. Karl Freiherr von Hirsch im Jahr 1922, die Schlossbrauerei Planegg bei München AG ins Leben zu rufen. Bis 1927 blieb sie weitgehend in den schwarzen Zahlen, wenn auch nicht mehr mit allzu großen Sprüngen. Das änderte sich allerdings schnell: Die Gewinne sanken in den Keller, das Gleichgewicht zwischen Ausgaben und Einnahmen stimmte nicht mehr. Da half weder die Gründung der Aktiengesellschaft noch die Nutzung des Münchner Absatzmarktes. Mittels eines Pachtvertrags übernahm am 1. Oktober 1928 die Pschorrbräu AG die Schlossbrauerei, ab diesem Zeitpunkt zuständig für Produktion und Vertrieb. Und auch wenn der Betrieb noch einige Zeit weitergeführt wurde, ist es sehr wahrscheinlich, dass es sich bei dieser Pacht um den ersten Schritt einer in der Bier-Geschäftswelt durchaus gängigen Methode zur Stilllegung eines Brauereibetriebs gehandelt haben dürfte. Das Ziel der Pschorrbräu AG war dabei nicht nur die Ausschaltung der Konkurrenz, sondern auch die Erschließung neuer Absatzmärkte im Süden Bayerns, sei es durch die zur Brauerei gehörenden Gasthäuser, sei es durch jene Wirtschaften, die durch langfristige Bierverträge an die Schlossbrauerei Planegg gebunden waren. 1933 konnte dieser Plan schließlich zu einem Ende gebracht werden: Die Hauptaktionärin, also die Pschorrbräu AG, beantragte, die Gesellschaft aufzulösen und zu einem angemessenen Preis zu übernehmen. Das bezeichnete das Ende der Hirsch'schen Schlossbrauerei Planegg, die 1836 mit viel Mühe gegründet worden war und lange Zeit unter den Münchner Brauern einen Namen hatte.[30]

Das Ende zwar der Brauerei, nicht aber das Ende des Namens markiert die Bezeichnung „Schlossbräu (bei) München", die die Pschorrbräu AG beibehielt ebenso wie das Sankt Hubertusbier. Ersteres jedoch hatte nur kurze Zeit existiert; bis ins Jahr 1934, als die Firma der Schloßbrauerei Planegg bei München AG nach der Liquidierung im Jahr zuvor endgültig aus dem Handelsregister gelöscht wurde. Das Hubertusbier ist bis heute zur Starkbierzeit, in den Wochen vor Ostern als „Hubertus Bock" im Sortiment der Hacker-Pschorr Bräu AG erhältlich.

27 Christian Schäder: Münchner Brauindustrie 1871–1945, Marburg 1999, S. 212.
28 Christine Rädlinger: 125 Jahre. 1871–1996. Bewahrung und Fortschritt – Geschichte des Vereins der Münchener Brauereien, München 1996, S. 37f.
29 Ebd., 1996, S. 62f.
30 Jahresgeschäftsberichte der Schlossbrauerei Planegg bei München A.-G. 1923–33, Bayerisches Wirtschaftsarchiv: Jahresgeschäftsberichte der Pschorrbräu AG 1928–38, Bayerisches Wirtschaftsarchiv.

5/9
Jubiläumsfoto der Brauereimitarbeiter

1897
Sw-Fotografie
H: 53 cm; B: 61 cm (mit Passepartout und Rahmen)
Beschriftung: Zum Andenken an unseren sehr beliebten und von uns scheidenden Herrn Braumeister Georg Schinbeck von sämmtlichem [sic!] Braupersonal am 1. August 1897.

Familie Freiherr von Hirsch, Planegg

5/10 *Abbildung S. 70*
Kassette mit 52 Fotografien der Schlossbrauerei Planegg

Um 1890
Holzkassette, 52 Sw-Fotografien
Kassette: H: 9,5 cm; B: 35 cm; T: 26 cm
Hersteller: Firma Th. Gebhardt, München
Fotos: 6 x H: 22,2 cm; B: 15,5 cm; 45 x H: 15,5 cm; B: 22,2 cm

Bildarchiv Sebastian Winkler, München

Lederbezogene Holzkassette mit Metallbeschlägen und Silberplakette mit Widmung: „Zur Vermählungsfeier ergebenst gewidmet von den Beamten der Schloßbrauerei Planegg"; innen mit Satin gepolstert.

5/11
Bierkrug der Schlossbrauerei Planegg

Um 1885
Feinsteinzeug, Zinn, emailbemalt
Krug: hH (unaufgelöst)
Deckel: JOS. M. MAYER / MÜNCHEN
H: 14 cm; D (Stand): 9,6 cm; V: 0,4 l

Heide-Volm KG, Planegg

Am Krug Schriftzug „Schloß-Bräu Planegg bei München", am Deckel Markenzeichen. Der kleine Schriftzug „Planegg" und der Zusatz „bei München" sind Hinweise auf eine Vereinbarung, die die Brauerei mit dem Verein der Münchner Brauer geschlossen hat.

AUF DEN SPUREN DER SCHLOSSBRAUEREI PLANEGG

92 Jahre lang (1836–1928) im Besitz der Familie von Hirsch ist von der ursprünglichen Brauerei, die zu ihrer Zeit als eine der modernsten Großbrauereien überhaupt galt, heute nur mehr wenig zu sehen, wiewohl einige der Gebäude noch erhalten sind. Der Hauptkomplex, in dem sich auch der Braukeller befand, wurde im Zweiten Weltkrieg als Luftschutzbunker verwendet. 1942 machte die Heeresverwaltung ein Sanitätsdepot daraus. Letztlich wurde es 1964 zu einem Magazin der Bayerischen Staatsbibliothek – eine Funktion, die es bis heute hat. Ein 1842 erbautes Eishaus existiert ebenfalls noch immer und beherbergt heute eine Gleisbaufirma. Nicht zuletzt hat sich auch das „Waaghäusl" erhalten, nun ein Jugendzentrum.[31] Des Weiteren befindet sich ganz in der Nähe des Schlosses der Familie von Hirsch ein Gebäude, das zu Beginn des 20. Jahrhunderts beinahe ein Vierteljahrhundert lang Raum für die Neue Schlosswirtschaft bot.

Die wohl älteste Wirtschaft in Planegg war die Alte Schlosswirtschaft, erstmals 1425 genannt, als Herzog Wilhelm III. seinem unehelichen Sohn Konrad von Eggenhofen Planegg und eine dazugehörige „Tafern" schenkte. Schon zuvor, aber ganz besonders in den Wirren des Dreißigjährigen Kriegs und später des Österreichischen Erbfolgekriegs wechselte die Schlosswirtschaft mehrfach den Besitzer und wurde auch einige Male zerstört. 1871 übernahm Joseph von Hirsch die Alte Schlosswirtschaft. 1901 ließ er die Neue Schlosswirtschaft errichten. Im Geschäftsjahr 1923/24 wurde der Ausschank in der Neuen Schlosswirtschaft zugunsten des Bräustübels, dessen Bauherr und Besitzer Dr. Karl Freiherr von Hirsch war, eingestellt.[32]

Nicht nur das Bräustübel selbst, sondern auch ein spezielles Bier, das Sankt-Hubertusbier, für das die Schlossbrauerei Planegg besonders bekannt war, konnte einige Erfolge für sich verbuchen. Der Jahresgeschäftsbericht 1924/25 verrät hierzu: *„Das Bräustübel in Planegg wurde fertiggestellt und erfreut sich großer Beliebtheit. Der erstmalige Wiederausschank der bekannten Qualitätsbiere, vor allem des Hubertusbieres, übte erfreulicherweise eine unverminderte Zugkraft aus."* Tatsächlich war dieses immer zur Fastenzeit ausgeschenkte Starkbier so beliebt, dass zahlreiche Münchnerinnen und Münchner besonders zur Hubertuszeit mit dem Zug nach Planegg fuhren, um ein kühles Bier zu genießen. Das Ausflugsziel Planegg war nach der Eröffnung der Eisenbahnlinien München – Starnberg und Pasing – Planegg 1854 sehr beliebt und auch für Familien mit weniger Geld leicht zu erreichen. Entsprechend hoch frequentiert waren die Züge an den Wochenenden.[33] Dass nicht alle mit den Auswirkungen des Hubertusbiers einverstanden waren, zeigt eine Annonce im Bayerischen Brauer-Journal 1910: *„Dem Hubertusbier-Ausschank in Planegg werden – da durch die Stärke des Bieres leider schon verschiedene Exzesse verursacht wurden – Schwierigkeiten bereitet."*[34] Die Schlossbrauerei durfte zwar auch weiterhin das Bier ausschenken, musste aber in Zukunft auf Musik und ganz besonders auf Werbeanzeigen jedweder Art verzichten. Die Beliebtheit des Hubertusbiers führte letztlich dazu, dass es auch nach der Übernahme durch die Pschorrbräu AG weiter produziert und ausgeschenkt wurde und bis heute zu den Münchner Bierspezialitäten zählt.

Die Familie Heide, die eine Zeit lang das Bräustübel besessen hatte, spielt auch im Zusammenhang mit einer anderen Gaststätte Planeggs eine zentrale Rolle, und zwar jener, die heute unter dem Namen Heide-Volm bekannt ist. Im Zusammenhang mit der Eröffnung der Eisenbahnlinie wurde auf der östlichen Seite des Bahnhofs ein Gasthof errichtet, der 1867 den Namen Blaues Haus erhielt. 1898 wurde er von Wilhelm Volm übernommen und Zum Volm getauft. 1910 verkaufte er die Wirtschaft an die Schlossbrauerei Planegg. Nach der Übernahme durch die Pschorrbräu AG wurde sie ab 1931 an Georg und Maria Heide verpachtet. Damit begann ein neuer Abschnitt in der Geschichte des Gasthauses, der auf das Engste mit dem Münchner Oktoberfest verbunden ist. Denn 1936 übertrug die Pschorrbräu AG Georg Heide die Bewirtschaftung der Bräurosl auf dem Oktoberfest und schuf damit eine Institution, die bis in die Gegenwart traditionelle Bedeutung hat. 1940 schließlich kaufte Georg Heide die gesamte Wirtschaft in Planegg und nannte sie Heide-Volm. Willy Heide übernahm im Jahr 1971 von seinem Vater die Aufgabe des Wiesnwirts. Sein Sohn, Georg Heide, bewirtschaftete ab 1987 gemeinsam mit

31 Kottmeier, Himmel der Bayern, in: Planegg 2009 (wie Anm. 1), S. 54–67.
32 Ebd., S. 54–67.
33 Ebd., S. 54–67.
34 Bayerisches Brauer-Journal, Nr. 15, Jg. 1910, S. 146.

5/12
Vogelschau der Schlossbrauerei Planegg

Um 1910
Lithografie
Hersteller: Eckert & Pflug, Kunstanstalt Leipzig
H: 61 cm; B: 75 cm

Familie Freiherr von Hirsch, Planegg

seinem Vater die Bräurosl. Seit 2002 sind Georg und Renate Heide als Festwirte am Oktoberfest unterwegs.[35] Während des restlichen Jahres kümmert sich die Familie unermüdlich um das traditionsreiche Heide-Volm, seit nunmehr über 80 Jahren in Familienbesitz und den Einwohnern Planeggs und freilich auch den Münchnerinnen und Münchnern ein Begriff. Bis heute werden im Heide-Volm aber nicht nur die Familientraditionen, sondern auch Erinnerungen an die Schlossbrauerei gepflegt. Im Eingangsbereich des Traditionsgasthauses befindet sich die gleiche Lithografie der Schlossbrauerei Planegg (um 1910), wie sie auch die Familie von Hirsch besitzt. Eindrucksvoll wird die Größe des Gebäudekomplexes auf dieser Abbildung ersichtlich. Ihr Ehrenplatz im Heide-Volm zeugt aber auch von den gemeinsamen Spuren in der Vergangenheit und davon, wie die Familie von Hirsch seit ihrer Ansiedelung in Planegg ihr Umfeld nachhaltig prägte. So hat sich die außergewöhnliche Geschichte der Familie von Hirsch mit ihrer Schlossbrauerei Planegg, den damit verbundenen Gaststätten und nicht zuletzt ihrem bekanntesten Produkt, dem Hubertusbier, in das dichte Netz der bayerischen Geschichte des Biers und der Brauerei eingewoben und damit gleichzeitig die deutsch-jüdische Geschichte und gesellschaftspolitische Entwicklungen über beinahe zwei Jahrhunderte mitgestaltet.

35 Erika Klemt: Zeittafel, in: Planegg 2009 (wie Anm. 1), hier Bd. II, Teil 1, S. 13–27.

5/13
Bierflasche der Schlossbrauerei Planegg

Um 1900
Grünes Pressglas mit Bügelverschluss
H: 27 cm; D (Stand): 7 cm; V: 1 l

Jüdisches Museum München, # JM 32/2015

5/14
Bierkrug der Schlossbrauerei Planegg

Um 1910
Steinzeug, Stempeldekor
Krug: ungemarkt
H: 19,5 cm; D (Stand): 14 cm; V: 1 l

Heide-Volm KG, Planegg

Am Krug gestempelter Schriftzug „Schlossbrauerei München".

5/15
Bierkrug der Schlossbrauerei Planegg

Um 1900
Steinzeug, Zinn, Stempeldekor
H: 24,5 cm; D (Stand): 10 cm; V: 1 l
Krug: ungemarkt
Deckel: PAUSON / MÜNCHEN

Jüdisches Museum München, # JM 18/2015

Am Krug Schriftzug „Schlossbrauerei Planegg", am Deckel mit knaufförmiger Daumenrast ebenfalls Schriftzug und Markenzeichen.

5/16
Bierkrug für Sankt Hubertusbier

Um 1935
Steinzeug, Stempeldekor
H: 18 cm; D (Stand): 10,4 cm; V: 1 l
Krug: ungemarkt

Heide-Volm KG, Planegg

Am Krug Schriftzug „Skt. Hubertus Bier", Rückseite „Eigentum Pschorrbräu A.-G. München".

5/17
Bierkrug der Schlossbrauerei Planegg

Um 1900
Steinzeug, Stempeldekor
H: 18 cm; D: 10 cm (Stand), V: 1 l
Krug: ungemarkt

Jüdisches Museum München, # JM 120/2015

Am Krug Schriftzug „Sch.B PLANEGG".

5/18
„Grüsse von der Hubertusquelle“

Carl Moos (1878–1959)
Um 1910
Farblithografie
H: 14 cm; B: 9,1 cm

Jüdisches Museum München,
JM 11/2016

5/19
„Gruss vom Hubertusbier“

Otto Obermeier (1883–1958)
1908
Lithografie
H: 14,1 cm; B: 9,2 cm

Jüdisches Museum München,
JM 15/2015

5/20
„Gruss aus Planegg“

1903
Sw-Fotografie
Verlag Josef Rupp, Planegg
H: 9 cm; B: 14 cm

Jüdisches Museum München,
JM 129/2015

5/21
Werbeschild der Schlossbrauerei Planegg

Um 1930
Blech, emailliert, bombiert

Heide-Volm KG, Planegg

Eugen von Baumgarten (1865–1919): Entwurf für einen von der Firma Brüder Thannhauser ausgeführten Bierkrug
Jüdisches Museum München

»Großartige Auswahl in Bierkrüge aller Art«

MÜNCHENS JÜDISCHE BIERKRUGVEREDLER

VON BERNHARD PURIN

Als 1868 im Königreich Bayern die Gewerbefreiheit erlassen wurde, bedeutete dies für das Handwerk die endgültige Auflösung traditioneller Strukturen, die bereits mit dem Ende der Zünfte 1825 ihren Anfang genommen hatte. Ab 1868 waren keine Konzessionen für Handwerksberufe mehr notwendig und damit eine wichtige Voraussetzung für die Industrialisierung Bayerns geschaffen. Viele alteingesessene Handwerker waren mit der neuen Situation überfordert, versuchten, in ihren alten Traditionen zu verharren, mussten aber – vor allem in den städtischen Zentren – erkennen, dass ihre Produkte mit denen der rasch anwachsenden Industrie nicht mehr konkurrenzfähig waren.

Gleichzeitig bot die Gewerbefreiheit die Chance, neue Gewerbe zu etablieren, verschiedene Handwerke unter einem Dach zu vereinen und neue Produkte zu kreieren. Diese Möglichkeiten nutzten auch viele junge Juden, die in der zweiten Hälfte des 19. Jahrhunderts aus den jüdischen Landgemeinden Frankens und Schwabens nach München übersiedelten, um sich hier eine wirtschaftliche Existenz aufzubauen. Zu den merkwürdigsten, aber für die Biermetropole München typischen neuen Gewerben gehört die ab den späten 1870er-Jahren entstehende Bierkrugveredelung, die weitgehend von zugewanderten Juden mitentwickelt und von ihnen bis zum Ersten Weltkrieg maßgeblich geprägt wurde.

Bis in die 1860er-Jahre gab es nur gewöhnliche Steinzeug-Bierkrüge ohne jeglichen Schmuck – solche aus Glas oder Porzellan waren höheren Gesellschaftsschichten vorbehalten. Erst in den 1870er-Jahren begannen Brauereien, ihren Namen oder dessen Abkürzung in die glatten Krüge einritzen oder eindrücken und farblich hervorheben zu lassen. Pionier dieser Entwicklung war der Münchner Hofbräu, dessen zur Ligatur verschmolzenes Monogramm „HB" nachhaltig zum Markenzeichen der Brauerei wurde. Die Einführung des Litermaßes im gesamten Deutschen Reich 1872 – die bayerische Maß beinhaltete bis zu dieser Zeit 1,069 Liter und damit einen Schluck mehr – ließ den Bedarf nach etwas kleineren Maßkrügen entstehen und eröffnete so auch die Möglichkeit einer gestalterischen Weiterentwicklung des Bierkrugs. Mitauslöser für die Entstehung neuer Krugformen und -gestaltungen waren aber auch Innovationen der für den Münchner Markt maßgeblichen Krughersteller selbst, deren Zentrum im Westerwald, dem „Kannenbäckerland", lag. Um 1880 entwickelten Westerwälder Steingut-Manufakturen innerhalb weniger Jahre neue Techniken wie das Auflegen von Ornamenten, den Guss in Ganzgefäßformen und schließlich das Fein- oder Elfenbein-Steinzeug, das sich wegen seiner glatten, porzellanähnlichen Oberfläche besonders gut zur Bemalung eignete. Der Ausbau des Bahnnetzes ermöglichte einen kostengünstigen Transport der Krüge vom Westerwald nach München. Die nach München gelieferten Krüge waren gebrannte Krugrohlinge, die erst in München zu gebrauchsfähigen, dekorierten Krügen veredelt wurden.

Um 1880 entstand eine Reihe von Werkstätten, die drei verschiedene Tätigkeiten unter einem Dach vereinten. In der Porzellanmalerei wurden die Krüge bemalt, später auch bedruckt oder mit Abziehbildern geschmückt. Bei niedriger Temperatur erhielten sie in einem Muffelofen ihren letzten Brand. Neben dem schlichten Aufmalen des Brauereinamens folgte bald ein großer Motivreichtum, wobei das Motiv des Münchner Stadtwappens, das Münchner Kindl, freilich zum unumstrittenen Bestseller der Münchner Bierkrüge wurde. Mit der Entstehung der plastischen Figurenkrüge war der künstlerischen Ausgestaltung der Krugoberflächen schließlich kaum mehr Grenzen gesetzt. Der Porzellanmalerei schloss sich eine Zinngießerei an, in der die Bierkrugdeckel gegossen wurden, die entweder Namen der Brauereien und andere Motive trugen oder eine blanke Außenseite hatten, auf die später individuelle Gravuren, etwa eine Widmung oder der Name des Besitzers, aufgebracht werden konnten. In einem dritten Werkstattbereich wurden schließlich Krug und Deckel zum fertigen Bierkrug montiert. Häufig befanden sich diese Werkstätten in den Hinterhöfen touristisch frequentierter Innenstadtlagen rund um das Rathaus und hatten an der Straßenfront Verkaufslokale, in denen die Bierkrüge an einheimische und auswärtige Interessenten verkauft wurden.

Zu den größten und prägendsten Bierkrugveredelungs-Betrieben, die um 1880 entstanden, zählten die von jüdischen Zuwanderern um 1880 gegründeten Firmen Leopold und Nathan Bauernfreund, Josef M. Mayer, Martin Pauson, Jakob Reinemann und Brüder Thannhauser. Hinzu kamen noch Kommissionsverkäufer wie Samuel Liebschütz, Jakob Neumark und Heinrich Uhlfelder, die die Krüge von Bauernfreund und Reinemann, die keine eigenen Verkaufslokale unterhielten, vertrieben. Daneben gab es in München auch nicht-jüdische Bierkrugveredler wie die Gebrüder Allmann, Ludwig Robert Mory oder Eduard Rau, die jedoch, betrachtet man den heute in Sammlungen überlieferten Bestand an Münchner Bierkrügen, im Produktionsumfang nicht an die fünf anderen Firmen heranreichten.

Josef M. Mayers Bierkruggeschäft am Eingang der Mathäser-Bierhalle in der Bayerstraße 3
1893
Stadtarchiv München

Die Bierkrugveredelung als innovatives „jüdisches“ Gewerbe ist im Übrigen kein auf München beschränktes Phänomen: In Nürnberg, einem zweiten Zentrum der Bierkrugveredelung, hatten die bedeutendsten Firmen – Gebrüder Bing, Felsenstein & Mainzer und Gebrüder Goldschmidt – ebenfalls jüdische Eigentümer.

Als in den späten 1880er-Jahren die Westerwälder Manufakturen begannen, Krüge auch selbst zu veredeln, gingen die Münchner Bierkrugveredler dazu über, Krüge anfertigen zu lassen, die den jeweiligen Firmennamen bereits in den Boden eingedrückt hatten. Den Firmennamen wurden Zusätze wie „Bierkrug-Fabrik“ oder „Bierkrug-Herstellung“ hinzugefügt, um gegen die Konkurrenz gewappnet zu sein.

Um die Jahrhundertwende ging mit dem Ende des Historismus auch die große Zeit der aufwändig und häufig im Stil der Renaissance dekorierten Bierkrüge zu Ende, auch die Nachfrage nach Figurenkrügen ließ nach. Die Bierkrugveredler reagierten darauf und begannen eine fruchtbare Zusammenarbeit mit Jugendstil-Künstlern wie Friedrich Adler (1876–1942), Eugen von Baumgarten (1865–1919), Ludwig Hohlwein (1874–1949), Max Mandl (1864–1939), Bruno Mauder (1877–1948), Franz Ringer (1865–1917) oder Emanuel von Seidl (1856–1919). Die Münchner Bierkrugveredelung war in diesen Jahren von künstlerisch herausragend gestalteten Krügen geprägt. Mit Beginn des Ersten Weltkriegs erlebte das Gewerbe jedoch eine tiefe Zäsur. Das kriegswichtige Zinn stand als Verarbeitungsmaterial nicht mehr zur Verfügung, der ausbleibende Fremdenverkehr und nicht mehr stattfindende Großveranstaltungen – selbst das Oktoberfest fand während des Ersten Weltkriegs und in den ersten Nachkriegsjahren nicht statt – verringerten die Absatzmöglichkeiten dramatisch. Firmen wie Bauernfreund, Reinemann und Brüder Thannhauser stellten ihre Produktion ein, andere wie Mayer und Pauson schufen sich mit dem Porzellan-, Glas- und Haushaltswarenhandel ein neues Standbein, führten aber die Bierkrugveredelung in kleinerem Umfang bis in die 1930er-Jahre fort.

Literatur

Graham Dry: Krüge für München. Herstellung, Veredelung und Vertrieb, in: Florian Dering (Hg.): Das Münchner Kindl. Eine Wappenfigur geht ihren Weg, München 1999, S. 114–120 | Gary Kirsner, Jim Gruhl: The Beer Stein Book. A 400 Year History, Coral Springs 1990 | Eugene Manusov: Encyclopedia of Character Steins, Des Moines 1976 | Eugene V. Manusov: Character Steins. A Collector's Guide, New York-Toronto-London 1987 | Siegfried Rübensaal: Zur Steinzeugproduktion im vorindustriellen Bayern im Werk von Johann Andreas Schmeller (= Jahrbuch der Johann-Andreas-Schmeller Gesellschaft 2011), Regensburg 2012 | Johannes und Peter Vogt: Alte Bierkrüge. Sammlerträume. Übersichtskatalog mit Bierkrügen aus fünf Jahrhunderten – mit aktuellen Bewertungen, Regenstauf 2007 | Ernst Zimmermann: Die künstlerische Nothlage der Westerwälder Steingutindustrie, in: Kunst und Handwerk, 50. Jg. (1899/1900), S. 76–83.

Inserat aus den „Fliegenden Blättern“
1890–1900
Jüdisches Museum München

LEOPOLD UND NATHAN BAUERNFREUND

Frauenstraße 4c
1883–1911

Die Brüder Leopold (1850–1920) und Nathan Bauernfreund (1853–1925) stammen aus dem mittelfränkischen Ellwangen, wo seit dem Mittelalter mit Unterbrechungen eine jüdische Gemeinde bestand und ihr Vater Wolf Bauernfreund als Schächter (ritueller Metzger) tätig war.[1] Als junge Männer zogen Leopold und Nathan Bauernfreund nach München und meldeten 1876 gemeinsam ein Kurz- und Galanteriewarengewerbe an. Im gleichen Jahr erhielt Leopold das Heimat- und Bürgerrecht, sein Bruder Nathan vier Jahre später. 1883 meldeten die beiden Brüder die Zinngusswarenfabrik L. Bauernfreund & Cie. in der Frauenstraße 4c an. Leopold Bauernfreund betrieb daneben, seit 1886 in der Rumfordstraße 22, eine „Erbswurst- und Conservenfabrik“ und betätigte sich ab 1897 als Herausgeber der Zeitschrift „Das kleine Journal. Organ für alle Gesellschaftsklassen“, die bis 1915 erschien.[2] Während der gemeinsamen Leitung der Zinngussfabrik verwendeten die Brüder Bauernfreund verschiedene Zinnmarken. Nachweisbar sind „LB&C“, „LBCM“ und „BAUERNFREUND MÜNCHEN“.[3] Leopold Bauernfreund schied 1892 aus dem gemeinsamen Unternehmen aus, um sich zur Gänze der Erbswurst- und Konservenerzeugung und später auch der Herausgabe seines Journals zu widmen. Sein Bruder meldete daher das Gewerbe um und führte es – zeitweise mit seinem Schwager Lazarus Leiter (geb. 1859 in Buttenwiesen, ermordet 1943 in Theresienstadt) – bis zur Gewerbeabmeldung 1911 weiter.[4] Als Zinnmarken verwendete er von nun an „N. BAUERNFREUND MÜNCHEN“ im Oval und „N.B.M.“. Auch stempelte er gelegentlich zugekaufte Steinzeugkrüge vor dem letzten Brand im Muffelofen mit „N. Bauernfreund München“.[5]

Bereits in der Phase der Zusammenarbeit der beiden Brüder spezialisierte sich die Firma auf aufwändig gestaltete Figurenkrüge, die vorwiegend von der Freisinger Steinzeug-Fabrik Hauber & Reuther stammten und von Bauernfreund bemalt und mit Zinndeckeln versehen wurden. Die Firma Bauernfreund hatte keinen eigenen Verkauf, sondern bot ihre Ware überwiegend über Kommissionshändler an, wobei drei Münchner jüdische Händler die Hauptabnehmer gewesen sein dürften: Im Rosenthal 18 besaß Heinrich Uhlfelder (geb. 1854 in München, gest. 1928 ebd.) ein Haushaltswarengeschäft, in dem er auch Bierkrüge der Firma Bauernfreund, darunter exklusiv das „Gigerl-Seidl“, vertrieb.[6] Am Marienplatz 26 betrieb Samuel Liebschütz (geb. 1860 in Steppach bei Augsburg, gest. 1930 in Mindelheim) zwischen 1885 und 1892 den „3-Mark-Bazar – Neuheiten in Bierkrügen und -Gläsern“, dessen Werbeanzeigen für den „Mephisto-Krug“ oder den „Deutschen Michel“ Produkte der Bierkrugveredler Bauernfreund zeigen. Auch Jakob Neumark (geb. 1850 in Georgensgmünd, gest. 1907 in München) betrieb einen Glas- und Porzellanwarenhandel in der Weinstraße 18, der ebenfalls Bauernfeind-Figurenkrüge im Angebot hatte. Zeitgenössische illustrierte Anzeigen bewerben etwa den „Schlaraffenkrug“ und – als Referenz an das 1884 zur deutschen Kolonie gewordene Kamerun – den „Kamerun-Student“. 1885 setzte sich der Grafiker Max Mandl (geb. 1864 in München, gest. 1939 ebd.) in den „Fliegenden Blättern“ ironisch mit den Figurenkrügen auseinander. Wenige Monate später stellte Jakob Neumark ebenfalls in den „Fliegenden Blättern“ das von Bauernfreund nach Vorlage dieser Karikatur produzierte „Damenmodeseidel“ vor. Für den Künstler Max Mandl war diese Zusammenarbeit der Einstieg in die Bierkrugdekoration: Von ihm sind zahlreiche Entwürfe, vor allem für die Firma Martin Pauson, erhalten.

Nach dem Ausscheiden seines Bruder führte Nathan Bauernfreund die Veredelung und Montierung von Figurenkrügen fort. Es gelang ihm aber auch, ein neues Geschäftsfeld zu erschließen: Für einige der großen Münchner Brauereien wie Löwenbräu, Bürgerbräu und Eberl-Bräu stellte er – wohl in großer Zahl – die Zinndeckel mit den Brauerei-Markenzeichen her.[7]

1911 löste Nathan Bauernfreund die Zinngussfabrik in der Frauenstraße auf und meldete eine „Warenagentur i. d. W.“ (in der Wohnung) in der Klenzestraße 4/III an, mit der er wohl die Lagerbestände der Zinngussfabrik abverkaufte. 1925 verstarb er 72-jährig in München. Sein Bruder Leopold war bereits 1920 verstorben. Beide sind auf dem Neuen Israelitischen Friedhof in München beigesetzt. Nathan Bauernfreunds zweite, 1867 im württembergischen Buchau geborene Ehefrau Charlotte, geb. Bernheim, wurde 1942 nach Theresienstadt deportiert und ermordet.[8] Seinem 1908 geborenen Sohn Wilhelm gelang die Emigration in die USA.[9] In den 1960er-Jahren kehrte er nach München zurück, wo er 1995 verstarb.[10]

1 Rolf Hofmann: Familienblatt Moses Wolf Bauernfreund von Ellingen + München (Online: http://www.alemannia-judaica.de/images/Images%20376/Pappenheim%20FB-BAUERNFREUND-Wolf.pdf).
2 Stadtarchiv München, PMB B 91.
3 http://www.steinmarks.co.uk/pages/pv.asp?p=stein40.
4 Stadtarchiv München, PMB B 91.
5 http://www.steinmarks.co.uk/pages/pv.asp?p=stein41.
6 Anzeige in: Führer durch München für den XIV. Deutschen Feuerwehr-Tag, München 1893, S. 16.
7 http://www.steinmarks.co.uk/pages/pv.asp?p=stein41.
8 Biographisches Gedenkbuch der Münchner Juden 1933–1945, Bd. 1, München 2003, S. 98.
9 Ancestry.com. New York, Passagierlisten, 1820–1957, S.S. Washington ab Hamburg 30.11.1938.
10 Ancestry.com. USA, Sterbeindex der Sozialversicherung, 1935–2014, 15.12.1995.

6/1
Mephisto-Krug

Um 1885
Steinzeug, Zinn, emailbemalt
H: 23 cm; D (Stand): 9,8 cm; V: ½ l
Krug: LB & C (= Leopold Bauernfreund & Co.)
und gesetzlich geschützt
Deckel: ungemarkt

Jüdisches Museum München, # JM 127/2015

Auf dem flaschenförmigen Krug befinden sich reliefierte Darstellungen eines Bären, eines Affen, Würsten und eines Meerrettichs. Die Handhabe ist als Teufelsfigur ausgebildet. Eine weitere Teufelsfigur steckt mit dem Kopf in der Flaschenöffnung. Auf der Vorderseite des Kruges der Text „Der Geist einmal / Heraufbeschworen / Läßt seine Folgen / Bald erkennen / Den Opfern / Die er sich erkoren / An Dingen, die wir / Affen, Kater nennen.“

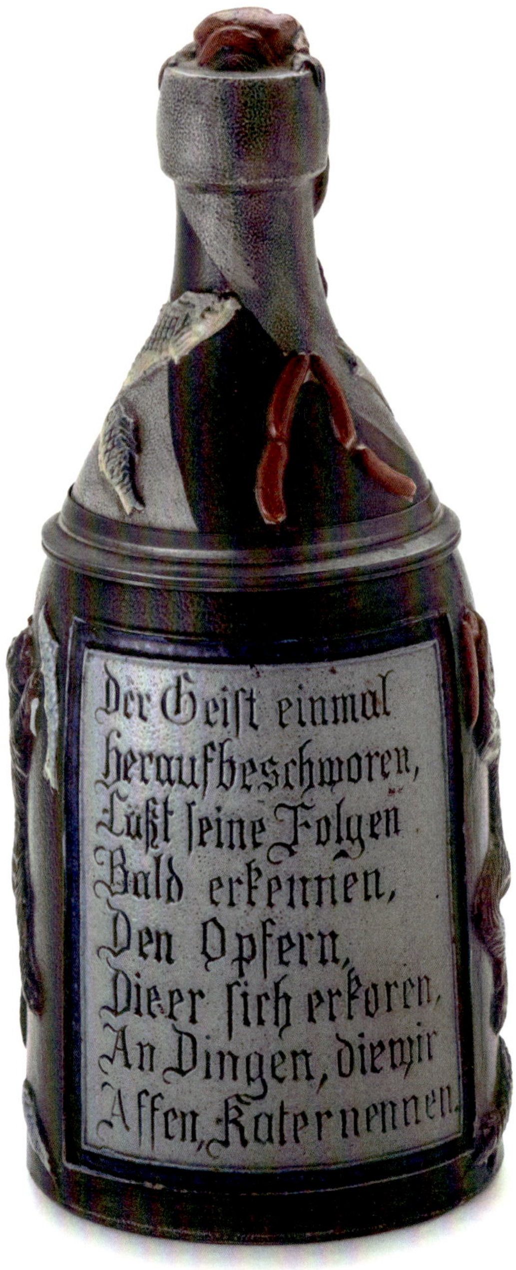

6/2
Bierkrug des Hacker-Bräu

Um 1890
Feinsteinzeug, Zinn, emailbemalt
H: 17,5 cm; D (Stand): 9,4 cm; V: 0,4 l
Krug: M&W G (= Merkelbach & Wick, Grenzhausen)
Deckel: BAUERNFREUND MÜNCHEN im Kreis

Jüdisches Museum München, # JM 68/2015

Auf dem Krug Schriftzug „Hacker-Bräu MÜNCHEN" und Markenzeichen (zwei Hacken), auf dem Deckel mit knaufförmiger Daumenrast ebenfalls Markenzeichen des Hacker-Bräu.

6/3
Bierkrug mit Herkulesdarstellungen

Um 1890
Feinsteinzeug, Zinn
H: 14 cm; D (Stand): 9,3 cm; V: ½ l
Krug: ungemarkt
Deckel: BAUERNFREUND MÜNCHEN im Kreis

Jüdisches Museum München, # JM 63/2015

Auf dem Krug umlaufend reliefverzierte Darstellungen des Herkules Farnese, eines trunkenen Herkules, sowie die Darstellung „Herkules bändigt d. Kerberos". Auf dem Deckel Darstellung eines Gewichthebers. Die Daumenrast ist als 100-kg-Gewicht ausgebildet.

6/4
Bierkrug der Klosterbrauerei Schlehdorf

Um 1895
Steinzeug, Zinn, emailbemalt
H: 25,4 cm; D (Stand): 11,7 cm; V: 1 l
Krug: M&W G (= Merkelbach & Wick, Grenzhausen)
Deckel: BAUERNFREUND MÜNCHEN im Kreis

Münchner Stadtmuseum, # K/2015/17

Auf dem Krug handgemalt das Wappen des ehemaligen Augustiner-Chorherrenstifts Schlehdorf am Kochelsee, auf dem Deckel im Guss Darstellung eines brauenden Mönchs mit dem Kloster Schlehdorf im Hintergrund und dem umlaufenden Schriftzug „Klosterbrauerei Schlehdorf“.

6/5
Bierkrug des Löwenbräu

Um 1895
Steinzeug, Zinn, Stempeldekor
H: 18,2 cm; D (Stand): 10 cm; V: 1 l
Krug: ungemarkt
Deckel: N. BAUERNFREUND MÜNCHEN im Kreis

Jüdisches Museum München, # JM 62/2015

An Krug gestempelter Schriftzug „Löwenbräu München“ in Stempeldekor, auf dem Deckel mit knaufförmiger Daumenrast Schriftzug „Löwenbräu München“ und Markenzeichen (Löwe).

6/6
Bierkrug des Münchener Bürgerbräu

Um 1895
Feinsteinzeug, Zinn, emailbemalt
H: 17,5 cm; D (Stand): 9,6 cm; V: 0,4 l
Krug: M&W G (= Merkelbach & Wick, Grenzhausen)
Deckel: N. BAUERNFREUND MÜNCHEN im Kreis

Jüdisches Museum München, # JM 83/2015

Auf dem Krug Schriftzug „Münchener Bürgerbräu" und Markenzeichen (Türme der Frauenkirche), auf dem Deckel mit eichelförmigen Daumenrast ebenfalls Markenzeichen.

6/7
Bierkrug des Münchener Bürgerbräu

Um 1900
Feinsteinzeug, Zinn, emailbemalt
H: 18 cm; D (Stand): 9,6 cm; V: 0,4 l
Krug: N. Bauernfreund München (am Stand aufgemalt)
Deckel: M&W G (= Merkelbach & Wick, Grenzhausen) und N. BAUERNFREUND MÜNCHEN im Oval

Jüdisches Museum München, # JM 14/2016

Auf dem Krug Schriftzug „Bürgerliches Brauhaus München / Münchener Bürger-Bräu / Gegr. 1654 / Schutz-Marke" und Markenzeichen (Türme der Frauenkirche) im Lorbeerkranz, auf dem Deckel mit eichelförmiger Daumenrast ebenfalls Markenzeichen und Schriftzug „MÜNCHENER BÜRGERBRAEU".

6/8
Figurenkrug „Gigerl-Seidl"

Um 1895
Porzellan, Zinn, emailbemalt
H: 22,8 cm; D (Stand): 9,6 cm; V: ½ l
Krug: ungemarkt
Deckel: NBM (= Nathan Bauernfreund, München) auf dem Deckelscharnier

Münchner Stadtmuseum, # K/2012/11

Figurenkrug mit der Darstellung von drei „Gigerln", die als Scherzfiguren eitle, modisch gekleidete Männer darstellen und sich in den 1890er-Jahren in Satirezeitschriften wie den „Fliegenden Blättern" großer Beliebtheit erfreuten. Im Stand Lithophanie (Durchscheinbild) mit Darstellung von zwei „Gigerln". Daumenrast als sichelförmiges Mondgesicht ausgebildet.

6/9
Figurenkrug „Schweinekopf"

Um 1895
Porzellan, Zinn, emailbemalt
H: 14,5 cm; D (Stand): 8,6 cm; V: ½ l
Krug: ungemarkt
Deckel: NBM (= Nathan Bauernfreund, München) auf dem Deckelscharnier

Münchner Stadtmuseum, # K/2012/17

Figurenkrug in Form eines Schweinekopfes mit einfacher, gebogener Daumenrast.

JOSEF M. MAYER

Sonnenstraße 25 | Löwengrube 1 | Weinstraße 18 | Bayerstraße 3 | Neuhauser Straße 30
1888–1933

Josef Maier Mayer (1860–1924) wurde geboren im unterfränkischen Steinach an der Saale, wo sich seit dem 17. Jahrhundert eine kleine jüdische Landgemeinde befand, und wuchs in Schweinfurt auf, wo sein Vater Maier Jonas Mayer ein Gasthaus betrieb. 1888 ließ er sich in München nieder und meldete im gleichen Jahr eine Steinzeugwarenhandlung in der Sonnenstraße 25 und wenige Monate später die Glas-, Porzellan- und Steinguthandlung Jos. M. Mayer in der Löwengrube 1 an. Im gleichen Jahr heiratete er in Bad Kissingen Ernestine Engel (geb. 1865 in Unterriedenberg, gest. 1933 in München). 1890 übersiedelte das Geschäft in die Weinstraße 18. 1893 gelang es Mayer, ein besonders repräsentatives Geschäftslokal auf der Straßenseite der im gleichen Jahr nach Plänen von August Exter (1858–1933) fertiggestellten Mathäser-Bierhalle in der Bayerstraße 3, des größten Bier-Ausschanks Münchens, anzumieten. Als Mayer 1894 das Heimat- und Bürgerrecht in München erhielt, wurde als sein Beruf Glas-, Porzellan- & Steingutverzierer angegeben. Ein letzter Umzug seines Geschäfts erfolgte 1903 in die Neuhauser Straße 30.[11]

In den ersten Jahren des Bestehens der Firma Jos. M. Mayer standen die in den 1880er- und 1890er-Jahren populären Figurenkrüge im Mittelpunkt der Geschäftstätigkeit. In einer Annonce von 1889 bezeichnete sich die Firma als *„größte Glas-, Porzellan-, Majolika- und altdeutsche Steinzeugwaaren-Fabriks-Niederlage"*, verwies auf die eigene Zinngießerei und Porzellanmalerei und hob als *„ganz besondere Specialitäten: Bierkrüge in Figur als Münchner Kindl mit Lichtbild. Bierkrüge mit k. Hofbräuhaus, Münchner Kindl, Rathhaus etc. auf Krüge gemalt"* hervor.[12]

Figurenkrüge aus dieser Zeit sind meist mit dem aufgemalten oder mit der Form eingedrückten Schriftzug „Jos. M. Mayer München", gelegentlich mit Zusätzen wie „Bierkrugfabrik" oder „ges. gesch." (gesetzlich geschützt) bezeichnet. Zinndeckel tragen Marken wie „JOS. M. MAYER MÜNCHEN" im Kreis oder die Bezeichnung „JOS. M. MAYER MÜNCHEN" auf dem Deckelscharnier. Um 1900 wandte sich Mayer auch dem Großhandel zu. In einer Anzeige im Münchner Adressbuch von 1900 bewirbt er *„Beschlagene Bierkrüge und Gläser f. Brauereien und Wirthschaften, als auch für Private in mehr als 500 Ausführungen"*.[13] Für Großaufträge von Brauereien und Gaststätten ließ Mayer wie seine Mitbewerber Martin Pauson und J. Reinemann bei dem Westerwälder Steinguthersteller Marzi & Remy Krugrohlinge produzieren, die im Stand die eingedrückte Bezeichnung „JOS. M. MAYER MÜNCHEN." und „GESETZLICH GESCHÜTZT" tragen.[14]

Nach dem Tod Josef M. Mayers 1924 führte seine Frau Ernestine – das Ehepaar war kinderlos – das Geschäft in der Neuhauser Straße 30 fort. Neben dem Glas-, Porzellan- und Steingutwarenhandel vertrieb sie dort auch bis zu ihrem Tod 1933 Silberwaren.[15] Josef M. und Ernestine Mayer sind auf dem Neuen Israelitischen Friedhof in München bestattet. Nach ihrem Tod gelangte das Geschäft in den Besitz von Friedrich und Theodor Mayer – sie waren weder jüdisch noch mit dem Ehepaar Mayer verwandt –, die es als Kücheneinrichtungsgeschäft bis zur Zerstörung des Geschäftsgebäudes im Zweiten Weltkrieg weiterführten.[16]

11 Stadtarchiv München, PMB M 101.
12 Anzeige in: Festschrift für das VII. Deutsche Turnfest in München, München 1889, S. 29. Abgebildet in: Graham Dry: Krüge für München. Herstellung, Veredelung und Vertrieb, in: Florian Dering (Hg.): Das Münchner Kindl. Eine Wappenfigur geht ihren Weg, München 1999, S. 114–120, hier S. 117.
13 Adressbuch für München, München 1900, S. 35.
14 http://www.steinmarks.co.uk/pages/pv.asp?p=stein154.
15 Stadtarchiv München, PMB M 101. Vgl. auch Amtliches Fernsprechbuch München, München 1929, S. 94.
16 Adressbuch für München und Umgebung, München 1934 ff.

6/10
Bierkrug

Um 1890
Feinsteinzeug, Zinn, emailbemalt
H: 16,5 cm; D (Stand): 9,6 cm; V: ½ l
Krug: D&C (= Dorfner & Co., Hirschau)
Deckel: JOS. M. MAYER MÜNCHEN im Kreis

Münchner Stadtmuseum, # K/2014/250

Auf dem Krug handgemalte Darstellung des Münchner Kindls mit Bierkrug und Fahne über ein Fass springend. Auf dem Deckel Stadtsilhouette mit Frauenkirche und Rathausturm sowie die Schriftzüge „München" und „Kunst und Bier / Gibt's Allhier".
Daumenrast in Form der Türme der Frauenkirche.

6/11
Bierkrug

Um 1895
Feinsteinzeug, Zinn, emailbemalt
H: 19 cm; D (Stand): 10,8 cm; V: ½ l
Krug: METTLACH VB (= Villeroy & Boch, Mettlach), 2002, 19, 97, II und GESCHÜTZT VOR NACHBILDUNG
Deckel: JOS. M. MAYER / MÜNCHEN auf dem Deckelscharnier
Entwurf: Otto Hupp (1859–1949)

Jüdisches Museum München, # JM115/2015

Auf dem Krug Darstellung des Münchner Kindls mit Schriftzug „München" vor der Dächerlandschaft der Altstadt, darunter der Reim „WER NIE MIT EINER VOLLEN MAASS / AUF EINEM MÜNCH'NER KELLER SASS / DER WEISS NICHT WAS VOR ANDEREN VÖLKERN / DER LIEBE GOTT DEN BAYERN GAB". Auf dem Deckel Stadtsilhouette mit Frauenkirche und Rathausturm sowie die Schriftzüge „München" und „Kunst und Bier / Gibt's Allhier". Daumenrast in Form des Münchner Kindls.

6/12
Bierkrug des Mathäser-Bräu

Um 1895
Steinzeug mit Kammdekor
H: 23, 5 cm; D (Stand): 10 cm; V: 1 l
Krug: ungemarkt
Deckel: JOS. M. MAYER / MÜNCHEN auf dem Deckelscharnier

Jüdisches Museum München, # JM 86/2015

Der unbemalte Krug ist mit einem Kammmuster dekoriert. Der Deckel mit eichelförmiger Daumenrast trägt die Aufschrift „Mathäser Bräu München". Im Eingangsbereich der Mathäser-Bierhalle in der Bayerstraße 3 befand sich zwischen 1893 und 1903 das Bierkruggeschäft Josef M. Mayers.

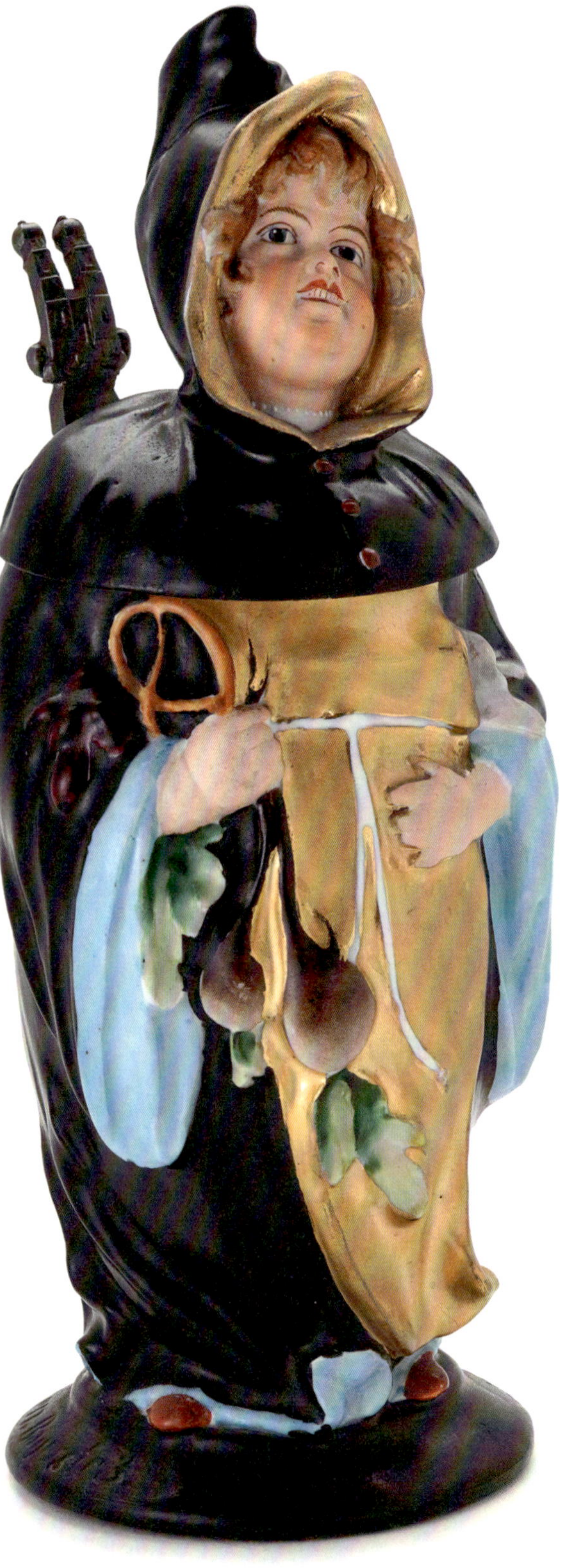

6/13
Figurenkrug „Münchner Kindl“

Um 1895
Porzellan, Zinn, emailbemalt
H: 26,5 cm; D (Stand): 9,9 cm; V: 0,7 l
Krug: eingeritzter Schriftzug in die Form: Jos. M. Mayer. München. Bayerstr. 3.
Deckel: ungemarkt

Jüdisches Museum München, # JM 87/2015

Plastisch ausgebildeter, das Münchner Kindl mit Rettich darstellender Krug. Im Boden Lithophanie (Durchscheinbild) mit Darstellung des Innenhofs des alten Hofbräuhauses. Daumenrast in Form der Türme der Frauenkirche.

6/14
Bierkrug

Um 1895
Porzellan, Zinn
H: 25 cm; D (Stand): 10,4 cm; V: 1 l
Krug: Jos. M. Mayer. München. Bayerstr. 3 im Guss
Deckel: ungemarkt

Münchner Stadtmuseum, # K/2012/18

Reliefkrug mit Darstellung eines Couleur-Studenten, darüber der Liedtitel „Gaudeamus igitur“. Auf dem Deckel mit muschelförmiger Daumenrast Darstellung eines Maischebottichs mit Gerste und Brauwerkzeugen. Stand mit Lithophanie (Durchscheinbild) den Innenhof des Hofbräuhauses vor seinem Neubau 1896/97 darstellend. Bei diesem Krug, dessen reliefierte Teile nicht glasiert sind, handelt es sich um einen Rohling, wie ihn die Bierkrugveredler zur weiteren Bearbeitung von Steingut- und Porzellanfabriken bezogen.

6/15
Bierkrug des Mathäser-Bräu

Um 1900
Steinzeug, Zinn
H: 21,2 cm; D (Stand): 9,9 cm; V: 1 l
Krug: ungemarkt
Deckel: JOS. M. MAYER MÜNCHEN im Kreis

Jüdisches Museum München, # JM 90/2015

Maßkrug mit eingedrücktem, kobaltblau gemalten Monogramm „MB" (= Mathäser-Bräu) und Deckel mit schlichter Daumenrast und dem Schriftzug „MATHÄSER BRÄU MÜNCHEN".

6/16
Bierkrug des Münchner Kindl-Kellers

Um 1910
Steinzeug, Zinn, Stempeldekor
H: 18,4 cm; D (Stand): 11,5 cm; V: 1 l
Krug: ungemarkt
Deckel: JOS. M. MAYER / MÜNCHEN auf dem Deckelscharnier

Münchner Stadtmuseum, # K/99/102

Auf dem Krug befindet sich ein Wappenschild mit dem Münchner Kindl, darüber umlaufend der Schriftzug „MÜNCHNER KINDL KELLER", auf dem Deckel mit kugelförmiger Daumenrast der Schriftzug „BRAUEREI MÜNCHNER KINDL".

6/17
Bierkrug der „Ausstellung München 1908"

1908
Steinzeug, Zinn
H: 20,9 cm; D (Stand): 10 cm; V: 1 l
Krug: Marzi & Remy, Höhr (zugeschrieben)
Deckel: JOSEF M. MAYER MÜNCHEN im Oval
Entwurf: Emanuel von Seidl (1856–1919)

Münchner Stadtmuseum, # K/2012/5

Schlichter Krug mit kleinem, eingedrückten Münchner Kindl. Der Krug wurde für die „Ausstellung München 1908" zum 750. Stadtgeburtstag hergestellt. Die Abkürzung „AHR" (Ausstellungspark Haupt-Restaurant) im Deckelinneren verweist darauf.

MARTIN PAUSON

Neuhauser Straße 5 und 9
1884–1938

Martin Pauson (1861–1934) wurde in Redwitz im oberfränkischen Landkreis Lichtenfels geboren, wo sich seit dem frühen 18. Jahrhundert eine jüdische Gemeinde befand, die allerdings schon zur Zeit der Geburt Pausons von starker Abwanderung gekennzeichnet war. Sein Vater Salomon Pauson war in Redwitz und später in Lichtenfels, dem Zentrum der oberfränkischen Korbindustrie, als Korbwarenhändler tätig. 1888 heiratete Martin Pauson in Nürnberg Ida Aufseesser (geb. 1865 in Haßfurt, ermordet 1942 in Theresienstadt).[17] Bereits 1880 hatte er sich in München niedergelassen und 1884 eine „Porzellan- und Glaswarenhandlung mit Porzellanmalerei und Zinngießerei" in der Neuhauser Straße 5 als Gewerbe angemeldet.[18]

In die Anfangsphase seiner Tätigkeit fallen Entwurf und Produktion einer der Ikonen der Münchner Figurenkrüge, „*den Münchener Frauenturm darstellend mit Bavaria als Lichtbild*", der in illustrierten Annoncen in zwei Größen von ½ und 1 Liter angeboten wurde.[19] Die Krüge Pausons sind häufig mit dem aufgemalten Schriftzug „Martin Pauson München" signiert. Verwendet wurden auch Stempel mit dem Firmennamen auf dem Stand der Krüge und wie andere Bierkrugveredler ließ Pauson von Westerwälder Herstellern Bierkrüge mit dem eingebrannten Firmennamen herstellen. Die Zinndeckel tragen entweder die Bezeichnung „PAUSON MÜNCHEN" auf dem Deckelscharnier oder „MARTIN PAUSON MÜNCHEN" im Oval auf der Deckelinnenseite.[20] Pauson produzierte und vertrieb das gesamte Spektrum Münchner Bierkrüge von Figurenkrügen mit dem Münchner Kindl, der Zugspitze oder einem Turm der Frauenkirche über Porzellankrüge mit Darstellungen nach Gemälden Franz von Defreggers (1835–1921) bis hin zu Brauereikrügen für Brauereien wie Hacker-Bräu, Brauerei zum Münchner Kindl oder Löwenbräu. Nach 1900 begann eine fruchtbare Zusammenarbeit mit Münchner Künstlern wie Max Mandl (1864–1939) oder Franz Ringer (1865–1917).

1901 ließ Pauson nach Plänen des Architekten Eugen Drollinger (1858–1930) ein repräsentatives Wohn- und Geschäftshaus in der Neuhauser Straße 9 errichten.[21] Herstellung und Vertrieb von Bierkrügen traten nun zunehmend in den Hintergrund. Die Firma Pauson entwickelte sich zu einem der führenden Münchner Porzellan- und Küchenausstattungsgeschäfte. Diese Entwicklung dürfte wohl sein Schwager Hugo Aufseesser (geb. 1872 in Nürnberg, gest. 1959 in Cambridge, England) eingeleitet haben, der 1906 als Teilhaber in die Firma eintrat und nach dem Tod Pausons 1934 Alleininhaber wurde. Im Juli 1938 wurde die Firma Martin Pauson durch den Regensburger Geschäftsmann Fritz Haertle „arisiert". Eine Anzeige im Völkischen Beobachter vom 25. Juli 1938 vermeldete: „*Die Firma Martin Pauson [...] ging heute <u>in deutschen Besitz</u> über. Fritz Haertle vormals Martin Pauson.*"[22] Auch das im Besitz der Witwe von Martin Pauson, Ida Pauson, und ihrer Tochter Nelly Mosbacher (geb. 1893 in München, gest. 1980 in Los Angeles) verbliebene Wohn- und Geschäftshaus wurde zu Gunsten Fritz Haertles „arisiert".[23] Im Zweiten Weltkrieg wurde das Gebäude zerstört und in den 1950er-Jahren neu errichtet. Die Firma Fritz Haertle Tischkultur GmbH wurde bis zur Jahrtausendwende an dieser Adresse weitergeführt.

Martin Pausons Witwe Ida wurde 1942 nach Theresienstadt deportiert und dort im gleichen Jahr ermordet.[24] Ihre Tochter Nelly und ihr Mann Dr. Kurt Mosbacher (geb. 1890 in Nürnberg, gest. 1972 in Los Angeles) emigrierten in die USA.[25] Hugo Aufseesser und seiner Frau Paula (geb. 1888 in Nürnberg, gest. 1970 in Cambridge, England) gelang die Emigration nach England.[26] Ihren Kindern Kurt (geb. 1912 in München, gest. 1999 in Walnut Creek, CA) und Herta, vereh. Daube (geb. 1914 in München, gest. 2004 in Oxford) gelang die Flucht in die USA.

17 Stadtarchiv München, PMB P 111.
18 Wolfram Selig: „Arisierung" in München. Die Vernichtung jüdischer Existenz in München 1937–1939, Berlin 2004, S. 342.
19 Anzeige in: Festschrift für das VII. Deutsche Turnfest in München (wie Anm. 12), S. 21.
20 http://www.steinmarks.co.uk/pages/pv.asp?p=stein185.
21 Wohn- und Geschäftshaus Pauson in München, in: Süddeutsche Bauzeitung, 11. Jg. (1901), S. 243.
22 Abgebildet in: Marian Rappl: „Unter der Flagge der Arisierung … um einen Schundpreis zu erraffen. Zur Präzisierung eines problematischen Begriffs, in: Angelika Baumann, Andreas Heusler (Hg.): München „arisiert". Entrechtung und Enteignung der Juden in der NS-Zeit, München 2004, S. 17–30, hier S. 26.
23 Stadtarchiv München, Bestand Kommunalreferat, jüdisches Vermögen, Nr. 89.
24 Biographisches Gedenkbuch der Münchner Juden 1933–1945, Bd. 2, München 2007, S. 241. Zu den Familien Aufseesser und Mosbacher vgl. auch: Christoph Gann: „12 Jahre, Jude, 10. 5. 39 abgemeldet nach England". Das Schicksal Eva Mosbachers und ihrer Eltern, Erfurt 2013.
25 Ancestry.com. New York, Passagierlisten, 1820–1957, S. S. Georgic ab Liverpool 23. 12. 1939.
26 Association of Jewish Refugees (AJR) Information, Bd. XV., Nr. 1 (Januar 1960), S. 9.

6/18
Figurenkrug „Frauenkirche“

Um 1890
Porzellan, Zinn, emailbemalt
H: 28 cm; D (Stand): 11,7 cm; V: ½ l
Krug: Martin Pauson / München / gesetzl. geschützt / No. 126 (in Emailmalerei)
Deckel: PAUSON / MÜNCHEN auf dem Deckelscharnier

Jüdisches Museum München, # JM 60/2015

Figurenkrug in Form des oberen Teils eines Turms der Münchner Frauenkirche, im Stand Lithophanie (Durchscheinbild), die Bavaria auf der Theresienwiese abbildend. Der Deckel mit Daumenrast in Form eines Lorbeerzweiges ist als Turmhaube ausgebildet.

6/19
Krug

1889
Feinsteinzeug, Zinn, emailbemalt
H: 39,3 cm; D (Stand): 16,2 cm; V: 3 l
Krug: M&W G (= Merkelbach & Wick, Grenzhausen)
Deckel: PAUSON / MÜNCHEN auf dem Deckelscharnier

Münchner Stadtmuseum, # A 72/235

Auf dem Krug Darstellung einer Frau, die einem Lautenspieler Wein einschenkt, und der Schriftzug „Wer nicht liebt / Wein, Weib und Gesang / der bleibt ein Narr / sein Leben lang!“ Auf dem Deckel Gravur „Gew. der Tafelrunde zur vierzigjährigen Stiftungsfeier v. J. N. Lengrießer. München 24 Novemb. 1889“.

6/20
Figurenkrug „Zugspitze“

Um 1890
Steinzeug, Zinn, emailbemalt
H: 15,8 cm; D: (Stand): 10,5 cm; V: ½ l
Krug: MARTIN PAUSON MÜNCHEN im Oval und GES. GESCH.
Deckel: ungemarkt

Jüdisches Museum München, # JM 73/2015

Figurenkrug in Form der Zugspitze. Rückseitig beschriftet: „Aufstieg auf die Zugspitze von Partenkirchen ab Graseck bl.[aue] Gumpe Wasserfall Ang.[er] H.[ütte] Knorrhütten“ und „Abstieg von der Spitze über die Wiener Neustädter Hütte Eiblsee und Garmisch“. Auf dem Deckel die Aufschrift „Zugspitz-Gipfel“. Das ursprünglich montierte Gipfelkreuz fehlt.

6/21
Figurenkrug „Münchner Kindl“

Um 1895
Porzellan, Zinn
H: 18,2 cm; D (Stand): 8,2 cm. V: ½ l
Krug: Martin Pauson München, aufgemalt
Deckel: PAUSON / MÜNCHEN auf dem Deckelscharnier

Privatbesitz, München

Der Figurenkrug des Münchner Kindls mit Gebetbuch hat im Stand eine Lithophanie (Durchscheinbild), die Bavaria mit der Ruhmeshalle auf der Theresienwiese darstellend.

6/22
Bierkrug

Um 1895
Feinsteinzeug, Zinn
H: 16,4 cm; D (Stand): 9,5 cm; V: ½ l
Krug: 6, 13, 9 (vermutlich Marzy & Remy, Höhr)
Deckel: PAUSON / MÜNCHEN auf dem Deckelscharnier

Jüdisches Museum München, # JM 108/2015

Auf dem Krug Darstellung des Münchner Kindls in schlichter Form als Stempeleindruck. Der gewölbte, unverzierte Deckel hat eine volutenförmige Daumenrast.

6/23
Bierkrug des Pschorr-Bräu

Um 1895
Feinsteinzeug, Zinn, emailbemalt
H: 15 cm; D (Stand): 9,4 cm; V: 0,3 L
Krug: ungemarkt
Deckel: PAUSON / MÜNCHEN auf dem Deckelscharnier

Jüdisches Museum München, # JM 100/2015

Am Krug Schriftzug „Pschorr-Bräu MÜNCHEN“ und Markenzeichen (Stern mit eingeschriebenem Monogramm GP für Georg Pschorr), auf dem Deckel gleicher Schriftzug und Markenzeichen.

6/24
Bierkrug des Radfahrer-Vereins „Münchener Kindl"

1899
Steinzeug, Zinn
H: 17,4 cm; D (Stand): 9,5 cm; V: ½ l
Krug: ungemarkt
Deckel: PAUSON / MÜNCHEN auf dem Deckelscharnier

Münchner Stadtmuseum, # K/98/7

Krug bedruckt und bemalt mit Radfahrern außerhalb Münchens mit Stadtsilhouette im Hintergrund und dem Schriftzug „Mit Muth u. Kraft / frisch voran /Fröhlich Blut / schafft gute Bahn". Daneben Darstellung des Münchner Kindls mit kreisförmiger Umschrift „All Heil", „RADFAHRERVER. MÜNCHENER KINDL 1899". Auf dem Deckel Darstellung eines Bierbrauers und Gravur „Joh. Roidl".

6/25
Bierkrug des Löwenbräu

Um 1900
Feinsteinzeug, Zinn, emailbemalt
H: 11,8 cm; D (Stand): 9,6 cm; V: ½ l
Krug: ungemarkt
Deckel: MARTIN PAUSON MÜNCHEN (im Kreis)

Jüdisches Museum München, # JM 48/2015

Auf dem Krug in Emailfarbe handgemalt das Markenzeichen (aufsteigender Löwe) und der Schriftzug „Loewenbraeu MÜNCHEN".
Auf dem Deckel mit knaufförmiger Daumenrast gleiches Motiv und gleicher Schriftzug.

6/26
Bierkrug der Brauerei zum Münchner Kindl

Um 1900
Steinzeug, Zinn, bedruckt
H: 12,6 cm; D (Stand): 9 cm; V: 0,4 l
Krug: eingedrückte Seriennummer „5“
Deckel: PAUSON / MÜNCHEN auf dem Deckelscharnier

Jüdisches Museum München, # JM 31/2015

Auf dem Krug „BRAUEREI ZUM MUENCHNER KINDL“ und Markenzeichen (Schützenlisl), auf dem Deckel mit Daumenrast in Eichelform „Brauerei zum Münchner Kindl“ sowie das Münchner Kindl von Hopfen und Gerste umrankt in einem „M“ stehend.

6/27
Bierkrug der Brauerei zum Münchner Kindl

Um 1900
Feinsteinzeug mit Stempeldekor, Zinn
H: 12,3 cm; D (Stand): 9,5 cm; V: 0,4 l
Krug: MARTIN PAUSON MÜNCHEN im Oval
Deckel: F. GLAS / MÜNCHEN im Kreis

Jüdisches Museum München, # JM 57/2015

Auf dem Krug „Brauerei zum Münchner Kindl“, auf dem Deckel „MUENCHNER KINDL BRÄU / SCHUTZMARKE“ und Markenzeichen (Schützenlisl).

6/28
Bierkrug mit Motiv nach Franz von Defregger (1835–1921)

Um 1890
Porzellan, Zinn, bedruckt
H: 19,5 cm; D (Stand): 11,4 cm; V: 1 l
Krug: ungemarkt
Deckel: PAUSON / MÜNCHEN auf dem Deckelscharnier

Jüdisches Museum München, # JM 94/2015

Auf dem Krug Darstellung eines Zitherspielers und eines strickenden Mädchens, im Stand Lithophanie (Durchscheinbild), ein tanzendes Bauernpaar nach Motiven Franz von Defreggers (1835–1921) darstellend. Der Deckel trägt Rankendekor, eine Larve und drei Amphoren, die Daumenrast in Form eines Drachen.

6/29
Bierkrug

Um 1905
Steinzeug, Zinn, emailbemalt
H: 12,5 cm; D (Stand): 9,6 cm; V: ½ l
Krug: M&W G (= Merkelbach & Wick, Grenzhausen)
Deckel: PAUSON / MÜNCHEN auf dem Deckelscharnier
Entwurf: Max Mandl (1864–1939)

Jüdisches Museum München, # JM 38/2015

Auf dem Krug Darstellung eines in einen Bierkrug blickenden Mannes, daneben der Schriftzug „Aba' des is' schlecht eingschenkt!" und Signatur „M. Mandl". Gewölbter Deckel mit knaufförmiger Daumenrast.

6/30
Bierkrug

Um 1910
Steinzeug mit brauner Glasur, Zinn
H: 17 cm; D (Stand): 9,7 cm; V: 1 l
Krug: Seriennummer „2222“ und
„GESETZL. GESCHÜTZT“
Deckel: PAUSON / MÜNCHEN auf dem Deckelscharnier

Jüdisches Museum München, # JM 98/2015

6/31
Bierkrug der Bierhalle „Ausstellung München 1908“

1908
Steinzeug, Zinn, emailbemalt
H: 18,4 cm; D (Stand): 10,1 cm; V: 1 l
Krug: MARTIN PAUSON MÜNCHEN, gestempelt
Deckel: PAUSON / MÜNCHEN auf dem Deckelscharnier

Jüdisches Museum München, # JM 64/2015

Auf dem Krug „Bierhalle / Gemeinsamer Ausschank acht Münchener Brauereien“, darunter umlaufend Schriftzüge und Markenzeichen der Brauereien Augustinerbräu, Bürgerbräu, Franziskaner-Leistbräu, Löwenbräu, Pschorrbräu, Spatenbräu, Thomasbräu und Unionsbräu. Glatter Deckel mit knaufförmiger Daumenrast.

6/32
Bierkrug der Münchner Rats-Trinkstube

1907
Steinzeug, Zinn, Porzellan, emailbemalt
H: 22,6 cm; D (Stand): 10,3 cm; V: 1 l
Krug: MARTIN PAUSON MÜNCHEN (gestempelt)
Deckel: PAUSON / MÜNCHEN auf dem Deckelscharnier

Münchner Stadtmuseum, # K/40/371

Auf dem Krug das kleine Münchner Stadtwappen in Emailfarbe und Schriftzug „Münchner Rats-Trinkstube". Zinndeckel mit Porzellaneinlage, diese außen mit dem großen Stadtwappen bemalt; innen die Inschrift „Gestiftet von August Pschorr Gem. Bevollm. 1907". Der Brauereibesitzer August Pschorr (1862–1935) war als Gemeindebevollmächtigter über 23 Jahre Mitglied der Münchner Stadtregierung. Für die Rats-Trinkstube im Neuen Rathaus stiftete er die Bierkrüge in aufwändiger Ausführung.

6/33
Bierkrug der „Ausstellung München 1908"

1908
Steinzeug, Zinn
H: 22,6 cm; D (Stand): 10 cm; V: 1 l
Krug: Bierkrug-Fabrik Martin Pauson MÜNCHEN
und die Zahlen 41 und 61
Deckel: ungemarkt

Münchner Stadtmuseum, # K/2012/6

Der reliefierte Krug zeigt die Darstellung einer auf einem Brauereiross reitenden Frau mit Lorbeerkranz, flankiert von Säulen mit den Wappen Münchens und Bayerns. Dieses Leitmotiv der Ausstellung nach dem Entwurf von Carl Sattler (1877–1966) wurde verschiedentlich eingesetzt.

J. REINEMANN UND J. REINEMANN & JOS. LICHTINGER

Knöbelstraße 14
1878–1929

Jakob Reinemann (1831–1881) wurde im mittelfränkischen Altenmuhr geboren, wo seit dem frühen 18. Jahrhundert eine jüdische Gemeinde ansässig war. Seit 1867 war er Besitzer der Glashütte Schliersee.[27] Ab 1871 hatte er auch einen Wohnsitz in München und erhielt 1876 das Bürger- und Heimatrecht. Im gleichen Jahr meldete er eine „Zweigniederlassung der Glaswaaren-Fabrik Schliersee" in der Knöbelstraße 14 im Stadtteil Lehel an, die zwei Jahre später wieder abgemeldet wurde. An ihre Stelle trat nun eine „Glashandlung en gros", in der erstmals auch veredelte Bierkrüge angeboten wurden.[28]

Nachdem Reinemann 1881 erst 50-jährig starb, erwarb der in Ellingen und Stuttgart tätige Rechtsanwalt Leopold Löwenstein die Glashandlung für seinen Sohn Otto Löwenstein (geb. 1859 in Ellingen, gest. 1935 in München), der 1879 nach München zugezogen war und als Reisender für Jakob Reinemann, einen entfernten Verwandten, tätig war. In seinen Lebenserinnerungen schreibt Otto Löwenstein: *„Der Inhaber der Firma, sowie dessen gütige Frau Peppi, Schwester meiner Tante Julie Lebrecht, waren uns und unserem Vaterhause von Kindheit an befreundet. [...] Mein Chef war ein genialer Kaufmann, impulsiv und mitreissend für mich durch seinen unermüdlichen Fleiss. Die Glasfabrik Schliersee, die ihm Scherereien machte, hatte er einige Jahre vor meinem Eintritt in sein Geschäft abgestossen und als Spezialität lediglich den Vertrieb von zinnbeschlagenen Biergläsern übrigbehalten. [...] Mein Chef [...] bekam, während ich schon 6 Wochen auf der Reise war, eine schwere Lungenentzündung, der er zu meinem großen Kummer am 19. Oktober 1881 nach kurzer Krankheit erlag. Ich war damals erst 22 ½ Jahre alt und mein Vater kaufte für mich kurz entschlossen von den Erben, die noch 2 ½ Jahre am Gewinn beteiligt waren, das Geschäft, dessen selbständige Führung für mich nicht gerade leicht war."*[29]

Anfang 1882 meldete er die Firma um, beließ aber den Namen „J. Reinemann" und erlangte 1888 auch die Gewerbeberechtigung für eine Zinngießerei.[30] 1897 erwarb er aus der Konkursmasse der Zinnwarenfabrik Josef Lichtinger & Cie. den umfangreichen Gussformenbestand. Mit der Firma Jakob Reinemanns hatte Löwenstein zu diesem Zeitpunkt bereits einen florierenden Bierkrugveredelungsbetrieb aufgebaut, der Figurenkrüge des Münchner Kindls, den „Schrapnell-Krug", Brauereikrüge und vieles mehr in den Handel brachte. Nach dem Erwerb des Formenlagers von Lichtinger teilte Löwenstein die Geschäfte in zwei Bereiche auf:

Unter dem Firmennamen J. Reinemann wurden weiterhin Bierkrüge veredelt und montiert. Deren Zinndeckel tragen Marken wie „J.R.M. GESETZLICH GESCHÜTZT", „JRM" im Kreis oder den Schriftzug „REINEMANN MÜNCHEN" jeweils auf dem Deckelscharnier. Seine vor allem bei Marzi & Remy in Höhr bezogenen Krugrohlinge tragen am Stand den eingedrückten Stempel „J. REINEMANN MÜNCHEN" und „GESETZLICH GESCHÜTZT", wie ihn auch die Mitbewerber Mayer und Pauson verwendeten.[31]

Für kunstgewerblich hochwertigere Zinnprodukte – seit dem ausgehenden 19. Jahrhundert lieferten Künstler wie Friedrich Adler, Joseph Maria Olbrich und Franz Ringer Entwürfe – fügte er seinem Firmennamen jenen von Josef Lichtinger hinzu. In Verwendung waren Marken wie „J. R. J. L.", „J. R. J. L. M." im Kreis oder mit dem Schriftzug „J. REINEMANN JOS. LICHTINGER MÜNCHEN" gemarkt.[32] Gelegentlich finden sich diese Marken aber auch an einfachen Bierkrug-Deckeln. Es kann auch vermutet werden, dass Otto Löwenstein 1897 von der Firma Josef Lichtinger übernommene Marken-Gussformen gelegentlich weiterverwendete. Mit der bis in die 1920er-Jahre bestehenden Zinngießerei Ludwig Lichtinger (Inhaber: F. Iblher) in der Klenzestraße 12, die ihre Produkte unter anderem nur mit dem Namenszug „LICHTINGER" markte, gab es keine geschäftliche Verbindung.

Um 1910 hatte Otto Löwenstein begonnen, auch Holzspielzeug und Galanteriewaren unter seinem eigenen Namen herzustellen, die – wie schon die Bierkrüge – häufig auf Vorlagen von Künstlern basierten. So entwarf etwa Lyonel Feininger Spielzeugzüge[33] oder Franz Ringer Spanschachteln und Räuchermännchen[34] für Löwenstein.

27 Ludwig Lobmeyr (Hg.): Die Glasindustrie, ihre Geschichte, gegenwärtige Entwicklung und Statistik, Stuttgart 1874, S. 265.
28 Stadtarchiv München, PMB R 113.
29 Otto Löwenstein: Erinnerungen aus meinem Leben, Masch. Ms. Meran 1934, S. 16. Amherst University Archives, Loewenstein papers, box 108, folder 36.
30 Stadtarchiv München, PMB L 128.
31 http://www.steinmarks.co.uk/pages/pv.asp?p=stein201.
32 http://www.steinmarks.co.uk/pages/pv.asp?p=stein202.
33 Christiane Weber: Lyonel Feininger, Weimar 2007, S. 30f.
34 Ernst Messerer: Franz Ringer, in: Kunst und Handwerk, 63. Jg. (1913), S. 233–249, hier S. 248 u. Abb. 254–258.

Inserate aus den „Fliegenden Blättern“
1890–1900
Jüdisches Museum München

1914 verkaufte Löwenstein die Firma J. Reinemann an Siegfried Berendt und Lippmann Ullmann und führte die Holzspielwarenherstellung unter seinem eigenen Namen fort. Siegfried Berendt (1888–1947) wurde im hessischen Groß-Steinheim geboren, wo sein Vater als Lehrer und Kantor für die jüdische Gemeinde tätig war. Lippmann Ullmann (1890–1973) wurde in Nürnberg als Sohn des Kaufmanns Moritz Ullmann geboren. Nach dem Kauf meldeten sie die Firma unter dem neuen Namen J. Reinemann & Jos. Lichtinger, den Otto Löwenstein nur als Marken-, nicht aber als gemeldeten Firmennamen verwendete, an. 1917 erfolgte – wohl als Folge des Zinnmangels im Ersten Weltkrieg – die zusätzliche Anmeldung einer „Handlung mit Antiquitäten, Möbeln und Kunstgegenständen“.[35] Ob nach dem Krieg die Produktion von Zinngerät wieder aufgenommen wurde, ist zweifelhaft. In den einschlägigen Adress- und Telefonbüchern der 1920er-Jahre firmierte J. Reinemann & Jos. Lichtinger als Kunst- und Antiquitätenhandlung in der Knöbelstraße 14. 1929 wurde das Gewerbe abgemeldet. Ein Jahr zuvor war Otto Löwenstein mit seiner „Fa. Otto Löwenstein. Fabrik bemalter Holzgalanterie- und Spielzeugwaren“ in die Mauerkircherstraße 13 im Stadtteil Bogenhausen übersiedelt. 1932 schloss er die Firma und zog sich in den Ruhestand zurück.[36]

Otto Löwenstein verstarb 1935 in München und wurde auf dem Neuen Israelitischen Friedhof beigesetzt.[37] Seine beiden Söhne Alfred (geb. 1887 in München, gest. 1964 in New York) und Karl (geb. 1888 in München, gest. 1970 in Heidelberg) waren bereits 1933 in die USA emigriert. Karl Löwenstein, der in München als Anwalt und Privatdozent tätig war, erhielt 1933 einen Ruf als Professor für Recht und Politikwissenschaften an die Yale University und war ab 1936 als Professor an der University of Amherst tätig.[38] Otto Löwensteins Witwe Mathilde, geb. Oppenheim (geb. 1868 in München, gest. 1946 in Amherst) emigrierte 1936 in die USA und verbrachte ihren Lebensabend bei ihrem Sohn Karl in Amherst.

Siegfried Berendt emigrierte mit seiner Familie nach England, wo er 1947 starb.[39] Lippmann Ullmann wanderte bereits 1929 nach Südafrika aus, änderte seinen Namen in Lewis Ullman und starb 1973 in Johannesburg, wo er auf dem jüdischen Friedhof „Chevra Kadisha“ bestattet wurde.[40]

35 Stadtarchiv München, PMB U 5.
36 Otto Löwenstein, Erinnerungen (wie Anm. 29).
37 Biographisches Gedenkbuch der Münchner Juden 1933–1945, Bd. 2, (wie Anm. 24), S. 848.
38 Vgl. dazu: Markus Lang: Karl Loewenstein. Transatlantischer Denker der Politik, Stuttgart 2007.
39 Ancestry.com. Sterbeindex England & Wales, 1916–2007, Sept. 1947.
40 Jewishgen.org. JewishGen-Online-Register weltweiter Bestattungen.

6/34
Figurenkrug „Münchner Kindl“

Um 1890
Feinsteinzeug, Zinn, emailbemalt
H: 19 cm; D (Stand): 9,2 cm; V: k. A.
Krug: J. REINEMANN MÜNCHEN /
GESETZLICH GESCHÜTZT im Stand eingedrückt
Deckel: ungemarkt

Jüdisches Museum München, # JM 55/2015

Plastisch ausgebildeter, das Münchner Kindl mit Bierkrug („HB München“) und Rettich darstellender Krug.

6/35
Figurenkrug „Schrapnell“

Um 1890
Steinzeug, Zinn
H: 23 cm; D (Stand): 8,2 cm; V: ½ l
Krug: J. REINEMANN MÜNCHEN /
GESETZLICH GESCHÜTZT im Stand eingedrückt
Deckel: ungemarkt

Jüdisches Museum München, # JM 70/2015

Der graugrün glasierte Krug ist detailgetreu einer Schrapnell-Granate nachgebildet. Die Daumenrast trägt eine von einer Flamme bekrönte Kugel.

6/36
Bierkrug

Um 1890
Feinsteinzeug, Zinn, emailbemalt
H: 20,5 cm; D (Stand): 9,6 cm; V: ½ l
Krug: J. REINEMANN MÜNCHEN / GESETZLICH GESCHÜTZT im Stand eingedrückt
Deckel: ungemarkt

Jüdisches Museum München, # JM 82/2015

Der Krug ist mit dem Motiv eines Spielmanns auf einem Bierfass sitzend und ein Bierglas in der Hand haltend verziert. Darunter der Reimspruch: „So lang ich lebe will ich trinken / Und wann ich stirb im Faß versinken".

6/37
Bierkrug

Um 1890
Feinsteinzeug, Zinn, emailbemalt
H: 20,5 cm; D (Stand): 9,6 cm; V: ½ l
Krug: J. REINEMANN MÜNCHEN / GESETZLICH GESCHÜTZT im Stand eingedrückt
Deckel: ungemarkt

Jüdisches Museum München, # JM 136/2015

Der Krug ist mit dem Motiv eines Zwerges auf Hopfenranken hockend und ein Horn blasend verziert. Darunter ein Wappenschild mit Bierkrug, daneben der Reimspruch: „Ihr Zecher gehet / schnell nach Haus / und schlafet / Eure Räuschchen aus".

6/38
Figurenkrug „Münchner Kindl"

Um 1905
Steinzeug, Zinn
H: 12,9 cm; D (Stand): 6,4 cm; V: ½ l
Krug: J. REINEMANN MÜNCHEN / GESETZLICH GESCHÜTZT im Stand eingedrückt. Hersteller: Marzy & Remy, Höhr
Deckel: ungemarkt
Entwurf: Franz Ringer (1865–1917)

Privatbesitz, München

6/39
Figurenkrug „Grethl"

Um 1905
Steinzeug, Zinn
H: 12,9 cm; D (Stand): 6,4 cm; V: k. A.
Krug: J. REINEMANN MÜNCHEN / GESETZLICH GESCHÜTZT im Stand eingedrückt
Deckel: ungemarkt
Entwurf: Franz Ringer (1865–1917)

Privatbesitz, München

Der kleine Bierkrug trägt die Aufschrift „ICH BIN DIE GRETHL – IEDERZEIT / ZVM LVSTIGSEIN VND SPASS BEREIT".

6/40
Figurenkrug „Hanswurst"

Um 1905
Steinzeug, Zinn
H: 15,4 cm; D (Stand): 6,4 cm; V: k. A.
Krug: J. REINEMANN MÜNCHEN / GESETZLICH GESCHÜTZT im Stand eingedrückt. Hersteller: Marzy & Remy, Höhr
Deckel: ungemarkt
Entwurf: Franz Ringer (1865–1917)

Privatbesitz, München

Der kleine Bierkrug trägt die Aufschrift: „ICH BIN BEKANNT IM GANZEN LAND / HANSWURST BIN ICH GENANNT".

6/41
Bierkrug

Um 1905
Zinn
H: 19,7 cm; D (Stand): 10,4 cm; V: ½ l
Krug: JR JL und M 475 (= J. Reinemann & Jos. Lichtinger München und Seriennummer)

Münchner Stadtmuseum, # K/2011/10

Der Bierkrug mit Jugendstil-Ornamentik eines unbekannten Entwerfers trägt auf dem Deckel die Widmungsgravur „K. Thor s/l F. Zacher z. frdl. Erg. Erlangen 9. V. 1905."

6/42
Bierkrug der „Ausstellung München 1910"

1910
Steinzeug, Zinn
H: 33,8 cm; D (Stand): 9,8 cm; V: 1 l
Krug: ungemarkt
Deckel: JRM (= J. Reinemann München) im Kreis
Entwurf (Zuschreibung): Otto Obermeier (1883–1958)

Münchner Stadtmuseum, # K/98/16

Die „Ausstellung München 1910" war dem Thema „Meisterwerke muhammedanischer Kunst – Musik – Feste" gewidmet, weshalb das Münchner Kindl einen Fez trägt und Wasserpfeife raucht, ohne jedoch auf seinen Bierkrug verzichten zu müssen.

6/43
Bierkrug

Um 1910
Zinn, graviert
H: 18,3 cm; D (Stand): 9,8 cm; V: 1 l
Krug: J. R. J. L. 507 (= J. Reinemann & Jos. Lichtinger)
Entwurf: Franz Ringer (1865–1917)

Jüdisches Museum München, # JM 69/2015

6/44
Bierkrug

Um 1910
Zinn, graviert
H: 26 cm; D (Stand): 11,5 cm; V: 1 l
Krug: J. R. J. L. 508 (= J. Reinemann & Jos. Lichtinger)
Entwurf: Franz Ringer (1865–1917)

Jüdisches Museum München, # JM 88/2015

6/45
Bierkrug

Um 1910
Steinzeug, Zinn
H: 16,4 cm; D (Stand): 9,5 cm; V: ½ l
Krug: ungemarkt
Deckel: JRM (= J. Reinemann München) im Kreis auf dem Deckelscharnier
Entwurf: Bruno Mauder (1877–1948)

Münchner Stadtmuseum, # K/2015/2

Krug mit Darstellung eines Mannes mit rotem Rock und Schriftzug „Trinkt, so lang / der Becher winkt, / Benützet eure Tage; / Ob man jenseits / auch noch trinkt, / Das ist eine Frage." Gewölbter Zinndeckel mit muschelförmiger Daumenrast.

6/46
Bierkrug

1914
Steinzeug, Zinn, emailbemalt
H: 18 cm; D (Stand): 9,3 cm; V: ½ l
Krug: ungemarkt
Deckel: J. R. - J. L. M (= J. Reinemann & Jos. Lichtinger)

Jüdisches Museum München, # JM 67/2015

Die Darstellung auf dem Krug zeigt einen deutschen und einen österreichischen Soldaten, die jeweils die Fahne des anderen tragen. Dazwischen in drei Lorbeerkränzen die Kaiserwappen beider Staaten und die Jahreszahl 1914 sowie eine Eiche aufgemalt. Auf dem Deckel ebenfalls die Kaiserwappen, eine Eiche und die Jahreszahl 1914 sowie ein Eisernes Kreuz auf der Daumenrast.

BRÜDER THANNHAUSER

Rosental 10 | Kaufinger Straße 16 | Kaufinger Straße 7
1888–1916

Josef Salomon Thannhauser (1856–1917) wurde in München als Sohn des aus dem schwäbischen Mönchsdeggingen, einer großen jüdischen Landgemeinde, zugezogenen Schankwirts Abraham Thannhauser und dessen Ehefrau Henriette, geb. Engel (geb. 1821 in München-Au, gest. 1860 in München) geboren. Aus der zweiten Ehe seines Vaters mit Josepha Schulmann (geb. 1830 in Cronheim, gest. 1872 in München) gingen zwei weitere Söhne hervor, der spätere Hutfabrikant und Münchner Volkssänger Julius Thannhauser (geb. 1860 in München, gest. 1921 ebd.) und Albert Thannhauser (geb. 1861 in München, gest. 1916 ebd.).

1882 meldeten Josef Salomon Thannhauser und sein jüngerer Halbbruder Albert im Rosenthal 10 die Firma „Brüder Thannhauser – Glas- und Porzellanwaarenhandel" an. 1888 erfolgte an der gleichen Anschrift die zusätzliche Gewerbeanmeldung einer Zinngießerei. 1891 erfolgte der Umzug in ein neues Geschäftslokal in der Kaufinger Straße 16.[41]

Die Brüder Thannhauser produzierten das gesamte Spektrum an Bierkrügen, darunter Figurenkrüge mit dem Kopf Bismarcks[42] oder eines Corpsstudenten mit „Schmiss".[43] Wie die anderen größeren Bierkrugveredler bemalten und montierten die Brüder Thannhauser auch Maßkrüge und Seidel für die großen Münchner Brauereien. Brauereikrüge wurden aber auch für den Export nach Übersee wie etwa für die Brauerei Baumbach, Reichel & Co. in Milwaukee hergestellt.[44] Eine Besonderheit der Brüder Thannhauser waren eigens für in München stattfindende Kongresse und Feste aufgelegte Bierkrüge als Souvenirs für die Teilnehmer von Großveranstaltungen wie das „VII. Deutsche Turnfest" 1889[45], der „Deutsche Feuerwehr-Tag" 1893[46] oder der „Kongress des Deutschen Touren-Clubs" 1897.[47] 1888 brachten die Brüder Thannhauser für den Deutschen und Österreichischen Alpenverein das „Bundes-Seidel des D. u. Ö. A. V." auf den Markt, das von Vereinsmitgliedern zum ermäßigten Kaufpreis von 6 Mark erworben werden konnte.[48]

Für ihr Zinngerät verwendeten die Brüder Thannhauser unterschiedliche Marken, entweder mit dem ausgeschriebenen Firmennamen „BRÜDER THANNHAUSER MÜNCHEN", gelegentlich mit dem Zusatz „ZINNGUSSWAARENFABRIK", oder die Monogramme „B. T. M.", „G. Th. M.", „B. TH. M. GES. GESCH." und „B. T. M. GES. GESCH.". Weitere Zinnmarken zeigen das Münchner Kindl im Kreis mit der Umschrift „Schutzmarke B. T. M. Ges. gesch." sowie zur Punzierung des Deckelscharniers den ausgeschriebenen Namenszug „THANNHAUSER". Steinzeugkrüge tragen gelegentlich im Muffelofen eingebrannte Stempelmarken wie „B. T. M. Ges. geschützt" oder „BRÜDER THANNHAUSER MÜNCHEN" im Kreis.[49]

Um 1896 übersiedelten die Brüder Thannhauser in ein neues Werkstätten- und Geschäftslokal in der Kaufinger Straße 7. Wie einige ihrer Mitbewerber reagierte die Firma um die Jahrhundertwende auf das nachlassende Interesse an humoristischen Figurenkrügen und altdeutschen Steinzeugkrügen durch Zusammenarbeit mit renommierten Münchner Künstlern wie Eugen von Baumgarten, Adolf Hengeler, Ludwig Hohlwein, Franz Ringer und Emanuel von Seidl. Gesundheitliche Probleme der beiden Brüder machten ihnen die Weiterführung der Firma zunehmend schwieriger. Albert Thannhauser starb im Juli 1916. Kurz darauf legte sein Bruder die Gewerbeberechtigung nieder und verstarb wenige Monate später ebenfalls.[50]

Josef Salomon Thannhausers zweite, 1863 als Tochter eines jüdischen Glasfabrikanten im oberpfälzischen Floß geborene Ehefrau Charlotte, geb. Langermann, starb 1933 in München. Ihr einziger Sohn, Siegfried Josef Thannhauser (geb. 1885 in München, gest. 1962 in Boston) habilitierte sich 1917 in München als Mediziner und war ab 1930 Leiter der Universitätsklinik in Freiburg im Breisgau. 1935 emigrierte er mit seiner Familie in die USA, wo er seine akademische Laufbahn erfolgreich fortsetzen konnte.[51] Albert Thannhausers Ehefrau Carolina, geb. Langermann, die 1865 geborene jüngere Schwester der Frau seines Bruders, verübte 1942 aufgrund der bevorstehenden Deportation Selbstmord.[52] Ihre ältere Tochter Josepha (geb. 1888 in München) wurde 1942 in das KZ Piaski deportiert und dort ermordet.[53] Der jüngeren Tochter Bella, vereh. Wirz (geb. 1890 in München, gest. 1980 in Jerusalem), die ab 1919 in München, Düsseldorf und Berlin als Kinderärztin tätig war, gelang die Emigration nach Palästina, wo sie als Kinder- und Sportärztin bis ins hohe Alter tätig war.[54]

41 Stadtarchiv München, PMB D 24.
42 Anzeige in: Beiblatt der Fliegenden Blätter, Nr. 2592, 31. 03. 1895, S. 14.
43 Ebd., Nr. 2585, 10. 02. 1895, S. 7.
44 http://www.steinmarks.co.uk/pages/pv.asp?p=stein258.
45 Anzeige in: Festschrift für das VII. Deutsche Turnfest in München (wie Anm. 12), S. 17.
46 Anzeige in: Führer durch München für den XIV. Deutschen Feuerwehr-Tag, München 1893, S. 7.
47 Anzeige in: Offizielle Festschrift des Haupt-Consulat München zum XII. Congress des Deutschen Touren-Club, München 1897, S. 50.
48 Alpenvereins-Industrie, in: Mitteilungen des Deutschen und Österreichischen Alpenvereins, 14. Jg. (1988), S. 60.
49 http://www.steinmarks.co.uk/pages/pv.asp?p=stein258.
50 Stadtarchiv München, PMB D 24.
51 Alan F. Hofmann, Nepomuk Zöllner: Siegfried Thannhauser (1885–1962): Ein Leben als Arzt und Forscher in bewegter Zeit, 2. neubearb. Auflage, Freiburg 2001.
52 Biographisches Gedenkbuch der Münchner Juden 1933–1945, Bd. 2, (wie Anm. 24), S. 638.
53 Ebd.
54 Andrea Autenrieth: Ärztinnen und Ärzte am Dr. von Haunerschen Kinderspital, die Opfer nationalsozialistischer Verfolgung wurden, Med. Diss. Univ. München 2012, S. 51f. (online: http://edoc.ub.uni-muenchen.de/14671/).

6/47
Bierkrug des Eberl-Bräu

Um 1895
Steinzeug mit Kammdekor
H: 22, 5 cm; D (Stand): 10 cm; V: 1 l
Krug: ungemarkt
Deckel: BRÜDER THANNHAUSER / MÜNCHEN / ZINNGUSSWAARENFABR. im Kreis

Jüdisches Museum München, # JM 86/2015

Der unbemalte Krug ist mit einem Kammmuster dekoriert. Der Deckel mit Daumenrast in Form eines Ebers, dem Markenzeichen der Brauerei, trägt die Aufschrift „EBERL=BRÄU MÜNCHEN" und einen von Hopfen und Gerste umrankten Wildschwein-Kopf.

6/48
Bierkrug des Franziskaner-Leistbräu

Um 1900
Pressglas, Zinn
H: 18,5 cm; D (Stand): 8,5 cm; V: ½ l
Krug: ungemarkt
Deckel: BRÜDER THANNHAUSER MÜNCHEN im Kreis

Jüdisches Museum München, # 135/2015

Der Krug hat die Form eines typischen „Münchner Kugelseidls". Auf dem Deckel befindet sich die Aufschrift „Franziskaner Leist Bräu Jos. Sedlmayr München".

6/49
Bierkrug

Um 1900
Kristallglas, Zinn
H: 18 cm; D: (Stand): 9,8 cm; V: ½ l
Krug: ungemarkt
Deckel: G. Th. M. (= Gebrüder Thannhauser München) im Kreis

Jüdisches Museum München, # JM 39/2015

Neben Krügen aus Steinzeug und Porzellan montierten und vertrieben die Münchner Bierkrugveredler auch Gläser, die sie meist aus den Glashütten des Bayerischen Walds bezogen.

6/50
Bierkrug des Paulanerbräu

Um 1905
Steinzeug, Zinn, emailbemalt, Stempeldekor
H: 15 cm; D (Stand): 9,7 cm; V: ½ l
Krug: ungemarkt
Deckel: BRÜDER THANNHAUSER auf dem Deckelscharnier

Jüdisches Museum München, # JM 84/2015

Auf dem Krug befindet sich in einem Rechteck der Schriftzug „PAULANERBRÄU MÜNCHEN“, darüber ein von Gerstenähren und Hopfendolden begleiteter Kreis mit dem umlaufenden Schriftzug „PAULANERBRAEU MÜNCHEN“ und im Kreis ein Mönch mit einer Sonne, in der der Schriftzug „Salvator“ eingeschrieben ist. Darunter der Schriftzug „SCHUTZ-MARKE“.

6/51
Bierkrug

Um 1905
Glas, Zinn
H: 11,2 cm; D (Stand): 6,2 cm; V: ¼ l
Krug: ungemarkt
Deckel: GThM (= Gebrüder Thannhauser München) im Kreis
Entwurf: Ludwig Hohlwein (1874–1949)

Privatbesitz, München

Ludwig Hohlweins trauriges Münchner Kindl entstand um 1905 im Umfeld der „Kunststadt-Debatte“ über den vermeintlichen oder tatsächlichen Niedergang Münchens als Kunststadt und findet sich auch auf einer von ihm entworfenen Trinkgarnitur.

6/52
Bierkrug zum „XV. Deutschen Bundesschießen 1906"

1906
Steinzeug, Zinn
H: 23,3 cm; D (Stand): 10,4 cm; V: 1 l
Krug: ungemarkt
Deckel: BRÜDER THANNHAUSER MÜNCHEN im Kreis

Münchner Stadtmuseum, # K/88/44

Krug mit reliefiertem Münchner Kindl, eine Schützenscheibe tragend, und der eingedrückten Aufschrift „XV. Deutsches Bundesschießen / München 1906". Auf dem Deckel, dessen Daumenrast als Lorbeerkranz ausgebildet ist, Darstellung des Münchner Kindls mit zwei Schützenscheiben.

6/53
Bierkrug zur „Tagung des Deutschen Brau- und Malzmeisterbundes"

1909
Steinzeug, Zinn, emailbemalt
H: 22,6 cm; D (Stand): 9,5 cm; V: ½ l
Krug: BRÜDER THANNHAUSER MÜNCHEN im Kreis
Deckel: BRÜDER THANNHAUSER MÜNCHEN im Kreis
Entwurf: Franz Ringer (1865–1917)

Jüdisches Museum München, # JM 47/2015

Auf dem Krug Darstellung eines Braumeisters mit Maischebottich, links davon Türme der Frauenkirche, darunter Schriftzug „Deutscher Brau= u. Malz= Meisterbund", rechts davon Deutscher Reichsadler und Schriftzug „München 12–15 Juni 1909". Auf dem Deckel Münchner Kindl. Die Daumenrast ist als Maischebottich mit Braugerste und Brauwerkzeugen ausgebildet.

6/54
Bierkrug

Um 1910
Pressglas, Zinn
H: 14,5 cm; D (Stand): 9,5 cm; V: 0,45 l
Krug: ungemarkt
Deckel: B. Th. M (= Brüder Thannhauser München) und GES. GESCH. im Oval
Entwurf: Emanuel von Seidl (1856–1919)

Jüdisches Museum München, # JM 36/2015

Oktogonaler Glaskrug mit Relief des Münchner Kindls und glattem Zinndeckel mit Perlstabmuster auf dem Deckelrand.

6/55
Bierkrug

Um 1910
Steinzeug, Zinn, emailbemalt
H: 13,9 cm; D (Stand): 10 cm; V: ½ l
Krug: GESETZLICH GESCHÜTZT
Deckel: B. Th. M (= Brüder Thannhauser München) und GES. GESCH. im Oval
Entwurf: Emanuel von Seidl (1856–1919)

Münchner Stadtmuseum, # K/2015/9

Oktogonaler Krug mit aufgemalter Rosenbordüre und glattem Zinndeckel mit Perlstabmuster auf dem Deckelrand.

6/56
Bierkrug

Um 1910
Steinzeug, emailbemalt
H: 12,5 cm; D (Stand): 9,5 cm; V: ½ l
Krug: BTM Gesetzlich geschützt
Entwurf: Franz Ringer (1865–1917)

Jüdisches Museum München,
JM 92/2015

Darstellung eines mit einer Kellnerin scherzenden Studenten und der Verszeile „IN DER SCHÖNEN FRÜHLINGSZEIT / MACHT LIEBE UND DAS TRINKEN FREUD".

6/57
Offizieller Festkrug des Jubiläums-Oktoberfests 1910

1910
Steinzeug, Zinn
H: 15,5 cm; D (Stand): 9,4 cm; V: ½ l
Krug: Offizieller Festkrug / Oktoberfest 1910 (auf dem Stand gestempelt)
Deckel: BRÜDER THANNHAUSER MÜNCHEN im Kreis
Entwurf: Franz Ringer (1865–1917)

Privatbesitz, München

Auf dem Krug ist das Münchner Kindl im Lorbeerkranz, flankiert von den Jahreszahlen „1810" und „1910" dargestellt, darüber das bekrönte bayerische Wappen, darunter der Schriftzug „Zur Erinnerung an das 100jährige Jubiläum des Münchner Oktoberfestes".

6/58
Bierkrug

Um 1905
Steinzeug, Zinn, emailbemalt
H: 18 cm; D (Stand): 9,4 cm; V: ½ l
Deckel: ungemarkt
Krug: B. T. M. (= Brüder Thannhauser München) und Ges. geschützt (aufgestempelt auf dem Stand) und M&W G (= Merkelbach & Wick, Grenzhausen)
Entwurf: Franz Ringer (1865–1917)

Jüdisches Museum München,
JM 91/2015

Auf dem Krug Darstellung eines Schützen mit Schützenscheibe und den Verszeilen „Ein frischer Trunk / ein guter Schuss / ist all'zeit ein / Hochgenuss". Auf dem Deckel mit lorbeerkranzförmiger Daumenrast Gravur: „Schützengesellschaft Innzipfel / Kegelsemester 1906" und „S. Gruber". Die Schützengesellschaft Innzipfel bestand bis 1935 in Rosenheim.

6/59
Bierkrug

Um 1910
Steinzeug, Zinn, emailbemalt
H: 25,2 cm; D (Stand): 10 cm; V: 1 l
Deckel: ungemarkt
Krug: B. T. M. (= Brüder Thannhauser München) und Ges. geschützt
Entwurf: Franz Ringer (1865–1917)

Jüdisches Museum München,
JM 74/2015

Auf dem Krug abgebildet ein biertrinkender Mann mit Gehstock und Zylinder, daneben in Lorbeerkränzen ein Kleinkind und eine Gans mit Bierkrügen, darunter der Vers „D' Hauptsach' is, dass uns schmeckt, s'ander is' Wurscht, / drum freu i mi jederzeit über mein Durscht".

6/60
Bierkrug des Münchner Hauses auf der Weltausstellung Brüssel 1910

1910
Steinzeug, Zinn, emailbemalt, bedruckt
H: 15,5 cm; D (Stand): 9 cm; V: 0,4 l
Krug: ungemarkt
Deckel: BRÜDER THANNHAUSER auf dem Deckelscharnier

Jüdisches Museum München,
JM 12/2016

Vor einer schwarzen Silhouette mit den Türmen der Frauenkriche ein bayerisches Wappenschild mit den Markenzeichen von Löwenbräu, Pschorr-Bräu, Franziskaner-Leist-Bräu und Spaten-Bräu und dem Schriftzug „Weltausstellung Brüssel 1910 / Münchner Haus". Auf dem Deckel gleiche Markenzeichen und Schriftzug. Der Krug wurde 1910 in der gemeinsamen Ausschank in dem von Emanuel von Seidl entworfenen „Münchner Haus" auf der Weltausstellung in Brüssel verwendet.

6/61
Bierkrug zum 90. Geburtstag des Prinzregenten Luitpold

1911
Steinzeug, Zinn
H: 16,5 cm; D (Stand): 9,5 cm; V: ½ l
Krug: „3"
Deckel: BRÜDER THANNHAUSER MÜNCHEN im Kreis

Münchner Stadtmuseum, # K/88/2

Auf dem Krug aufgedrucktes Porträt in bekröntem Lorbeerkranz, darunter „Prinz-Regent Luitpold / 12. März 1821–1911". Auf dem Deckel Wappen Bayerns und der acht bayerischen Bezirkshauptstädte.

7/4
Josef und Hermann Schülein
Um 1930
Dr. Marianne Schuelein, Washington, D.C.

»Von den Münchner Bieren kommt hauptsächlich nur Löwenbräu in Frage«

DIE FAMILIE SCHÜLEIN IM MÜNCHNER BRAUGEWERBE

VON LILIAN HARLANDER

Bierbrauer waren nicht wie andere Handwerker in Zünften organisiert. Statt dessen wurde das Braurecht bereits im Mittelalter als landesherrliches Monopol an Bürger der Oberschicht vergeben; eine Praxis, die bis in das 19. Jahrhundert aufrechterhalten wurde. Allerdings waren die Brauer einem „herzöglichen Bräuamt“ unterstellt, das ihnen – von der städtischen Obrigkeit geleitet – eine strenge Reglementierung vorgab und spätestens seit dem 16. Jahrhundert ähnliche Strukturen wie die Zünfte aufwies. Diese Strukturen veränderten sich erst mit der 1868 eingeführten Gewerbefreiheit für handwerkliche Berufe. Das führte gemeinsam mit der umfassenden rechtlichen Gleichstellung von Juden in den deutschsprachigen Staaten im letzten Drittel des 19. Jahrhunderts dazu, dass sich auch Juden zu anderen als den bisher „traditionell jüdischen“ Berufszweigen hinwenden konnten. Ungeachtet dessen gab es in Bayern kaum jüdische Familien, die sich dem Braugewerbe widmeten. Nur wenige Ausnahmen wie die Familie Hirsch auf Gereuth oder die Familie Schülein sind heute bekannt.

Umso markanter erscheint die Geschichte der Familie Schülein, die ursprünglich aus kleinen mittelfränkischen Verhältnissen stammte, ehe sie Ende des 19. Jahrhunderts durch Josef Schülein (1854–1938) im Münchner Braugewerbe Fuß fasste. Als jüdische Familie betraten die Schüleins vorerst typische Wege: Vom Land in die Stadt gekommen, war es notwendig, sich für ihr Auskommen einen Beruf zu suchen. Josef Schülein entschied sich allerdings nicht für einen der neuen, durch Industrialisierung und Gewerbefreiheit entstandenen Berufe, wie dies häufiger bei ehemaligen Landjuden der Fall war, sondern wandte sich einem gerade für München sehr traditionellen Gewerbe zu: 1895 übernahm er die in Haidhausen bereits bestehende, jedoch marode Unionsbrauerei, die zuvor Gambrinus AG genannt worden war, und gründete die Unionsbrauerei Schülein & Cie. Ursprünglich als Familienbetrieb konzipiert – das entsprach dem üblichen Prozedere im Braugewerbe der letzten Jahrhunderte –, expandierte der Betrieb durch einen steigenden Bierabsatz schnell und konnte bereits 1903 in eine Aktiengesellschaft umfunktioniert werden. Das ist insofern bemerkenswert, als die Gründung von Aktiengesellschaften in der Brauindustrie eine relativ neue Entwicklung war, die erst ab den 1870er-Jahren die Besitzverhältnisse in diesem Gewerbe markant zu beeinflussen begann.

Im Jahr 1904 übernahm die Unionsbrauerei Schülein & Cie. AG die Münchner Kindl AG und kaufte 1916 auch die Schlossbrauerei Kaltenberg westlich von München. In der Zwischenzeit war Josefs Sohn Hermann Schülein (1884–1970) ebenfalls in den Betrieb eingestiegen und 1921 maßgeblich an der für ihre Zeit aufsehenerregenden Fusion mit der Löwenbräu AG beteiligt. Gemeinsam gelang es den beiden Männern, eine der größten Brauereien Deutschlands aufzubauen und die bayerische Brauindustrie nachhaltig zu prägen.

Hermann Schülein knüpfte an die Erfolge seines Vaters an und wurde de facto 1924 zum Generaldirektor der Löwenbräu AG, nachdem er sie bereits zuvor inoffiziell geleitet hatte. Durch weitere Fusionen, durch verschiedene Investitionen, aber ganz besonders durch sein soziales Engagement nicht nur, aber vor allem für die Arbeiter war er in das Münchner Gesellschafts- und Wirtschaftsleben integriert. Jenseits ihrer Akkulturiertheit, die sie wie viele andere deutsch-jüdische Familien lebten, waren sich die Schüleins ihrer jüdischen Herkunft stets bewusst und lebten diese auch nach ihrem eigenen weitgehend säkularen Verständnis. Damit verbunden waren aber auch immer Zuschreibungen von außen, falsche Stereotype und nicht zuletzt antisemitischen Anfeindungen und Ausgrenzungen. Das erfordert den Blick auf die spezifisch jüdischen Erfahrungen der Familie Schülein, insbesondere wenn man die Einbettung ihrer Arbeit innerhalb einer bayerisch-jüdischen Kulturgeschichte des Biers betrachtet.

Ausgrenzung und Anfeindung kulminierten nach der Machtübergabe an die Nationalsozialisten, als über kurz oder lang sämtliche Mitglieder der Familie Schülein zur Emigration in die USA gezwungen waren. Manchen gelang die Flucht nur knapp. Genau wie zahllose andere Opfer des nationalsozialistischen Deutschlands sahen sich die Schüleins genötigt, München zu verlassen und im Exil neue Lebenswege zu beschreiten. Hermann Schülein blieb seinem Metier treu und leitete in New York 27 Jahre lang erfolgreich die Liebmann-Brauerei.[1] Auch nach dem Ende des Zweiten Weltkriegs kehrte die Familie trotz ihrer Verbundenheit zur ehemaligen Heimat nicht mehr dauerhaft nach Deutschland zurück.

1 Siehe dazu den Katalogbeitrag „My beer is Rheingold – the dry beer"

Literatur

Wolfgang Behringer: Löwenbräu. Von den Anfängen des Münchner Brauwesens bis zur Gegenwart, München 1991 | Andreas Heusler: Politik für München. Der Unternehmer Moritz Guggenheimer (1825–1902) (Ausstellung im Studienraum des Jüdischen Museums München), München 2014 | Martin Münzel: Die jüdischen Mitglieder der deutschen Wirtschaftselite 1927–1955. Verdrängung – Emigration – Rückkehr, Paderborn-München u. a. 2006 | Martin Münzel, Beate Schreiber: Hermann Schülein (1884–1970), in: http://www.immigrantentrepreneurship.org/entry.php?rec=200 | Christine Rädlinger: 125 Jahre. 1871–1996. Bewahrung und Fortschritt – Geschichte des Vereins Münchener Brauereien, München 1996 | Christian Schäder: Münchner Brauindustrie 1871–1945. Die wirtschaftsgeschichtliche Entwicklung eines Industriezweiges, Marburg 1999 | Leo Baeck Institute: Hermann Schülein Collection 1907–1970 | Hermann Wilhelm: Die Schüleins. Aufstieg, Enteignung, Flucht. Zur Geschichte einer jüdischen Brauerei-Familie in München, München 2000.

DIE FAMILIE SCHÜLEIN – BIERWISSENSCHAFT, HEFE UND KUNST

Josef Schülein kam am 31. März 1854 als Sohn von Julius Joel (1822–1867) und Jeanette, geborene Gunzenhäuser (1825–1900), im mittelfränkischen Thalmässing zur Welt. Bis in die Mitte des 19. Jahrhunderts hatte dieser kleine Ort eine relativ hohe Zahl jüdischer Einwohner. Dies änderte sich erst, als Juden vermehrt das Recht eingeräumt wurde, in Städten zu wohnen und (zumindest manche) Bürgerrechte wahrzunehmen.[2]

1873 übersiedelte Josef Schülein gemeinsam mit seinen Brüdern Gustav (1851–1931) und Julius (1867–1947) nach München. Zu dieser Zeit waren die Schülein-Brüder noch weitgehend mittellos und versuchten, mittels kleiner Geschäfte im Grundstückshandel und Bankwesen in der Stadt Fuß zu fassen.[3] Doch schon fünf Jahre später wurde Josef Miteigentümer in der Münchner Firma seines Vaters, Julius Schülein und Söhne, und – gemeinsam mit seinen Brüdern – Eigentümer einer Bank. Das Bürger- und Heimatrecht erhielt Josef Schülein 1881. Ihre Präsenz in der Münchner Geschäftswelt änderte sich erheblich, als die Schülein-Brüder gemeinsam mit dem Mann ihrer Schwester Amalie, dem Nürnberger Hopfenhändler Josef Aischberg, die Unionsbrauerei Schülein & Cie. eröffneten und damit rasch Erfolg hatten. Werner Cahnman (1902–1980), ein Neffe Josef Schüleins, schildert die Hintergründe dieses Erwerbs und beschreibt den *„Fall der Schüleinschen Unionsbrauerei, welche von den Brüdern meines Großvaters übernommen wurde, um eine festgefahrene Bankhypothek zu retten. Zur zweitgrößten Brauerei Bayerns herangewachsen, wurde sie nach dem ersten Weltkrieg mit der Löwenbrauerei fusioniert.*“[4] Die unmittelbare und hier sehr deutlich sichtbare Verbindung zwischen Finanz- und Brauwesen, die sich in der Historie der Bierbrauerei immer wieder finden lässt, zeigt besonders deutlich, dass es nicht allein die Kenntnis des Brauwesens gewesen sein dürfte, die die Familie Schülein zum Erfolg führte, sondern ein fundiertes Wissen über wirtschaftliche und industrielle Entwicklungen. Dieses Wissen, gepaart mit einem grundlegenden Verständnis für sozialpolitische Verhältnisse, schuf die Grundlage für ein erfolgreiches Unternehmen.

Dass es im Braugewerbe nicht ausschließlich um Braukenntnisse ging, zeigen auch die akademischen Werdegänge der Söhne Josef Schüleins: So studierte Hermann Schülein Nationalökonomie, Philosophie und Rechtswissenschaften und befasste sich in seiner Doktorarbeit „Die Rechtsform der Kartelle“ (1910) mit dem Kartellsystem im Brauwesen. Fritz Schülein (1885–1963) näherte sich mit seiner Dissertation „Der Bierlieferungsvertrag“ (1910) einem ähnlichen Thema, indem er sich mit den – in Bayern bis heute gültigen – exklusiven Lieferverträgen zwischen den Brauereien und den Wirten auseinandersetzte. Julius Schülein hingegen (1882–1959) erforschte einen zu seiner Zeit relativ neuen Industriezweig. Er promovierte in Jura und Chemie und befasste sich in einer Arbeit „Die Bierhefe als Heil-, Nähr- und Futtermittel“ (1935) besonders mit der Wiederverwertung von Bierhefe, die als Abfallprodukt des Brauvorgangs galt. Bereits 1915 hatte die Familie Schülein die Münchner Hefeverwertungsgesellschaft m.b.H. errichtet. 1917 wurde sie in Cenovis Werke GmbH umbenannt. Julius Schülein fungierte ab diesem Zeitpunkt bis 1938 als ihr Direktor. Das „Cenovis-Extrakt“ wurde rasch bekannt und unter anderem in der Nahrungsmittelergänzung (beispielsweise Protein- und Vitaminsubstitution, Instantsuppen, Tierfutter) verwertet. Im Zuge der „Arisierung“ wurde Cenovis an die Berliner Zweigstelle des Schweizer Unternehmens Maggi GmbH übergeben: Anfang Mai 1938 erwarb Maggi mit einem großzügigen Angebot an Hans Thiersfelder, dem damaligen Direktor der Löwenbräu AG, die Anteile der jüdischen Gesellschafter, also vor allem jene der beiden Brüder Hermann und Julius Schülein, und erhielt damit die mehrheitlichen Aktien von Cenovis. Grund dafür waren die „Arisierungs“-Bestrebungen der Nationalsozialisten, gleichzeitig war dies für die Maggi GmbH eine gute Gelegenheit, sich die Konkurrenz einzuverleiben.[5] Julius Schülein konnte bereits kurz vor der „Arisierung“ nach New York entkommen.[6] Dort führte er seine Arbeiten in der Lebensmittelindustrie fort und gründete die Firma Presco-Vegex Food Company.

2 Wolfgang Kraus, Berndt Hamm, Meier Schwarz: Mehr als Steine... Synagogen-Gedenkband Bayern, Bd. II, Lindenberg im Allgäu 2010, S. 641.

3 Werner Cahnman: The Life of Clementine Kraemer, 1963, Leo Baeck Institute New York, Clementine Kraemer Collection, Box 2, Folder 7; Martin Münzel, Beate Schreiber: Hermann Schülein (1884–1970), in: http://www.immigrantentrepreneurship.org/entry.php?rec=200, 2014.

4 Werner J. Cahnman: Deutsche Juden. Ihre Geschichte und Soziologie, hg. von Judith Marcus und Zoltán Tarr, Münster 2005, S. 125.

5 Wolfram Selig: „Arisierung“ in München. Die Vernichtung jüdischer Existenz 1937–1939, Berlin 2004, S. 835-838.

6 Martin Münzel, Beate Schreiber, Hermann Schülein (wie Anm. 3).

7/1
Porträt Josef Schülein

Julius Wolfgang Schülein (1881–1970)
1929
Öl auf Leinwand
H: 101 cm; B: 70 cm

Jüdisches Museum München, # JM 03.1/2014

Julius Wolfgang Schülein war ein Neffe von Josef Schülein. Er studierte in der Zeichenklasse von Hugo von Habermann an der Akademie der Bildenden Künste. Insbesondere in den Jahren vor und nach dem Ersten Weltkrieg zählte er zu den anerkannten Münchner Künstlern der Moderne und gehörte außerdem zu den Gründungsmitgliedern der 1913 entstandenen Neuen Sezession.

7/2
Ex Libris Julius Schülein

Alois Broch
(geb. 1864 in Wien, gest. 1939 in Berlin)
1903
Lithografie
H: 8 cm; B: 9 cm

Jüdisches Museum München, # JM 06/2014

7/3
Löwenbräuzelt auf dem Oktoberfest

Julius Wolfgang Schülein (1881–1970)
Um 1930
Aquarell auf Papier
H: 37,2 cm; B: 45 cm

Städtische Galerie im Lenbachhaus und Kunstbau, München, # G 150060

1930 verließ Julius Wolfgang Schülein seine Heimatstadt München und begab sich mit seiner Frau, der Porträtmalerin Suzanne Carvallo (1883–1972), über Berlin nach Frankreich. Nachdem er dort nach 1940 mehrmals verhaftet und in Internierungslager deportiert worden war, gelang ihm 1941 gemeinsam mit seiner Familie über Madrid und Lissabon die Flucht nach Amerika.

7/4 *Abbildung S. 138*
Josef und Hermann Schülein

Um 1930
Sw-Fotografie
H: 22 cm; B: 16,5 cm

Dr. Marianne Schuelein, Washington, D.C.

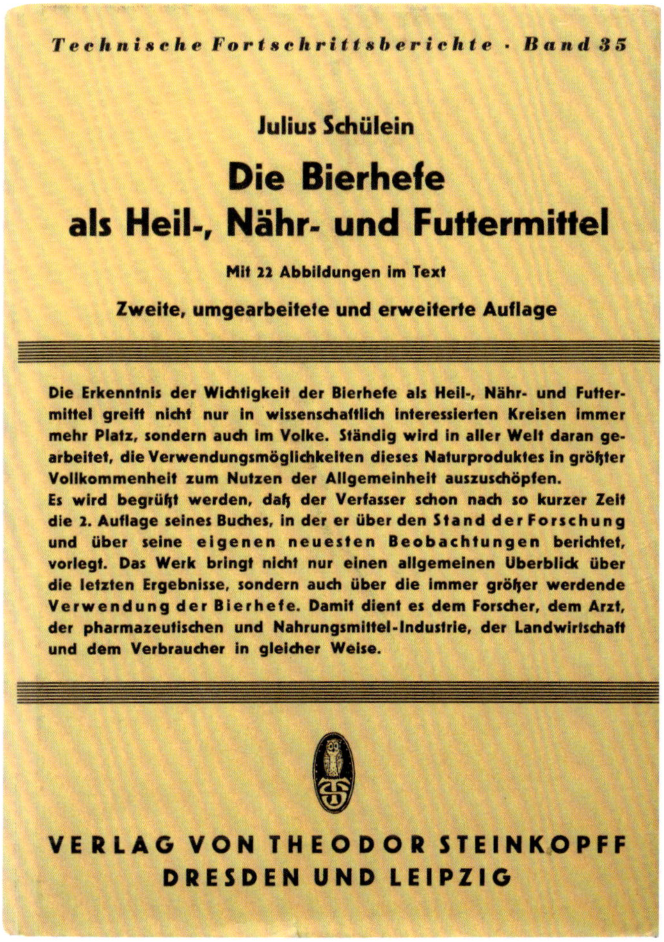

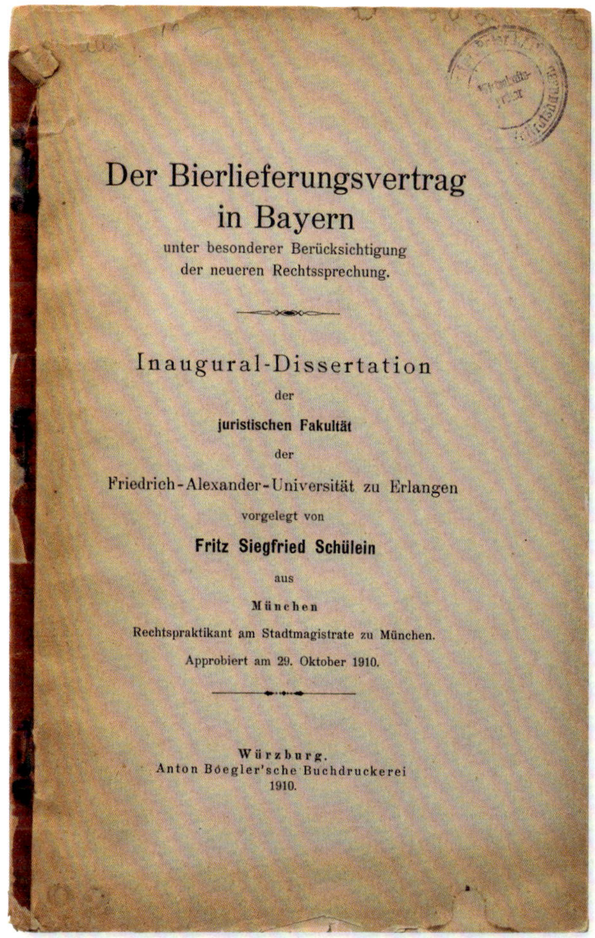

7/5
Julius Schülein:
Die Bierhefe als Heil-, Nähr- und Futtermittel

2. umgearbeitete und erweiterte Auflage
(Technische Fortschrittsberichte Bd. 35)
Dresden-Leipzig 1938
H: 21,6 cm; B: 16 cm

Jüdisches Museum München, # JM 07/2014

7/6
Fritz Siegfried Schülein:
Der Bierlieferungsvertrag in Bayern unter besonderer Berücksichtigung der neueren Rechtssprechung

Jur. Diss. Univ. Erlangen, München 1910
H: 22 cm; B: 14,4 cm

Jüdisches Museum München, # JM 05/2014

7/7 *ohne Abbildung*
Hermann Schülein: Die Rechtsform der Kartelle

Jur. Diss. Univ. Erlangen, München 1910
H: 22,5 cm; B: 14,8 cm

Staatsbibliothek München, # U 10.760

7/8
Modell: Gerstenweiche aus Holz

Um 1910
Holz, mit Metallbeschlägen
H: 22 cm; B: 29,4 cm; T: 27,6 cm

Deutsches Museum München, # 29959,
Schenkung der Unions-Brauerei Schülein & Co AG, 1911.

Die rohe Braugerste wird üblicherweise für ein bis zwei Tage in der Gerstenweiche eingeweicht und zum Keimen gebracht.

7/9
Modell: Gerstenweiche aus Eisen

Um 1910
Eisen
H: 20 cm; B: 20 cm; T: 30 cm

Deutsches Museum München, # 29961,
Schenkung der Unions-Brauerei Schülein & Co AG, 1911.

7/10
Modell: Gerstenweiche aus Zement

Um 1910
Zement
H: 20 cm; B: 27 cm; T: 30 cm

Deutsches Museum München, # 29960,
Schenkung der Unions-Brauerei Schülein & Co AG, 1911.

Josef Schülein war Gründungsmitglied im Deutschen Museum von Meisterwerken der Naturwissenschaft und Technik, das nach einer 20 Jahre dauernden Aufbauphase 1925 eröffnete. Die Unionsbrauerei ließ eigens für das Museum um 1910 von ihrem Braumeister Karl Runck Modelle verschiedener Gerstenweichen bauen, um deren historische Entwicklung aufzuzeigen.

32113

7/11
Modell: Gersten-Trichterweiche

Um 1910
Metall
H: 42,5 cm; B: 27,5 cm; T: 29,5 cm

Deutsches Museum München, # 32113,
Schenkung der Unions-Brauerei Schülein & Co AG , 1911.

7/12
Modell: Keimtrommel „System Galland"

Um 1910
Metall
H: 39,5 cm; B: 57 cm; T: 29,5 cm

Deutsches Museum München, # 9378, Stiftung der Berliner AG für Eisengießerei und Maschinenfabrik, Charlottenburg, 1907 (auf Vermittlung der Unionsbrauerei).

Eine Keimtrommel ist ein um die Längsachse rotierender Metallzylinder, in dem das Malz ohne Beschädigung und großen Arbeitsaufwand gewendet wird. Eingeführt wurde dieses System 1880 von Josef Galland, ist allerdings heute kaum mehr gebräuchlich.

7/13
Bierschöpfer

Um 1850
Holz
L: 181 cm

Deutsches Museum München, # 51895,
Stiftung der Löwenbräu AG, 1924

Der Bierschöpfer zählt ebenfalls zu den historischen Brauinsignien. Er wurde benutzt, um während des Gärungsprozesses überschüssige Hefe und unerwünschte Schwebstoffe aus der obersten Hefeschaumkrone zu entfernen.

7/14
Maisch-Scheit

Um 1850
Holz
L: 191,5 cm

Deutsches Museum München, # 51894,
Stiftung der Löwenbräu AG, 1924

Das Maisch-Scheit, oder auch die Maisch-Krücke, wurde dazu benutzt, um die Maische von Hand umzurühren. Es wird zu den Zunftsymbolen der Brauer und Mälzer gezählt.

7/15
Büste Josef Schülein

Ferdinand Liebermann (1883–1941)
Um 1925
Bronze
H: 80 cm; B: 50 cm; T: 27 cm

Schloss Kaltenberg KG, Geltendorf

Ferdinand Liebermann besuchte die Kunstgewerbeschule und die Kunstakademie in München. 1935 wurde er von Adolf Hitler zum Leiter des Kulturamtes berufen und war als Stadtrat für sämtliche kulturellen Belange Münchens zuständig. Hauptsächlich beschäftigte sich Liebermann mit (Monumental-)Plastiken, Aktdarstellungen, Grabmälern und nicht zuletzt mit Porzellanplastiken für die Kunstabteilung der Rosenthal AG. Seine wohl bekanntesten und umstrittensten Darstellungen sind eine Büste von Adolf Hitler und ein Konterfei von dessen Nichte, Geli Raubal.

DIE ENTWICKLUNG DER UNIONSBRAUEREI IN HAIDHAUSEN UND DIE FUSION MIT DER MÜNCHNER KINDL AG

1881 wurde das Löwenhauserbräu in Haidhausen zwangsversteigert und ab diesem Zeitpunkt als Brauerei Gambrinus weitergeführt. 1886 kaufte die Aktienbrauerei zur Schwaige das marode Unternehmen und nannte es von da an Aktienbrauerei Gambrinus. Bereits 1888 änderte die Brauerei abermals ihren Namen auf Unionsbrauerei. Im Jahr 1895 kaufte Josef Schülein gemeinsam mit seinen Brüdern und seinem Schwager die Brauerei und gründete in der Äußeren Wiener Straße 42–44, heute Einsteinstraße, die Unionsbrauerei Schülein & Cie. 1903 wurde sie in eine Aktiengesellschaft umgewandelt. Die Unionsbrauerei war ein gesunder, im Wachstum begriffener Betrieb. Die Münchner Kindl AG hingegen, mit der die Schülein'sche Brauerei im Jahr 1904 fusionierte, musste nicht nur einen stetig zurückgehenden Bierabsatz verzeichnen, sondern geriet auch durch eine Reihe von Fehlinvestitionen in wirtschaftliche Schwierigkeiten. Als besonders fatal dürfte sich wohl die Errichtung des Münchner-Kindl-Kellers erwiesen haben, der mit seinen 5.000 Sitzplätzen zu groß dimensioniert und unrentabel war. Darüber hinaus hatte das Münchner Kindl Bier wohl keine allzu gute Qualität gehabt. Teil des Fusionsvertrags zwischen der Münchner Kindl AG und der Unionsbrauerei Schülein & Cie. AG war eine Aufrechterhaltung des Braubetriebs in der Münchner Kindl AG, weshalb in den Folgejahren beide Namen auf sämtlichen Werbemitteln auftauchten. Außerdem konnte die Unionsbrauerei auf diese Art relativ einfach ihre bislang begrenzten Kapazitäten erweitern, was sich freilich positiv auf eine Erhöhung des Bierabsatzes auswirkte. Auch war beabsichtigt, in das Exportgeschäft einzusteigen. Verbesserungen der technischen Standards der Münchner Kindl AG wie auch vorausschauende Investitionen seitens der Unionsbrauerei führten dazu, dass sich die Fusion als erfolgreich erwies.[7]

Die wirtschaftlichen Erfolge der Unionsbrauerei Schülein & Cie. AG wurden jedoch in der teilweise antisemitischen Presse durch üble Nachreden geschmälert. So führte die „Münchener Bier-Chronik" ab Dezember 1904 eine Rubrik, die sich als „Münchener Bierometer" bezeichnete und die verschiedene Biersorten diverser Brauereien „benotete". Die Unionsbrauerei wurde regelmäßig schlecht bewertet und ihr Bier sogar als „Dividendenwasser" verhöhnt. Nachdem Josef Schülein den Redakteur Karl Hauser verklagte, sah sich die „Münchener Bier-Chronik" veranlasst, ihr „Dividendenwasser" als gängigen Begriff zu verteidigen: Sie behauptete, dass man darunter gemeinhin ein dünnes und vor allem junges Bier zu verstehen habe, dessen Reifungsprozess zu kurz gewesen sei. Dadurch könne die Zahl der Brauvorgänge pro Jahr und auch der Absatz entsprechend erhöht werden. Damit nicht genug, erfand die Zeitung weitere Anschuldigungen, um ihr „Dividendenwasser" zu legitimieren: „*Wer treibt überhaupt eine größere Hektoliterjagd als die Unionsbrauerei? Ist es vielleicht nicht wahr, daß sich die ‚Unionsbrauerei' nur durch Hergabe von Bräugeldern, die sonst keine Brauerei in solcher Höhe gewähren würde, einen großen Kundenkreis von sogenannten Zwangswirthschaften zieht?*"[8]

Letzten Endes musste die Redaktion der „Münchener Bier-Chronik" im Dezember 1905 eine Geldstrafe von 50 Mark zahlen und die Urteilsverkündung publizieren, was sie jedoch nicht davon abhielt, ein polemisierendes Echo mit antisemitischen Untertönen auf diesen Prozess in ihrer Zeitung zu verfassen. Die antisemitische Tendenz des Blattes wird auch an anderer Stelle mehr als deutlich. Ein paar Monate vor dem „Dividendenwasser-Prozess" berichtete die „Münchener Bier-Chronik" von einer Klage der Unionsbrauerei gegen einen Wirt, der sein Gasthaus mit dem geschützten Namen Schützenlisl schmückte, jedoch Bier des Löwenbräu bezog und ausschenkte. Die Darstellung der Schützenlisl nach einem Entwurf von Friedrich August von Kaulbach im Jahr 1878 war jedoch seit etwa 1890 eine Schutzmarke der Münchner Kindl Brauerei und befand sich damit nach der Fusion im rechtlichen Besitz der Unionsbrauerei.[9] Da besagter Wirt offenbar kein Bier der Unionsbrauerei ausschenken konnte oder wollte, musste er den Namen seines Gasthauses natürlich ändern, was die „Münchener Bier-Chronik" zu folgender polemischer Zusammenfassung veranlasste: „*Dieses Beispiel diene den anderen Herren Brauereibesitzern zum Spiegel, wie ‚kollegialisch' die Unionsbrauerei auf die Hektoliterjagd geht.*"[10] Eine „jüdische Schützenlisl" sei damit sowieso nicht mehr von Interesse, „*denn sobald das Weibsbild einmal ‚jüdisch' geworden, beschnüffelt sie*

7 Christian Schäder: Münchner Brauindustrie 1871–1945. Die wirtschaftsgeschichtliche Entwicklung eines Industriezweiges, Marburg 1999, S. 250-255.

8 Münchener Bier-Chronik, Jg. 1905, Nr. 4, S. 2.

9 Vgl. Florian Dering, Ursula Eymold: Das Oktoberfest 1810–1820. Offizielle Festschrift der Landeshauptstadt München, München 2010, S. 99.

10 Münchener Bier-Chronik, Jg. 1905, Nr. 1, S. 6.

11 Ebd.

kein räudiger Hund mehr, viel weniger ein ächter Bajuware".[11] Merkwürdig, dass in den Folgejahren nach dem „Dividendenwasser-Prozess" der Ton der „Münchener Bier-Chronik" gegenüber der Unionsbrauerei und der Familie Schülein freundlicher wurde; die Bewertungen auf der Bierskala fielen plötzlich sehr gut aus. Dessen ungeachtet zeigen diese Verunglimpfungen deutlich, dass die Familie Schülein nicht von dem allgegenwärtigen Antisemitismus verschont blieb, der schließlich in der Zeit der Nationalsozialisten kulminierte und die erfolgreiche Ära der Schüleins in München beendete.

7/16
Flaschenetikett

Um 1905
Druck auf Papier
H: 8,2 cm; B: 10 cm

Jüdisches Museum München, # JM 25/2015

7/17
Bierflasche der Unionsbrauerei

Um 1900
Grünes Pressglas mit Bügelverschluss
H: 26,5 cm; D (Stand): 6,5 cm; V: 1 l

Jüdisches Museum München, # JM 18/2014

7/18
Bierkrug des Unions-Bräu München

Um 1900
Steinzeug, Zinn, bedruckt
Krug: M & WG
(= Merkelbach & Wick, Grenzhausen)
H: 16,2 cm; D (Stand): 9,4 cm; V: ½ l

Jüdisches Museum München,
JM 13/2016

Auf dem Krug „Unions=Bräu-München“ und Markenzeichen (Münchner Kindl auf Bierfass mit dem Monogramm U.B.M. auf einer Woge reitend, dahinter die Türme der Frauenkirche). Auf dem Deckel mit Daumenrast in Eichelform „UNIONS BRAEU MÜNCHEN“ und das Markenzeichen der Brauerei.

7/19
Bierkrug „Unions-Bräu-München“

Um 1910
Pressglas, Zinn
Krug: SG in Krone
(= Sächsische Glasfabrik Radeberg)
Deckel: F. GLAS MÜNCHEN im Kreis
(= Ferdinand Glas, München)
H: 19 cm; D (Stand): 8,2 cm; V: 0,35 l

Jüdisches Museum München,
JM 30/2014

Auf dem Zinndeckel sitzt vor einer strahlenden Sonne das Münchner Kindl auf einem Fass und reckte eine Hand mit zwei Bierkrügen in die Höhe. Auf dem Fass befinden sich die Initialen U.B.M. Schriftzug: UNIONS-BRAEU-MÜNCHEN.

7/20
Reklamemarke
„Unionsbräu München“

Um 1905
Druck auf Papier
H: ca 6 cm; B: ca. 4,5 cm

Jüdisches Museum München,
JM 15/2009

7/21
Reklamemarke
„Münchner Kindl und Unionsbrauerei“

1911
Druck auf Papier
H: 6 cm; B: 4,5 cm

Jüdisches Museum München,
JM 09/2015

7/22
Reklamemarke
„Unionsbrauerei München“

Um 1905
Druck auf Papier
H: 5 cm; B: 4 cm

Jüdisches Museum München,
JM 80/2015

7/23
Postkarte „Flaschenbier-Abteilung Unions-Brauerei“

1906
Druck auf Pappe
H: 9 cm; B: 14 cm

Jüdisches Museum München,
JM 122/2015

MÜNCHENER
BÜRGER-
BRÄU.
MÜNCHENER BÜRGER-BRÄU

7/24
Plakat „Echtes Münchner Kindlbräu"

Um 1900
Farblithografie (Reproduktion)
H: 20 cm; B: 30 cm
Münchner Stadtmuseum, # P-AA9/6

< 7/25
„Schützenlisl"

Nach einem Gemälde von Toni Aron (1859–1920)
Um 1900
Farblichtdruck auf Papier
Hersteller: Königl. Hof-Kunst-Institut, Otto Troitzsch, Berlin
H: 96,5 cm; B: 49,3 cm

Igor Divjak, Unions Bräu Haidhausen, München

Toni Aron malte im Auftrag des Bürgerbräu 1890 ein Ölgemälde der Schützenlisl in Lebensgröße. Die Kellnerin Coletta Möritz, die Kaulbach und Aron Modell stand, arbeitete zu dieser Zeit im Restaurant des Bürgerbräu.

7/26
Postkarte „Schützenlisl" der Unionsbrauerei

Nach einem Entwurf von Friedrich August von Kaulbach (1850–1920)
Farblithografie auf Pappe
Um 1910
H: 14,4 cm; B: 9 cm

Jüdisches Museum München, # JM 66/2015

Schriftzug: gesetzlich geschütze Marke UNIONSBRAUEREI Schülein & Co Actiengesellschaft in MÜNCHEN für Münchner Kindl Bräu.

7/27
Plakat „Unionsbräu Pilsner München“

Anonym
1907
Farblithografie (Reproduktion)
Hersteller: Lith. Kunstanstalt Buch & Steindruckerei Franz Humar, München
H: 55 cm; B: 40 cm

Stadtarchiv München, # P-13810

7/28 >
Plakat „Alt Münchener Bier aus der UNIONS-BRAUEREI MÜNCHEN“

Anonym
1907
Farblithografie (Reproduktion)
Hersteller: Lith. Kunstanstalt Buch & Steindruckerei Franz Humar, München
H: 80 cm; B: 60 cm

Stadtarchiv München, # P-13814

Alt-Münchener Bier
aus der
UNIONS-BRAUEREI
MÜNCHEN.
SCHUTZ-MARKE
LITH. KUNSTANSTALT FRANZ HUMAR MÜNCHEN.

7/29
Plakat „Münchener Unions-Brauerei“

Anonym
1907
Farblithografie (Reproduktion)
H: 45 cm; B: 30 cm

Stadtarchiv München, # P-13809

7/30 >
Plakat Oktoberfest 1911

Fritz Seck (Maler und Grafiker,
zwischen 1900 und 1911 in München tätig)
1911
Farblithografie
Hersteller: Kunstanstalt GRAPHIA GmbH, München
H: 120 cm; B: 70 cm

Stadtarchiv München, # P-12754

UNIONS- u. MÜNCHNER KINDL-
BRAUEREI
FRITZ SECH 1911
Bude F. F. MÄRZENBIER Bude
2 Rest: Paul Finkenkeller 2
Spanferkel Spiessbrathühner Specialitäten
Kunstanstalt GRAPHIA, G.m.b.H. München 19.

7/31
Plakat „Schützenliesl-Bock"

Anonym
1907
Farblithografie (Reproduktion)
Hersteller: Act. Ges. Chromolith. Kunstanstalt
H: 70 cm; B: 50 cm

Stadtarchiv München, # P-13812

7/32 >
Plakat „Vivator. Brauerei Münchener Kindl"

Ludwig Hohlwein (1874–1949)
1912
Farblithografie (Reproduktion)
Hersteller: Kunstanstalt Graphia G.m.b.H., München
H: 90 cm; B: 70 cm

Stadtarchiv München, # P-13815

VIVATOR
LUDWIG HOHLWEIN MÜNCHEN
BRAUEREI MÜNCHENER KINDL
KUNSTANSTALT GRAPHIA G.M.B.H. MÜNCHEN

DIE LÖWENBRÄU AG – GRÖSSTES BIEREXPORT-UNTERNEHMEN MÜNCHENS

Obwohl durch die Industrialisierung im Königreich Bayern bereits in den 1830er-Jahren die ersten Aktiengesellschaften gegründet worden waren und auch im Braugewerbe ab etwa 1840 enorme Geldsummen für allerlei Investitionen im Umlauf waren, wurde erst im Jahr 1872 die erste Aktienbrauerei in München gegründet, und zwar die Löwenbräu AG. Nachdem Georg Brey 1818 den Löwenbräu gekauft und aufgebaut hatte, gründete sein Sohn Ludwig am 8. Januar 1872 die Aktiengesellschaft zum Löwenbräu.[12]

Löwenbräu hatte zwar in München einen kleinen gesicherten Bierabsatz, konzentrierte sich aber bereits sehr früh auf den Export, also zum einen auf die Bierausfuhr deutschlandweit, außerhalb Bayerns, und zum anderen auf den internationalen Markt. Erfolgreiche Exportbedingungen generierten sich aus drei verschiedenen Faktoren: Erstens stand der Export in enger Verbindung mit dem Ausbau des Eisenbahnnetzes, zweitens konnte durch die mechanischen Kühlsysteme die Kühlkette, die eine bessere Haltbarkeit des Bieres garantierte, besser aufrechterhalten und das Bier unbeschadet transportiert werden. Drittens konnte durch das von Louis Pasteur entwickelte Verfahren des Pasteurisierens ein Nachgären des Biers in den Flaschen oder Fässern verhindert und das Bier länger haltbar gemacht werden. War die gesamtbayerische Ausfuhr Mitte des 19. Jahrhunderts noch relativ gering (mit etwa 15.000 Hektolitern pro Jahr), änderte sich die Situation durch die Gründungen der Aktiengesellschaften schlagartig und allen voran stand die Löwenbräu AG. Sie galt als die größte Exportbierbrauerei und lieferte ihr Bier neben zahlreichen deutschen Städten europaweit auch nach Ägypten und Nordamerika aus.[13] Ludwig Brey war einer der ersten Brauer, der um 1870 bei der Generaldirektion der Königlich Bayerischen Verkehrsanstalten den Antrag auf eigene Bierwagen stellte. Seine Begründung hierfür war, dass er entsprechend hohe Mengen an Bier nach Paris, in die Schweiz und nach Südtirol exportiere. Zunächst wurden ihm fünf Wagen genehmigt. Um 1885 arbeitete der Löwenbräu bereits mit 64 Bahnwagen.[14]

Nach einer gleichmäßigen und vor allem auch stagnierenden Abdeckung des lokalen Bierbedarfs war eine generelle Absatzsteigerung in der Bierindustrie nur mehr über den Export möglich: „*Bier wurde so zu einem der wichtigsten Exportartikel Bayerns überhaupt! Wenn wir die Zahlen des Jahres 1894 nachlesen, so werden dort für den Versand innerhalb Bayerns 79 735 t, für den Export dagegen 296 350 t angeführt. Diese gingen außerhalb Bayerns in das deutsche Kaiserreich, in die umliegenden Staaten Deutschlands und nach Übersee.*“[15] Dazu waren freilich mehr Bierwagen nötig. Im Jahr 1894 besaß der Löwenbräu bereits 118 Bierwagen. Zum Vergleich setzte die Unionsbrauerei Schülein & Cie. im selben Jahr drei Bierwagen ein, das Bürgerliche Bräuhaus besaß insgesamt 66. Die Münchner Kindl Brauerei hatte im Jahr 1894 immerhin 34 Wagen.[16]

Der Löwenbräu konnte in der deutschlandweiten Ausfuhr zumindest zu Beginn des Ersten Weltkriegs seinen Absatz durch Bierlieferungen an das Militär sogar erhöhen. Der internationale Export hing stark von den politischen Beziehungen und den damit verbundenen Schwankungen im Zoll, den Frachtkosten, aber auch von der Beliebtheit des Biers ab. Im Verlauf des Kriegs konnten die Brauereien schließlich nur mehr befreundete oder neutrale Länder beliefern. Das hatte für den Großexporteur Löwenbräu, der den heimischen Markt zugunsten des Exports vernachlässigt hatte, einen Absatzeinbruch zur Folge. Nach dem Ersten Weltkrieg schränkte die Prohibition in den USA – zwischen 1919 und 1933 herrschte ein staatliches Alkoholverbot in den USA – die Exportmöglichkeiten nach Übersee drastisch ein.[17] Enorm hohe Prohibitiv-Zölle behinderten den Export in die Vereinigten Staaten. So betrug im Jahr 1913 der Einfuhrzoll pro Hektoliter 6,10 Dollar. 1932 war diese Summe sogar auf 27 Dollar angestiegen, das waren etwa 113 Reichsmark.[18] Diese erschwerten Bedingungen führten im Vorstand der Löwenbräu AG zu einer folgenreichen und, wie sich zeigen sollte, sehr klugen Entscheidung.

12 Christian Schäder, Münchner Brauindustrie (wie Anm. 7), S. 230–240.
13 Ebd.
14 Gert von Rosen-von Hoewel: Die Bierwagen der königlich bayerischen Staatseisenbahnen, in: http://laender-bahn-forum.de/journal/kbe_bierwagen/bierwagen_der_kbe.html
15 Lothar Spielhoff: Geschichte der Eisenbahn-Bierwagen. Das erste Frachtgut Deutscher Eisenbahnen: Bier (EK-Reihe Regionale Verkehrsgeschichte Bd. 28), Freiburg 2000, S. 85.
16 Ebd.
17 Gert von Rosen-von Hoewel, Bierwagen (wie Anm. 14).
18 Geschäftsbericht Löwenbräu 1931/32, BWA F2/6001.

7/33
Porträt Moritz Guggenheimer

Franz von Lenbach (1836–1904)
1899
Öl auf Leinwand
H: 88 cm; B: 77,5 cm

Jüdisches Museum München, # JM 08/2013

Der Münchner Großunternehmer und Bankier Moritz Guggenheimer (1825–1902) bildete gemeinsam mit acht anderen Männern den ersten Aufsichtsrat der Löwenbräu AG. Guggenheimer galt zudem als maßgeblicher Begründer der Bayerischen Vereinsbank im Jahr 1869 und war einer ihrer Generaldirektoren.

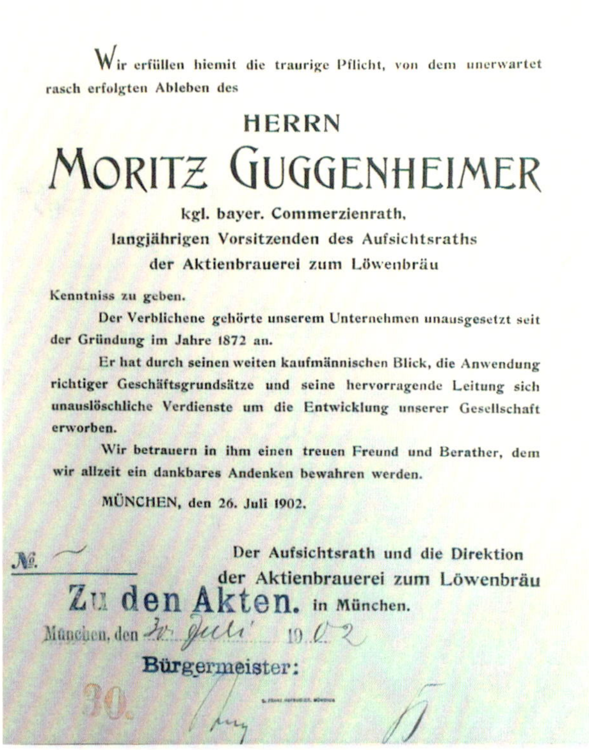

Wir erfüllen hiemit die traurige Pflicht, von dem unerwartet rasch erfolgten Ableben des

HERRN

MORITZ GUGGENHEIMER

kgl. bayer. Commerzienrath,
langjährigen Vorsitzenden des Aufsichtsraths
der Aktienbrauerei zum Löwenbräu

Kenntniss zu geben.

Der Verblichene gehörte unserem Unternehmen unausgesetzt seit der Gründung im Jahre 1872 an.

Er hat durch seinen weiten kaufmännischen Blick, die Anwendung richtiger Geschäftsgrundsätze und seine hervorragende Leitung sich unauslöschliche Verdienste um die Entwicklung unserer Gesellschaft erworben.

Wir betrauern in ihm einen treuen Freund und Berather, dem wir allzeit ein dankbares Andenken bewahren werden.

MÜNCHEN, den 26. Juli 1902.

Der Aufsichtsrath und die Direktion
der Aktienbrauerei zum Löwenbräu
in München.

№

Zu den Akten.
München, den 30. Juli 1902
Bürgermeister:
30.

7/34
Todesanzeige Moritz Guggenheimer

1902
Druck auf Papier
H: 26 cm; B: 20,8 cm

Stadtarchiv München, # BuR 1861

Todesanzeige der Aktienbrauerei zum Löwenbräu für Moritz Guggenheimer, München, 26. Juli 1902.
Im Jahr 1869 wurde Moritz Guggenheimer als erster Jude in das Münchner Kollegium der Gemeindebevollmächtigten gewählt (Teil des heutigen Stadtrats), dessen Vorsitz er ab 1870 neun Jahre lang innehatte. Damit wurde er zu einem der wichtigsten Repräsentanten der Stadt München. Zudem war Kommerzienrat Guggenheimer in der Verwaltung der Israelitischen Kultusgemeinde München und als profilierter liberaler Kommunalpolitiker tätig.

7/35 *ohne Abbildung*
Modelleisenbahn: Dampflokomotive mit Schlepptender

Göppingen, um 2005
Kunststoff, Metallbeschläge
Modell: Märklin 37982
Maßstab: 1:87
H: 5,4 cm; B: 3,3 cm; L: 16,2 cm

Jüdisches Museum München, # JM 18/2016

7/36 *ohne Abbildung*
Modelleisenbahn: Bierfasswagen Löwenbräu

Göppingen, 2007
Kunststoff, Metall
Modell: Märklin H0 48307
Maßstab 1:87
H: 4 cm; B: 3,5 cm; L: 10,7 cm

Jüdisches Museum München, # JM 101/2015, 102/2015

7/37 *ohne Abbildung*
Modelleisenbahn: Bierwagen Löwenbräu

Göppingen, um 2000
Kunststoff, Metall
Modell: Märklin H0 45251-05
Maßstab 1:87
H: 5,2 cm; B: 4 cm; L: 10,1 cm

Jüdisches Museum München, # JM 103/2015

Besondere Spezifika der Bierwagen waren ein weißer Schutzanstrich, durch den weniger Wärme weitergeleitet wurde, und der Einbau von Eiskästen an der Längswand, die über das Dach mit Eis befüllt wurden und mittels eines Rohrsystems das Schmelzwasser in den Wagenwänden verteilte.

7/38 *ohne Abbildung*
Modelleisenbahn: Bierwagen Löwenbräu

Göppingen, um 2000
Kunststoff, Metall
Modell: Märklin H0 45250-01
Maßstab: 1:87
H: 5 cm; B: 3,5 cm; L: 8,1 cm

Jüdisches Museum München, # JM 104/2015

7/39 >
Bierflasche Löwenbräu

Um 1910
Grünes Pressglas mit Bügelverschluss
H: 32 cm; D: 9 cm; V: 1 l

Jüdisches Museum München, # JM 12/2015

Schriftzug „LÖWENBRÄU MUENCHEN"
und reliefierter Löwe

LÖWENBRAU
MUENCHEN

7/40
Bierkrug des Löwenbräu

Um 1910
Steinzeug, Zinn, Stempeldekor
Krug: RM im Hexagramm
(= Reinhold Merkelbach, Grenzhausen)
Deckel: ungemarkt
H: 19,2 cm; D (Stand): 10 cm; V: 1 l

Jüdisches Museum München, # JM 131/2015

Schlichter Steinkrug mit Schriftzug „Löwenbräu München“. Am Deckel knaufförmige Daumenrast, reliefierter Löwe mit bayerischer Fahne, Schriftzug „AKTIENBRAUEREI ZUM LOEWENBRAEU MUENCHEN“.

7/41
Bierfass des Löwenbräu

Um 1930
Eichenholz mit Metallbeschlägen
Hersteller: Fassfabrik Drexler, München
H: 42 cm; D: 40 cm; V: 20 l

Jüdisches Museum München, # JM 124/2015

Auf der Oberseite des Fasses eingebrannter Schriftzug „4035 LOEWENBRAEU“ und Etikett „LÖWENBRÄU MUENCHEN. Helles Exportbier“.

UNIONSBRAUEREI UND LÖWENBRÄU – EINE FUSION EBNET DEN WEG ZUM BIERIMPERIUM

Der Erste Weltkrieg und auch die Nachkriegszeit wirkten sich dramatisch auf die Absatzzahlen der Löwenbräu AG aus. Vormals hatte sie sich zwar sehr erfolgreich auf den Export konzentriert, den lokalen Markt dafür aber entsprechend vernachlässigt. Durch den verlorenen Krieg gingen zahlreiche ausländische Absatzgebiete verloren.

Freilich hatte nicht nur der Löwenbräu mit einer erschwerten finanziellen Situation zu kämpfen, sondern auch die Unionsbrauerei mit ihrem vorwiegend lokalen Absatzgebiet. Tatsächlich erhielt sie mit der Übernahme der Münchner Kindl AG zwar einen etwa gleichwertigen Betrieb, der das Geschäft erweitern und ankurbeln konnte, bürdete sich damit aber gleichzeitig enorme Schulden auf. Hinzu kam der Kauf der Schlossbrauerei Kaltenberg 1916/17 und außerdem die kriegsbedingt rückläufigen Umsatzzahlen. Im Jahr 1920 gehörten der Familie Schülein nur mehr etwa 20 Prozent des Kapitals der Unionsbrauerei Schülein & Cie. AG. Dennoch war die Unionsbrauerei vergleichsweise gut am lokalen Markt situiert, hatte ein gut ausgebautes Kundennetz und außerdem wichtige Immobilien wie beispielsweise das Torfwerk Feilnbach, das besonders in Zeiten des Brennstoffmangels sehr wertvoll war. Beide Brauereien hatten also sehr gute Gründe zu kooperieren: Am 5. Januar 1921 wurde deshalb in einer außerordentlichen Generalversammlung der Löwenbräu AG die Fusion mit der Unionsbrauerei Schülein & Cie. AG beschlossen.

„Viel Geld hat sie gekostet, aber jetzt gehört sie uns", soll Josef Schülein die Fusion scherzhaft kommentiert haben. Tatsache ist jedoch, dass der Löwenbräu zwar die Immobilien und den Kundenkreis der Unionsbrauerei dringend benötigte, dessen ungeachtet aber die stärkere Finanzkraft darstellte.[19] Durch die Fusion dieser beiden Brauereien betrat im Jahr 1921 ein Braugigant den Münchner Markt, dessen Schlüsselfiguren in erster Linie Josef Schülein und besonders sein Sohn Hermann waren.

Der Fusionsvertrag beinhaltete eine Regelung bezüglich der Vorstände: Josef Schülein wurde Aufsichtsrat bei Löwenbräu und konnte außerdem Kaltenberg, das zuvor Teil der Fusionsmasse gewesen war, zurückkaufen und mit seinem Sohn Fritz privat betreiben.[20] Hermann Schülein wurde in den Vorstand der Löwenbräu AG berufen und war ab 1924 Generaldirektor. Julius Schülein arbeitete zwar bei der Übernahme mit, verzichtete jedoch auf einen Führungsposten bei Löwenbräu. Stattdessen konzentrierte er sich auf die Firma Cenovis Nährmittel GmbH, deren Teilaktionär er bereits seit ihrer Entstehung 1915 war. Die Geschäftsführung hatte Julius Schülein ab 1917 von seinem Bruder Hermann übernommen.[21]

1921 fand noch eine weitere Fusion statt: Löwenbräu übernahm die Bürgerliche Brauhaus AG, kurz Bürgerbräu AG. Ziel dieses Zusammenschlusses war auch hier eine Erhöhung des Lokalabsatzes. Durch die Fusionen des Löwenbräu mit der Unionsbrauerei und dem Bürgerlichen Brauhaus vereinten sich Anteile des Sterneckerbräu in einer Hand, die von den jeweiligen Brauereien bereits zuvor erworben worden waren. 1925 kaufte die Löwenbäu AG auch noch die restlichen Anteile und wurde somit zur alleinigen Besitzerin des Sterneckerbräu.[22] Das ist insofern bemerkenswert, als der Sterneckerbräu als erstes „Parteibüro" der (NS)DAP zwischen 1919 und 1920 in die Geschichte einging und ab 1933 zu einem Parteimuseum umfunktioniert wurde.[23] 1922 wurde die Unionsbrauerei in der Äußeren Wiener Straße 42–44 stillgelegt und an einen Getränkehandel vermietet. Hermann Schülein konnte seine geschäftlichen Kapazitäten voll und ganz dem Löwenbräu widmen. Nach den großen Fusionen besaß er die Mehrheit an Löwenbräu-Aktien und wurde damit nicht mehr nur als Generaldirektor, sondern auch als Besitzer der Löwenbräu AG betrachtet. Innerbetrieblich verfolgte die Brauerei unter der Leitung von Hermann Schülein eine ausgeprägt soziale Politik, wie dies auch sein Vater ehedem in der Unionsbrauerei betrieben hatte. Die sozialen Leistungen befanden sich stets über den tariflichen Mindestvorgaben, selbst während der Massenarbeitslosigkeit zu Zeiten der Wirtschaftskrise konnten Entlassungen durch Lohnkürzungen und Kurzarbeitsmodelle weitgehend vermieden werden. Den Arbeitern wurden neben diversen Gratifikationen

19 Christian Schäder, Brauindustrie (wie Anm. 7), S. 280–285.
20 Siehe dazu auch die Katalogbeiträge zur Schlossbrauerei Planegg und Hermann Schüleins Widerstand gegen die NS-Raubpolitik.
21 Geschäftsbericht Cenovis Nährmittelwerke GmbH 1920/21. BWA F2/7008.
22 Vgl. Christian Schäder, Münchner Brauindustrie (wie Anm. 7), S. 265–269.
23 Vgl. Benedikt Weyerer: Sterneckerbräu, in: Winfried Nerdinger (Hg.): Ort und Erinnerung. Nationalsozialismus in München, Salzburg-München 2006, S. 15.

Firmenwohnungen zur Verfügung gestellt und sie konnten sich zu Sonderkonditionen mit Lebensmitteln versorgen.[24]

Zwischen den Münchner Brauriesen gab es stets Vernetzungen, wie auch eine im Jahr 1922 abgeschlossene Interessengemeinschaft zwischen der Löwenbräu AG und der kurz zuvor fusionierten Spaten-Franziskaner-Leistbräu AG deutlich demonstriert. Der Geschäftsbericht der Löwenbräu AG gibt sich 1922/23 noch optimistisch: „*Mit diesem Vertrage, der die beiden größten Brauereien Münchens in freundschaftliche Verbindung brachte, ist das durch frühere Fusionen begonnene Werk gekrönt worden.*“[25] Erstes gemeinsames Projekt war im Jahr 1923 die Gründung der Cerevisia AG, um das Bier-Exportgeschäft anzukurbeln. Cerevisia kümmerte sich unter anderem um den Vertrieb des Münchner Biers, um Beteiligungen an Brauerei- und Mälzereibetrieben, um den Ankauf von Rohprodukten und die Finanzierung diverser Investitionen.[26] Der IG-Vertrag zwischen den beiden Brauereien war in erster Linie abgeschlossen worden, um den gegenseitigen Konkurrenzkampf einzudämmen; ein Ziel, das als gescheitert betrachtet werden darf, zumal es permanente Konflikte um die jeweils größeren Vorteile für das eigene Unternehmen gab. Im Jahr 1932 lässt der Geschäftsbericht von Löwenbräu den Zusammenbruch der IG verlauten, „*durch eine bei Vertragsabschluss nicht vorhersehbare Entwicklung der Verhältnisse […]*“[27]. Im Geschäftsjahr 1928/29 überschritt Löwenbräu trotz der schwierigen Wirtschaftslage als erste Münchner Brauerei unter der Leitung des Vorstandsvorsitzenden Hermann Schülein einen Bierausstoß von über einer Million Hektoliter.[28]

Hermann Schüleins Situation und die Erfolge, die er für die Löwenbräu AG verbuchen konnte, änderten sich ab der Machtübergabe an die Nationalsozialisten 1933 radikal. Sämtliche jüdische Mitglieder des Aufsichtsrates von Löwenbräu mussten zurücktreten. Darunter befand sich auch Josef Schülein, der sich ganz auf Schloss Kaltenberg zurückzog. Einzig Hermann Schülein, dessen Arbeit offensichtlich unverzichtbar war, verblieb als „einfaches“ Vorstandsmitglied. Ein erster Fluchtversuch in die Schweiz wurde vereitelt und Schülein kurzfristig inhaftiert. Nur zwei Jahre später spitzte sich die Situation zu und Hermann Schülein zog sich im Dezember 1935 wegen angeblich gesundheitlicher Gründe aus dem Vorstand zurück: „*Ende November 1935 ist Herr Kommerzienrat Dr. Hermann Schülein mit Rücksicht auf seinen Gesundheitszustand auf seinen Wunsch aus unserem Unternehmen ausgeschieden.*“[29] Er floh mithilfe des späteren Löwenbräu-Mitglieds Joseph Simbeck über die Schweiz in die USA. Ab dem Jahr 1948 wurde er wieder im Aufsichtsrat von Löwenbräu geführt, allerdings unter gänzlich anderen Voraussetzungen, als Generaldirektor der Liebmann-Brauerei in New York, die unter seiner Ägide zur erfolgreichsten Brauerei der Ostküste avancierte. Seine Verbundenheit zu München und zu Löwenbräu verriet Hermann Schülein in einem Interview zu seinem 80. Geburtstag: „*[W]enn etwas überflüssig ist, sagt man, das hieße ja, Bier nach München tragen. […] Von den Münchner Bieren kommt hauptsächlich nur Löwenbräu in Frage.*“[30]

7/45
Löwenbräu-Werbefigur
Um 1950
Jüdisches Museum München

24 Christian Schäder, Brauindustrie (wie Anm. 7), S. 155–163.
25 Geschäftsbericht Löwenbräu 1922/23, BWA F2/6593.
26 BWA F2/ 1443, F2/1444, F2/1446.
27 Geschäftsbericht Löwenbräu 1931/32, BWA F2/6001.
28 Wolfgang Behringer: Löwenbräu. Von den Anfängen des Münchner Brauwesens bis zur Gegenwart, München 1991, S. 239.
29 Geschäftsbericht Löwenbräu 1934/35, BWA F2/6004.
30 Zwischen Arber und Wetterstein: Interview mit Hermann Schülein anlässlich seines 80. Geburtstags, 24.01.1964, Archiv der Spatenbrauerei.

7/42
Geschichte der Aktienbrauerei zum Löwenbräu

Hermann Dihm (1883–1921)
Titelentwurf Ludwig Hohlwein (1874–1949)
München 1922
H: 32,1 cm; B: 23,5 cm

Jüdisches Museum München, # JM 142/2015

Festschrift zum 50-jährigen Bestehen der Löwenbräu AG.

7/43
Flaschenträger des Löwenbräu mit 24 Bierflaschen

Um 1930
Blech, Glas
H: 22 cm; B: 41 cm; T: 43,5 cm

Deutsches Museum München, # 1991-0853

7/44
Werbeanzeige „Original Münchner Löwenbräu“

Stanislaus Bender (1882–1975)
1925
Druck
H: 19,7 cm; B: 39,5 cm

Jüdisches Museum München, # JM 63/2004/1

Weihnachtliches Werbeplakat für Bock- oder Märzenbier.

7/45 *Abbildung S. 171*
Löwenbräu-Werbefigur

Um 1950
Pappmaché
H: 33,5 cm; B: 24,5 cm; T: 13,5 cm

Jüdisches Museum München, # JM 20/2015

7/46
Bierkiste des Löwenbräu

Um 1930
Holz
H: 22 cm; B: 41 cm; T: 43,5 cm

Jüdisches Museum München, # JM 46/2015

Bock
Löwen-
bräu
München
IVL DIEZ
KVNSTANSTALT/O.CONSÉE AG MVNCHEN.

< 7/47
Plakat „Bock Löwenbräu München“

Julius Diez (1870–1957)
1924
Farblithografie (Reproduktion)
H: 120 cm; B: 84 cm

Münchner Stadtmuseum, # P-C9/16

7/48
Plakat „Löwenbräu München“

Siegmund von Suchodolsky (1875–1935)
Um 1925
Farblithografie (Reproduktion)
H: 125,5 cm; B: 90 cm

Münchner Stadtmuseum, # P-C9/13

7/49 >
Plakat „Löwenbräu München“

Hans Heinrich Koch (1896–1977)
Um 1930
Farblithografie (Reproduktion)
H: 125 cm; B: 92 cm
Münchner Stadtmuseum, # P-C9/8

7/50
Werbefilm Löwenbräu

Filmpräsentation 2016
Schnitt: Felix Jebauer
Produktion: HORNCOLOR Multimedia GmbH,
Christian Horn, Alexander Arnold
3'19"

Die Begeisterung für das neue Medium Film findet auch in der Werbung Ausdruck. Dieser stark gekürzte Löwenbräu-Werbefilm aus den 1920er-Jahren arbeitete nach damaligen Maßstäben mit neuester Technik.

LÖWENBRÄU
Dunkles Lagerbier
LÖWENBRÄU MÜNCHEN
AKTIENBRAUEREI ZUM LÖWENBRÄU MÜNCHEN
MÜNCHEN
AU MÜLLER A.G. KUNSTVERLAGSANSTALT

DIE SCHLOSSBRAUEREI KALTENBERG

In den Jahren 1876/77 erbauten die beiden aus einer vermögenden Familie stammenden Brüder Ferdinand und Sigmund von Willibald die Schlossbrauerei Kaltenberg. Diverse Baupläne dieser Zeit belegen, dass die Brauerei in den folgenden 30 Jahren immer wieder erweitert und umgebaut wurde. 1916 kaufte die Unionsbrauerei Schülein & Cie. AG die vom Ersten Weltkrieg geschwächte Schlossbrauerei. Das Malz war zu dieser Zeit längst kontingentiert, die Bierproduktion auf ein Minimum beschränkt. Die Brauerei hatte in diesem Jahr nur mehr einen Bierausstoß von etwa 4.000 Hektolitern; eine Situation, die sich durch Josef Schülein rasch verbessern sollte. 1921 wurde die Schlossbrauerei Kaltenberg zu einem Teil der Fusionsmasse zwischen Löwenbräu und der Unionsbrauerei. Als Bestandteil der Vertragsbedingungen erwarb Josef Schülein die Brauerei Kaltenberg für eigene Zwecke und betrieb sie fortan gemeinsam mit seinem Sohn Fritz. *„Joseph Schülein ging mit viel Tatkraft und großem ökonomischem Sachverstand ans Werk und leitete einen ungeahnten Aufschwung für die Brauerei ein.“*[31] Ein Blick auf die Entwicklung des Bierabsatzes zeigt deutlich Schüleins Erfolge: Betrug der Bierausstoß im Jahr 1921 noch 6.800 Hektoliter, hatte er ihn bis ins Jahr 1927 mit 18.500 Hektolitern fast verdreifacht. 1930 schließlich umfasste der Bierausstoß 20.200 Hektoliter. Josef Schülein sorgte für eine Modernisierung des Betriebs, ließ eine neue Mälzerei bauen, die Kellerräume sanieren und vergrößerte die Brauerei nach und nach. Er fing im Jahr 1917 mit sieben Mitarbeitern an und beschäftigte 1933 bereits 31 Frauen und Männer. Doch auch das Schlossgut selbst, nebst dem verpachteten Bräustüberl, wurde ertragreich verwaltet, insbesondere durch Boden- und Viehwirtschaft, wobei sich die Stallungen im Osttrakt des Schlosses befanden. Noch im Jahr 1938 lieferte die Schlossbrauerei Kaltenberg ihr Bier an insgesamt 91 Gaststätten und Flaschenhandlungen in 79 verschiedene größere und kleinere Ortschaften über den Landkreis Landsberg hinaus. Das Jahr 1939 bedeutete das endgültige Aus für die Erfolgsära der Schüleins in Kaltenberg. Im September 1938 starb Josef Schülein. Nur zwei Monate später wurde sein Sohn Fritz Schülein in das KZ Dachau deportiert und im Februar 1939 enteignet.

Nach dem Kriegsende wurde die Führung der Brauerei dem zuvor dort schon tätigen Braumeister Anton Haug übertragen. Direktor Anton König, der ebenfalls bereits vor dem Zweiten Weltkrieg die Direktion inne hatte, kam zurück und die Schlossbrauerei nahm ab Mai 1945 ihren gewohnten Betrieb wieder auf – allerdings ohne die Familie Schülein. Diese erhielt die Brauerei 1948 zurück. Fritz Schülein, der sich wie auch die anderen Familienmitglieder nicht mehr in Deutschland niederlassen wollte, verkaufte die Schlossbrauerei Kaltenberg 1954 an den Wittelsbacher Heinrich Prinz von Bayern. Nach dessen tödlichem Unfall im Jahr 1958 übernahm seine Schwester Irmingard Prinzessin von Bayern gemeinsam mit ihrem Mann Ludwig Karl Maria Prinz von Bayern die Brauerei. Seit 1976 führt Luitpold Prinz von Bayern den Brauereibetrieb und nannte ihn König Ludwig Schlossbrauerei Kaltenberg. Zudem rief er im Jahr 1979 das bis heute international erfolgreiche Kaltenberger Ritterturnier ins Leben.[32]

EXKURS: DIE BRAUEREI AUS DER SICHT EINES LEHRLINGS

Folgender kleiner Exkurs gibt selten zu findende private Einblicke in den Arbeitsalltag einer Brauerei. Historische Fakten verbinden sich mit persönlichen Empfindungen und Erlebnissen. Das bisher theoretische Thema Bierbrauen wird in diesen Zeitzeugenberichten zu einer greifbaren praktischen Erfahrung, die sich außerdem mit „jüdischer Erfahrung“ verquickt.

Die Familie Schülein war eng mit der Münchner Familie des Rechtsanwalts Michael Siegel (1882–1979) befreundet. Michael Siegel war als Anwalt tätig und engagierte sich auch im Vorstand der Kultusgemeinde München. Im März 1933 wurde er als einer der ersten jüdischen Bürger Münchens öffentlich gedemütigt und misshandelt. Die dabei entstandenen Fotografien wurden damals weltweit veröffentlicht.[33] Als sich die Situation im November 1938 zuspitzte und Michael Siegel in München von der Gestapo gesucht wurde, flüchteten die Siegels nach Kaltenberg, konnten

31 Arbeitsgemeinschaft Ortsgeschichte Kaltenberg (Hg.): Kaltenberg mit Jedelstetten. Schloss. Kirche. Gemeinde. Vereine. St. Ottilien 2012, S. 49.
32 Ebd., S. 60-67.
33 Franziska Brüning: Symbol für den Terror der Nazis, in: Süddeutsche Zeitung, 22.08.2012.
34 Bea Green: Vortrag beim Symposium 70 Jahre Reichspogromnacht, 08.11.2008. Bea Green, „Eine Zeitzeugin erzählt“, in: http://www.initiative27januar.de/7-9NOV2008/texte/Symp_02-Zeitzeuge.pdf.

aber nicht bleiben, da auch dort die Gestapo erschien und Fritz Schülein verhaftete, kurz nachdem Mathilde und Michael Siegel gemeinsam mit ihrer Tochter zurück nach München gefahren waren. Die Tochter Bea (geb. 1925), verheiratete Green, berichtete dazu Folgendes: *„Mein Vater, meine Mutter und ich haben uns entschlossen zum Schloss Kaltenberg zu fahren, das war eine Brauerei. Das gehörte nämlich den Schühleins* [sic!], *jüdischen Freunden von uns und wir dachten das wäre sicher, weil das Schloss eine Brücke hatte, die man hochziehen konnte […]. Wir sind also in Kaltenberg angekommen und die Eltern haben Herrn und Frau Schühlein* [sic!] *erzählt was anscheinend in München los war und nach ca. einer Stunde hat meine Mutter gesagt, es ist mir ungemütlich hier, ich muss hier weg. Und hinterher haben wir erfahren, dass eine Stunde nach unserem Weggehen der Herr Schühlein [sic!] verhaftet wurde.“*[34] Im Jahr 1940 konnten Michael und Mathilde Siegel Deutschland verlassen und auf vielen Umwegen nach Peru emigrieren, wo sie sich ein neues Leben aufbauten. Ihre Kinder, Hans Peter Siegel (1921–2010) und Maria Beate, waren bereits zuvor nach London geschickt worden. Beiden wurde diese Stadt eine neue Heimat und auch sie kehrten nach Kriegsende nicht mehr nach München zurück.

7/51
Bierkiste der Schlossbrauerei Kaltenberg

Um 1920
Holz, Glas
H: 14 cm (mit Flaschen: 34 cm),
B: 57 cm; T: 47 cm

Schloss Kaltenberg KG, Geltendorf

Besonders Hans Peter Siegel, der sich ab 1943 Hugh Peter Sinclair nannte, hatte eine spezielle Verbindung zur Schlossbrauerei Kaltenberg. Ende 1937 trat Siegel auf Wunsch seines Vaters eine Brauereilehre in der Schlossbrauerei Kaltenberg an. „*1937 fassten meine Eltern den Entschluss, dass ich den Beruf eines Bierbrauers erlernen sollte, der mir in der ganzen Welt von Nutzen sein konnte.*“[35] Bis zu seinem Abschluss ein Jahr später durchlief Siegel sämtliche in einer Brauerei notwendigen Abteilungen und fühlte sich sehr wohl bei dieser körperlich anstrengenden Arbeit: „*Die Eigentümer der Brauerei, die Münchner Familie Schülein, waren mir durch meine Eltern seit Jahren gut bekannt, aber ab dem Zeitpunkt, da ich als Brauerlehrling in den Betrieb eintrat, war ich ein Mitarbeiter wie jeder andere auch. […] Die tägliche Arbeitszeit dauerte von 6 Uhr morgens bis 4 Uhr nachmittags […]. Meine erste Arbeit war die Bedienung der Etikettiermaschine in der Flaschenwasch- und -abfüllabteilung. […] Nach einigen Wochen wechselte ich an die Fässerreinigungsmaschine. […] So ging es von Abteilung zu Abteilung, in das Sudhaus, auf die Darre, in den Gärkeller, in die Transportfässerabfüllung und schließlich in den Keller mit den ganz großen Lagerfässern. […] Die schwerste Arbeit war aber zweifellos das Ausräumen der Darre. Dort war es unglaublich eng, heiß und staubig, ein unvergesslicher Eindruck! […] Auf mein Lehrlingsjahr in der Schlossbrauerei Kaltenberg blicke ich mit großer Genugtuung zurück.*“[36] Ein bis heute im Stadtarchiv München aufbewahrtes Zeugnis belegt H. Peter Sinclairs erste Schritte in das Brauereiwesen, die allerdings die einzigen bleiben sollten.

7/52
Bierdeckel „Schloßbrauerei Kaltenberg“

Um 1930
Pappe
D: 10,7 cm

Jüdisches Museum München, # JM 14/2015

35 H. Peter Sinclair: Von Siegel zu Sinclair: Eine jüdische Familiengeschichte unserer Zeit, in: Susanne Rieger, Gerhard Jochem (Hg.): http://www.rijo.homepage.t-online.de/pdf/DE_MU_JU_sinclair_peter.pdf, 2010.
36 Ebd., S. 5–7.

7/53
Bierkrug Schloßbrauerei Kaltenberg

Um 1920
Steinzeug, Stempeldekor
H: 18,5 cm; D (Stand): 9,5 cm; V: 1 l
Krug: ungemarkt

Jüdisches Museum München, # JM 13/2015

7/54
Bierkrug Schlossbrauerei Kaltenberg

Um 1930
Steinzeug, Stempeldekor
H: 18,9 cm; D (Stand): 10,5 cm; V: 1 l (ohne Eichung)
Krug: ungemarkt

Jüdisches Museum, München, # JM 19/2015

7/55
Bierflasche der Schlossbrauerei Kaltenberg

Um 1920
Grünes Pressglas
H: 30 cm; D: 9 cm; V: 1 l

Jüdisches Museum München, # JM 10.1/2016

Flasche mit Bügelverschluss, Schriftzug: „Schlossbrauerei Kaltenberg“ mit reliefierter Abbildung des Schlosses Kaltenberg.

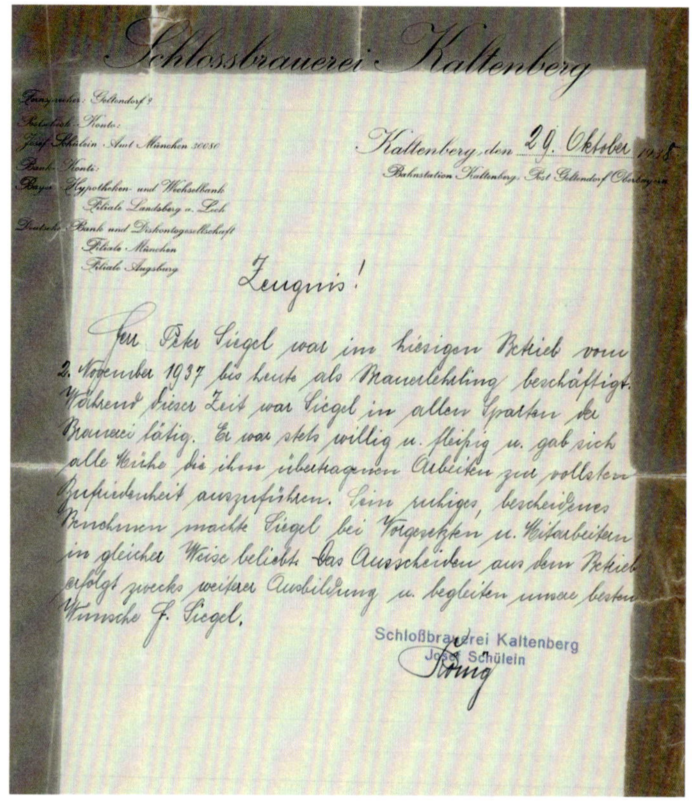

Schlossbrauerei Kaltenberg

Fernsprecher: Geltendorf 9
Postscheck-Konto:
Josef Schülein · Amt München 20080
Bank-Konti:
Bayer. Hypotheken- und Wechselbank
Filiale Landsberg a. Lech
Deutsche Bank und Diskontogesellschaft
Filiale München
Filiale Augsburg

Kaltenberg, den 29. Oktober 1938
Bahnstation Kaltenberg, Post Geltendorf Oberbayern

Zeugnis!

Herr Peter Siegel war im hiesigen Betrieb vom 2. November 1937 bis heute als Brauerlehrling beschäftigt. Während dieser Zeit war Siegel in allen Sparten der Brauerei tätig. Er war stets willig u. fleißig u. gab sich alle Mühe die ihm übertragenen Arbeiten zur vollsten Zufriedenheit auszuführen. Sein ruhiges, bescheidenes Benehmen machte Siegel bei Vorgesetzten u. Mitarbeitern in gleicher Weise beliebt. Das Ausscheiden aus dem Betrieb erfolgt zwecks weiterer Ausbildung u. begleiten unsere besten Wünsche J. Siegel.

Schloßbrauerei Kaltenberg
Josef Schülein

7/56
Arbeitszeugnis von Hans Peter Siegel (1921–2010)

1938
Tinte auf Papier
H: 29 cm; B: 22 cm

Stadtarchiv München, # Judaica 154/04

Handschriftliches Zeugnis der Schlossbrauerei Kaltenberg, in dem bestätigt wird, dass der Brauerlehrling Peter Siegel in allen Sparten der Brauerei tätig war.

7/57
Hans Peter Siegel

1939
Sw-Fotografie
H: 10 cm; B: 7 cm

Stadtarchiv München, # Judaica 154/62

7/58
Die Brauerei aus der Sicht eines Lehrlings

Audiopräsentation 2016
Lesung aus: H. Peter Sinclair: Von Siegel zu Sinclair: Eine jüdische Familiengeschichte unserer Zeit./ From Siegel to Sinclair: The story of a Jewish Family in our times. Hg. von Susanne Rieger, Gerhard Jochem, 2010.
Sprecher: Philipp Moog
Produktion: Südkino Filmproduktion GmbH
3'42"
Quelle: http://www.rijo.homepage.tonline.de/pdf/DE_MU_JU_sinclair_peter.pdf

7/59
Flaschenabfüllgerät

Um 1935
Eisen, Gummi, Holz, Glas
H: 145 cm; B: 75 cm; T: 65 cm

Schloss Kaltenberg KG, Geltendorf

7/60
Werbeschild der Schlossbrauerei Kaltenberg

Um 1930
Blech, emailliert
H: 89 cm; B: 66 cm

Schloss Kaltenberg KG, Geltendorf

7/61
Bierfass der Schlossbrauerei Kaltenberg

Um 1920
Holz
H: 68 cm; D: 53 cm

Schloss Kaltenberg KG, Geltendorf

Schlossbrauerei
Kaltenberg

< 7/62
Werbeplakat der Schlossbrauerei Kaltenberg

Um 1925
Farblithografie / Collage
Hersteller: G. Kocher & Co., München
H: 82,5 cm; B: 57 cm

Schloss Kaltenberg KG, Geltendorf

7/63
Schloss Kaltenberg

Um 1900
Öl auf Karton
H: 69,5 cm; B: 54,5 cm

Schloss Kaltenberg KG, Geltendorf

7/64
Ansichtskarte des Schlosses Kaltenberg

Um 1930
Sw-Fotografie
H: 13,8 cm; B: 8,8 cm

Jüdisches Museum München, # JM 134/2015

8/12
Bierdeckel der Liebmann Brewery
Um 1958
Jüdisches Museum München

»Was würdest Du tun, wenn Dir Dein Vaterland Unrecht tut?«

HERMANN SCHÜLEINS WIDERSTAND GEGEN DIE NS-RAUBPOLITIK

VON ANNE MUNDING

Waren es tatsächlich „Hoffnungslosigkeit" und „Passivität", mit denen die europäischen Juden auf die nationalsozialistische Verfolgung reagierten? Waren diese Menschen wirklich unfähig, den *„Lauf der zu ihrer Vernichtung führenden Ereignisse zu ändern"?* Saul Friedländer jedenfalls hält eine solche Deutung für ungerecht; die Opfer seien dadurch in *„ein statisches und abstraktes Element des Hintergrundes"* verwandelt worden, ohne dass die Nachwelt jemals etwas über ihr Leben oder ihre Gefühle erfahren habe. Den Stimmen der Opfer solle man daher, so Friedländer, deutlich mehr Gehör schenken und ihr vielfältiges Handeln, ihre Reaktionen und Initiativen nicht übersehen.[1]

1 Saul Friedländer: Das Dritte Reich und die Juden. Die Jahre der Verfolgung 1933–1939, München 1998, S. 12.

Im Mittelpunkt dieses Beitrags[2] steht der Fall eines Mannes, der auf die Repressionen der Nationalsozialisten nicht mit „Hoffnungslosigkeit" und „Passivität" reagierte – im Gegenteil. Als Generaldirektor der Löwenbräu AG gelang es Hermann Schülein vielmehr, aller antisemitischen Angriffe und Kampagnen zum Trotz, sich bis 1935 im Vorstand seines Unternehmens zu halten. Ungewöhnlich war auch, dass er nach seiner Emigration im Jahr 1935 erneut Karriere machte. Als Direktor der New Yorker Liebmann-Brauerei konnte er dann in ebenso zähen wie geschickten Verhandlungen mit dem Reichswirtschaftsministerium einen Teil seines Vermögens durch Transfergeschäfte retten und seine Ausbürgerung verhindern. Und schließlich – auch dies ist höchst ungewöhnlich – verzichtete er bei der Wiedergutmachung nach 1945 auf einen Teil seiner Rückerstattungsansprüche.

2 Dieser Beitrag beruht auf meiner 2003 verfassten und von Professor Hans Günter Hockerts betreuten Magisterarbeit. Die danach erschienene einschlägige Literatur sowie weitere neue Quellenfunde wurden für diesen Beitrag berücksichtigt.

Die Versuche Hermann Schüleins, sein Vermögen auf legalem Wege vor dem Zugriff der Nationalsozialisten zu retten, widerspricht der häufig in der Literatur verbreiteten These, die Juden hätten sich als Opfer staatlicher Maßnahmen kaum gewehrt. Allerdings, dies soll hier auch betont werden, handelt es sich hierbei um einen wohl einzigartigen Sonderfall. Die im Folgenden geschilderten Initiativen zur Rettung seines Vermögens waren nur möglich, weil Schülein bis 1935 der deutschen und seit 1936 der amerikanischen Wirtschaftselite angehörte. Nur den wenigsten jüdischen Emigranten ist ein wirtschaftlicher Wiederaufstieg im Exil gelungen, vielen blieb die Flucht überhaupt verwehrt.[3] Verloren haben sie alle – auch Hermann Schülein – ihr Vaterland.

3 Zwischen 1933 und 1939 wanderten 235.000 der insgesamt 520.000 Juden, die vor Hitlers Machtergreifung im Deutschen Reich gelebt hatten, aus. Vgl. Yfaat Weiss: Deutsche und polnische Juden vor dem Holocaust. München 2000, S. 131.

RÜCKTRITT: HERMANN SCHÜLEIN VERLÄSST DEN VORSTAND DER LÖWENBRÄU AG (1935)

Vor 1933 war Hermann Schülein einer der erfolgreichsten Manager der bayerischen Brauindustrie; er galt als der Architekt der Fusion zwischen der Unionsbrauerei Schülein & Cie. AG mit der Löwenbräu AG im Jahr 1921. Während sich sein Vater Josef und sein Bruder Fritz um die Verwaltung der Schlossbrauerei Kaltenberg kümmerten, leitete Schülein zunächst als Vorstandsmitglied, seit 1928 dann als Vorstandsvorsitzender und Generaldirektor die Münchner Löwenbräu AG.[4] Dies tat er so erfolgreich, dass sie bereits 1928 zu den 300 größten Aktiengesellschaften Deutschlands gehörte und es sich leisten konnte, an ihre Aktionäre Dividenden in der Höhe von 13 Prozent auszuzahlen. Schülein selbst bezog ein Jahresgehalt von immerhin 100.000 RM.[5] Der Erfolg hatte jedoch seine Schattenseiten. Neben den jüdischen Kaufhäusern wurden schon bald auch die jüdischen Großbrauereien zum Feindbild der nationalsozialistischen

4 Zur Geschichte der Familie Schülein und der Löwenbräu AG vgl. Wolfgang Behringer: Löwenbräu. Von den Anfängen des Münchner Brauwesens bis zur Gegenwart, München 1991; Hermann Wilhelm: Die Schüleins. Aufstieg, Enteignung und Flucht. Zur Geschichte einer jüdischen Brauereifamilie in München, München 2005.

5 Christian Schäder: Münchner Brauindustrie 1871–1945, Marburg 1999, S. 285.

Propaganda, erst recht in München. So warnte der Völkische Beobachter bereits am 23. September 1922 auf der Titelseite vor einer „*Verjudaisierung der bayer. Brauindustrie*". In einer charakteristischen Mischung von Antisemitismus und Antikapitalismus wurde Hermann Schülein 1928 im Völkischen Beobachter als Vertreter eines von Juden dominierten „Biertrusts" diffamiert.[6] Auch Hitler beschäftigte sich damals öffentlich mit ihm:

6 Völkischer Beobachter (Bayernausgabe) vom 19./20.02.1928, Beiblatt, S. 1.

> Man weiß ja, wie in Wirklichkeit die Absicht der Rettung des Mittelstandes verläuft. In München geht seit einigen Monaten laut Gerücht ein sehr schönes Projekt herum, nämlich eine hiesige große Bierbrauerei mit Herrn Schülein an der Spitze, trägt sich mit dem Gedanken, eine große Zentral-Brotfabrik zu gründen. Herr Schülein kann nicht sehen, daß die Münchner dieses schlechte Brot essen. Herr Schülein ist bereit, so sagt das Gerücht, ein paar Millionen zur Verfügung zu stellen. Die Rentabilität, so sagt das Gerücht, ist nicht ganz aussichtslos. Herr Schülein ist Besitzer einer großen Brauerei, von der die Wirtspächter abhängig sind, und man beabsichtigt, die Wirte zu veranlassen, daß sie nur das Brot von dieser Fabrik beziehen, die dem Herrn Schülein gehört. Das ist augenblicklich nur ein Gerücht, weil man die Tatsache nicht vor dem Volke verantworten könnte. Sonst würden die Münchener Bäckermeister rebellisch werden und Stellung gegen Schülein nehmen müssen, der ein einflußreicher Mann ist.[7]

7 Rede Hitlers vom 21. März 1928 auf einer NSDAP-Versammlung in München, in: Hitler. Reden Schriften Anordnungen. Februar 1925 bis Januar 1933, Band II/2, hg. von Bärbel Dusik, München 1992, Dok. 242, Zitat S. 745.

Die Vorwürfe, Schülein wolle aus seinem angeblichen Braumonopol nun auch ein Brotmonopol machen, waren reine Erfindung und schon deswegen besonders infam, weil Schüleins Mutter Ida im Ersten Weltkrieg im Münchner Kindlbräukeller die Armenspeisung organisiert und dadurch vermutlich Tausende Münchner vor dem Hungertod bewahrt hatte.[8] Hermann Schülein selbst hatte damals als ehrenamtlicher Mitarbeiter der Münchner Lebensmittelversorgungsgesellschaft die Bewirtschaftung von Kartoffeln, Obst und Gemüse beaufsichtigt. Auch dafür erhielt er 1925 den Titel eines Kommerzienrats.[9] So abstrus solche Denunziationen auch waren, sie gingen weder an Schülein noch an der Löwenbräu AG spurlos vorüber. Als dann die NSDAP bei der Reichstagswahl vom September 1930 18,3 Prozent der Stimmen erhielt und nach der SPD zweitstärkste Fraktion im Deutschen Reichstag wurde, war für Schülein endgültig der Zeitpunkt gekommen, um mit Löwenbräu erste Abmachungen zur Sicherung seiner Ansprüche „*im Falle seines freiwilligen oder erzwungenen Rücktritts*"[10] aus dem Unternehmen zu treffen.[11] Sollte die NSDAP an die Regierung kommen, so sollten ihm alle Anteile an der Cerevisa AG in Zürich, einer Tochtergesellschaft der Löwenbräu AG, übertragen werden. Der damalige Wert der Aktien betrug 96.000 Dollar. Dass Schülein solche Verträge bereits 1930 ausfertigen ließ, spricht für seine Weitsicht sowie für seine Sensibilität und zeigt nicht zuletzt, wie ernst er die Gefahr einer rechtsradikalen, antisemitischen Diktatur nahm.

8 Hermann Wilhelm, Löwenbräu (wie Anm. 4), S. 26.

9 BayHStA, MHIG 2619.

10 StAM, BFD 5920.

11 Zur Verdrängung jüdischer Vorstands- und Aufsichtsratsmitglieder 1933–1945: Martin Münzel: Die jüdischen Mitglieder der deutschen Wirtschaftselite 1927–1955. Verdrängung – Emigration – Rückkehr, Paderborn 2004, S. 236–286.

Mit den Ereignissen des Jahres 1933 sollten sich dann seine Befürchtungen bestätigten. Schon bald nach der Zäsur des 30. Januar 1933 begannen zahllose Angriffe auf politische Gegner und auch auf die Juden. Mit dem Aufruf vom 28. März 1933 zum Boykott jüdischer Geschäfte, Ärzte und Anwälte begann die Verdrängung der deutschen Juden aus dem Wirtschaftsleben. Für Hermann Schülein war dieser Boykottaufruf ein Signal, Deutschland sofort zu verlassen.[12]

12 1933 emigrierten 666 der 9.000 Münchner jüdischen Glaubens. Vgl. Doris Seidel: Die jüdische Gemeinde Münchens 1933–1945, in: Angelika Baumann, Andreas Heusler: München arisiert. Entrechtung und Enteignung der Juden in der NS-Zeit, München 2004, S. 49.

Am 30. März 1933 versuchte er – im Alter von immerhin 50 Jahren – zu fliehen, wurde aber bereits in Kreuth verhaftet und am nächsten Abend wieder aus der „Schutzhaft" entlassen.[13] Dennoch konnte Schülein zunächst seine Arbeit bei Löwenbräu fortsetzen, was dafür spricht, dass zumindest von Seiten des Unternehmens kein Druck auf ihn ausgeübt wurde. Jedoch war dies nur eine kurze Frist. Mit einem jüdischen Generaldirektor, der gleichzeitig Vorstandsvorsitzender war, einem jüdischen Aufsichtsratsvorsitzenden und vier weiteren jüdischen Mitgliedern des Aufsichtsrats galt Löwenbräu bei den neuen Machthabern als jüdisches Unternehmen.[14] Nun drohten Staat und Stadt als Kunden wegzubrechen; nur vier Tage nach seinem Amtsantritt im März 1933 hat der kommissarische Münchner Oberbürgermeister Karl Fiehler die Stadtverwaltung angewiesen, keine Aufträge mehr an „nichtdeutsche" Unternehmen zu vergeben.[15] Sowohl die in der Brauerei installierten Vertreter der Nationalsozialistischen Betriebszellenorganisation (NSBO) als auch die Kampagnen der Konkurrenz erhöhten den Druck.[16] Am 11. Mai 1933 erfolgte dann ein erster entscheidender Schritt zur „Arisierung" des Löwenbräu: Die jüdischen Mitglieder des Aufsichtsrats, Josef Schülein, Martin Aufhäuser, Richard Kohn und Friedrich Pasternak, mussten von ihren Ämtern zurücktreten. Ebenfalls zum Rücktritt gezwungen wurde der jüdische Aufsichtsratsvorsitzende Jakob Schulmann, der dem Aufsichtsrat 33 Jahre angehört hatte. Seine Abschiedsrede lässt erahnen, wie sehr er sich mit dieser Firma identifiziert und auch, was er für sie geleistet hatte:

> Ich wünsche dem Unternehmen, meiner lieben Löwenbrauerei, der meine Wünsche und Sorgen, mein Denken und mein Fühlen, seit mehr wie einem Menschenalter gilt und allen ihren braven und fleißigen Angestellten und Arbeitern, den Arbeitern der Stirn und der Faust, weiterhin eine gedeihliche Zukunft; der Umbau der staatlichen und wirtschaftlichen Formen, der heute vorgenommen wird, möge uns Allen zum Heile gereichen, vor Allem aber auch unserem lieben deutschen Vaterlande.

In derselben Sitzung verkündete auch Hermann Schülein, dass er von seinen Ämtern als Generaldirektor und Vorstandsvorsitzender zurücktrete.[17] Aus dem Sitzungsprotokoll geht jedoch recht deutlich hervor, dass das Unternehmen auch künftig nicht auf ihn verzichten wollte:

> Der Herr Vorsitzende gab hierauf unter allseitiger Zustimmung der Genugtuung darüber Ausdruck, [...] dass Herr Kommerzienrat Dr. Hermann Schülein der Vorstandschaft des Unternehmens erhalten bleibt. Herr Dr. Schülein hatte sich schon vorher bereit erklärt, den Titel und die Funktion des Generaldirektors niederzulegen, und der Herr Vorsitzende gab der Überzeugung Ausdruck, dass Herr Dr. Schülein auch als einfacher Direktor seine Arbeitskraft in nunmehr engeren Rahmen auf dem ihn treffenden Arbeitsgebiet nach wir vor erfolgreich einsetzen und damit auch für das Geschäft und die gesamte Belegschaft in alter Weise besorgt sein werde.

Der neue Aufsichtsratsvorsitzende, August von Finck, hatte mit dem Parteigenossen und Chefsyndikus der Münchner Industrie- und Handelskammer, Hans Buchner, ausgehandelt, dass die Partei „*die Fassade der Gleichschaltung*"

13 Tonbandaufzeichnung des Interviews mit Hermann Schülein anlässlich seines 80. Geburtstages am 24. Januar 1964 in der Sendung „Zwischen Arber und Wetterstein", Archiv der Spatenbrauerei.

14 Bis 1938 gab es keine formelle oder rechtliche Definition, was unter einer „arischen" bzw. unter einer „jüdischen" Firma zu verstehen ist. Vgl. Harold James: Die Deutsche Bank und die „Arisierung", München 2001, S. 45.

15 Marian Rappl: „Arisierungen" in München. Die Verdrängung der jüdischen Gewerbetreibenden aus dem Wirtschaftsleben der Stadt 1933–1939, in: Zeitschrift für bayerische Landesgeschichte, Band 67, Heft 1, 2000, S. 123–184, hier S.130f. Damit nahm München in der Judendiskriminierung eine Vorreiterrolle ein, auf Reichsebene erfolgte diese Verordnung erst im Herbst 1937.

16 Vgl. Wolfgang Behringer. Löwenbräu (wie Anm. 4), S. 245.

17 Archiv der Spatenbrauerei, Niederschrift über die Sitzung des Aufsichtsrates und der Direktion der Aktienbrauerei zum Löwenbräu in München am 11. Mai 1933.

als vollzogen betrachte, wenn alle „*nichtarischen Mitglieder des Aufsichtsrates*" zurückgetreten seien. Das Verbleiben Schüleins begründeten Finck und Buchner mit seiner „*unersetzbaren Arbeitskraft und Erfahrung*" sowie mit seinen „*wertvollen Beziehungen, nicht zuletzt auch mit dem Auslande*".[18] Ganz offensichtlich hielt man Schülein für unverzichtbar. Dass seine Degradierung vom Generaldirektor zum „einfachen Direktor" nur kosmetischer Natur war, wird noch an zwei anderen Punkten sichtbar: Der Posten des Generaldirektors und des Vorstandsvorsitzenden blieb bis zum endgültigen Ausscheiden Schüleins im Jahre 1935 vakant, auch konnte kein NSDAP-Mitglied in den Vorstand aufrücken. Erst 1937 wurde der Posten des Vorstandsvorsitzenden mit Karl Arthur Lange wieder besetzt, bei dem es sich um einen erklärten Gegner des Regimes handelte.[19] Anders verhielt es sich dagegen beim Aufsichtsrat: Vorsitzender wurde der Bankier und frühe finanzielle Förderer der NSDAP, August von Finck. Mit dem Münchner IHK-Präsidenten Albert Pietzsch und Karl Ritter von Halt kamen zwei weitere prominente Parteimitglieder in den Aufsichtsrat. Außerdem saßen nun in diesem Gremium zwei Vertreter der NSBO. Diese „Gleichschaltung" wurde in der NS-Presse entsprechend positiv kommentiert: So hieß es am 12. Mai 1933 im Völkischen Beobachter, Löwenbräu könne „*nunmehr mit vollem Recht als ein deutsches Unternehmen bezeichnet werden, da der neue Aufsichtsrat tatsächlich eine Umstellung*" und „*nicht nur ein Vorschieben von Strohmännern*" bedeute.[20] Diese „Umstellung" wirkte sich offenbar positiv auf den Absatz aus: Walther Schuckall, von 1916 bis 1958 Braumeister bei Löwenbräu, berichtete über die Jahre 1933/34:

> Erstmals begann der Absatz wieder zu steigen. [...]. Die Brauerei wurde N.S. Musterbetrieb, doch darf man sagen, daß das bösartige Denunziantentum, das anderswärts so viel Unheil stiftete, nicht hochkam. Es wurde Betriebssport getrieben und natürlich wurde viel marschiert in 8er-, in 16er-Reihen und auch fleißig gesammelt, mit diesen Zeiterscheinungen mußte man sich abfinden.[21]

Es entbehrt nicht einer gewissen Ironie, dass Löwenbräu unter der faktischen Leitung von Hermann Schülein zum „NS-Musterbetrieb" wurde.[22] Auf jeden Fall hatte die „Gleichschaltung" des Aufsichtsrats zur Folge, dass die drohenden Boykotte gegen die Brauerei unterblieben. Das „*bisher verpönte Löwenbräu*" wurde sogar erstmals bei einem Fest im „Führerbau" ausgeschenkt. Im Geschäftsjahr 1933/34 konnte das Unternehmen, erstmals seit 1929, wieder ein Umsatzplus verbuchen. Dass Schülein weiterhin die Geschäfte leitete und zwar sehr erfolgreich, geht aus Berichten aus den Jahren 1934/35 hervor. Der Tenor dieser Berichte ist umso erstaunlicher, als es sich beim Autor um ein Mitglied der dortigen NS-Betriebszelle handelte und beim Adressaten um die Gestapo:

> Praktisch leitet er den Betrieb; weil er tatsächlich der Fähigste in der Betriebsleitung ist und nebenbei der einzige Fachmann, der dieses Gewerbe von der Pike auf erlernt hat. [...] Nebenbei ist das auch die Ansicht eines großen Teils der Vernünftigen in unserem Betriebe, dass der Jude Dr. Schülein von jeher, schon vor der Machtergreifung durch den Nationalsozialismus weit mehr soziales Verständnis an den Tag gelegt hat und auch heute noch danach handeln würde. Nur können wir schließlich nicht gut mit dem Juden verhandeln, wenn außer ihm noch 7 christliche Vorstandsmitglieder sind.[23]

18 Ebd.

19 Karl Arthur Lange war vom 6. Juni bis 2. September 1945 kommissarischer bayerischer Wirtschaftsminister im Kabinett Schäffer.

20 Völkischer Beobachter (Münchner Ausgabe) vom 12. 05.1933.

21 BWA, Firmenarchiv Löwenbräu, Akt F2/2.03.

22 Wolfgang Behringer, Löwenbräu (wie Anm. 4), S. 249.

23 StAM, Gestapo 17.

Schülein war sich aber nur allzu bewusst, dass im nationalsozialistischen Staat das Können und der gute Ruf eines Juden langfristig wenig zählten. Vielen galt Löwenbräu noch immer als jüdisches Unternehmen. Vermutlich gab er sich deshalb *„alle Mühe, den alten Ruf der Brauerei als ‚Juden'-Brauerei durch [...] Besuche von prominenten Persönlichkeiten mit der Zeit zu verwischen"*.[24] Am 27. Oktober 1933 besichtigte der Führer der NSDAP-Stadtratsfraktion Christian Weber die Brauerei. Glaubt man dem Vertreter der NS-Betriebszelle, so soll ausgerechnet Schülein Weber zu nächtlicher Stunde überredet haben, Gauleiter Adolf Wagner zu einer Brauereibesichtigung zu bewegen. Dieser kam dann tatsächlich am 11. Januar 1934. Zum Dank wurde Weber von Löwenbräu zu einer zehntägigen Reise an die Riviera eingeladen. Schülein stellte immerhin seinen Privatwagen samt Chauffeur zur Verfügung; Reisebegleiter Webers war Hanns Thierfelder, kaufmännischer Direktor bei Löwenbräu und enger Vertrauter Schüleins. Thierfelder begleitete Weber auch bei einer Ungarnreise, wo er Webers Pferdekäufe mit 30.000 RM aus der Firmenkasse bezuschusste.[25]

Christian Weber zählte als „Alter Kämpfer" und einer der wenigen Duzfreunde Hitlers in München zweifellos zu den brutalsten und korruptesten Nationalsozialisten.[26] Mit ihm hatte die Familie Schülein schon früh Bekanntschaft gemacht, und zwar am 9. November 1923 während des Hitler-Putsches. Obwohl Weber nach dessen unrühmlichen Ende jede Beteiligung abstritt, war er damals zusammen mit acht „Parteigenossen" bei der Cenovis Nährmittelwerke GmbH erschienen, die Julius Schülein, einem Bruder Hermann Schüleins, gehörte, und erpresste von der Firmenleitung drei Geschäftswagen, mit denen er dann zum Bürgerbräukeller fuhr, wo die „nationale Revolution" ihren Ausgangspunkt nehmen sollte. Wegen dieses Diebstahls kam Weber in Schutzhaft. Da ihm aber eine aktive Rolle am Hitler-Putsch nicht nachgewiesen werden konnte, wurde er bereits am 3. März 1924 wieder entlassen.[27] Als Weber nun neun Jahre später wieder bei den Schüleins erschien, hatte sich die Situation vollkommen verändert. Nun war es Weber, der mit Schutzhaft drohen konnte. Dem ehemaligen Hausdiener, Rausschmeißer und Pferdehändler gelang bereits 1926 der Aufstieg zum Münchner Stadtrat, 1933 wurde er Kreistagspräsident von Oberbayern und Führer der NS-Stadtratsfraktion. Wie sich der *„Falstaff von München"*[28] selbst einschätzte, verdeutlicht der Ort, an dem er sich niederließ. Zwischen 1933 und 1944 wohnte er in der Nachfolge bayerischer Herzöge und Könige im Kaisertrakt der Münchner Residenz.[29] Als Gründer und Leiter des „Amts für den 8./9. November 1923" engagierte er sich nicht nur für die Belange der „Alten Kämpfer", sondern mehr noch für die eigenen Interessen. So stellte er beispielsweise bei Göring den Antrag, von der im November 1938 verhängten „Judenvermögensabgabe" zehn Millionen RM für die „Alten Kämpfer" abzuzweigen, die wiederum mittels dieser jüdische Betriebe „arisieren" sollten.[30] Doch waren das nicht seine einzigen Pfründe. Mit den Pferdesportorganisationen „Das Braune Band von Deutschland e. V., Reichsorganisation", dem Rennverein München-Riem sowie dem Rennverband Gestütshöfe Isarland baute er sich eines der größten Pferdesport-Imperien im „Dritten Reich" auf.[31] Als Organisator des internationalen Pferderennens um das Braune Band von Deutschland, vor allem aber mit der anschließenden Nacht der Amazonen im Nymphenburger Schlosspark sorgte er immer wieder für Aufsehen. Selbst wenn es sich hier vor allem um regionale Machtpositionen handelte, so reichten sie aus zu einer skrupellosen, persönlichen Bereicherung, wie sie selbst in der von Korruption und Nepotismus geprägten Geschichte

24 So der Vertreter der NSBO in seinem Bericht an die Gestapo vom 24.03.1934, ebd.

25 Ebd.

26 Zum Bereicherungswettlauf bei der „Arisierung" vgl. Frank Bajohr: Parvenüs und Profiteure. Korruption in der NS-Zeit, Frankfurt / Main 2001, S. 105–120.

27 Thomas Martin: Aspekte der politischen Biographie eines lokalen NS-Funktionärs. Der Fall Christian Weber, in: Zeitschrift für bayerische Landesgeschichte, Bd. 57, 1994, S. 435–484, hier S. 445.

28 Ebd., S. 445.

29 David Clay Large: Hitlers München. Aufstieg und Fall der Hauptstadt der Bewegung, München 1998, S. 354.

30 Akten der Partei-Kanzlei, Teil I, Regesten Bd. 2, hg. vom Institut für Zeitgeschichte, bearbeitet von Helmut Heiber, München 1983, S. 455.

31 Thomas Martin, Weber (wie Anm. 27), S. 465-473.

des „Dritten Reichs" ungewöhnlich waren. Christian Weber könne einen „nach Dachau bringen", wurde bald zu einem geflügelten Wort[32] – und für Angehörige der Familie Schülein 1938 zur bitteren Realität.

Der Pakt mit Christian Weber nutzte Löwenbräu,[33] nicht aber Hermann Schülein. Am 1. Dezember 1935 trat er auch als Mitglied des Vorstands zurück – angeblich aus gesundheitlichen Gründen – und emigrierte noch im selben Jahr zusammen mit seiner Frau Luise und seiner Tochter Annemarie in die Schweiz. Dabei legte er großen Wert auf die Feststellung, dass es sich hier um eine Auswanderung handelte und nicht um eine Flucht; diese sei nach den damals geltenden Gesetzen erfolgt.[34] Diese sahen unter anderem die Zahlung einer sogenannten „Reichsfluchtsteuer" vor in Höhe von 25 Prozent des steuerpflichtigen Vermögens. In Schüleins Fall belief sich diese auf 248.000 RM.[35] Da der Großteil seines Vermögens aus Immobilien bestand, gewährte ihm Löwenbräu ein Darlehen zur Zahlung dieser Zwangsabgabe. Außerdem erhielt er eine jährliche Pensionszahlung in Höhe von 27.000 RM[36] und es wurde ihm in der Schweiz, wie 1930 vertraglich vereinbart, der Gegenwert von Cerevisia-Aktien in Höhe von 96.000 Dollar ausgezahlt. Diese Transaktion hatte für Schülein den Vorteil, dass er das Geld im Ausland in Empfang nehmen konnte; Abgaben an die deutschen Behörden waren so nicht nötig. Offenbar wurden diese aber über die Geschäfte informiert: „*Um seine ehemaligen Kollegen vor schwerster Strafe zu bewahren*", willigte Schülein ein, „*sein wohlerworbenes Eigentum, nämlich die 96.000 Dollar wieder nach Deutschland, zu Gunsten der Löwenbräu zurück zu überweisen*".[37] Damit war Schüleins erster Versuch, sich durch die verlustfreie Ausfuhr von Vermögenswerten im Ausland ein Startkapital zu schaffen, gescheitert.

Doch eröffnete sich ihm eine andere Perspektive: Da er bereits 1936 durch Vermittlung eines befreundeten Hopfenhändlers geschäftsführender Direktor der New Yorker Liebmann-Brauerei wurde, die unter seiner Führung Löwenbräu schon bald an Größe und Bierausstoß weit übertreffen sollte, war Schülein vorerst auf sein in Deutschland liegendes Vermögen nicht angewiesen. Seinen fünf Geschwistern gelang ebenfalls – manchen in letzter Minute – die Flucht in die USA. Mit der Wahrnehmung seiner Interessen im Deutschen Reich betraute er Hanns Thierfelder sowie seinen ehemaligen Sekretär Joseph Simbeck.

32 Ortwin Domröse: Der NS-Staat in Bayern von der Machtergreifung bis zum Röhm-Putsch, München 1974, S. 266.

33 Während 1937/38 der Bierexport bei 24.772,92 Hektolitern lag, stieg er 1942/43 aufgrund von Bierlieferungen an die Wehrmacht auf 66.882,17 Hektoliter, BWA, Firmenarchiv Löwenbräu, Akt F2/4.34.

34 Wolfgang Behringer: Die Spaten-Brauerei 1397–1977. Die Geschichte eines Münchner Unternehmens vom Mittelalter bis zu Gegenwart, München 1997, S. 316.

35 Vgl. Dorothee Mußgnug: Die Reichsfluchtsteuer 1931–1953, Berlin 1993, S. 19f; S. 84–87.

36 OFDN, BA 133.

37 Vergleich zwischen Schülein und Löwenbräu vom 18. November 1949, StAM, BFD Ia 5920.

RAUB: DIE SCHLOSSBRAUEREI KALTENBERG WIRD ARISIERT (1938)

1921, als die Unionsbrauerei mit der Löwenbräu AG fusionierte, gehörte auch die Schlossbrauerei Kaltenberg, die sich im Besitz der Familie Schülein befand, zur Fusionsmasse. Josef Schülein, der die Geschäfte zunehmend seinem Sohn Hermann überließ, kaufte die Schlossbrauerei noch im selben Jahr zurück und verwaltete sie zusammen mit seinem Sohn Fritz. Zur Brauerei gehörten etwa 100 Hektar Land, verschiedene Gebäude, Scheunen, Ställe, Vieh und fünf Gastwirtschaften in der näheren Umgebung. Als Josef Schülein am 9. September 1938 starb, fiel sein Vermögen, die Schlossbrauerei Kaltenberg GmbH mit den dazugehörenden Gebäuden und Grundstücken und einem Wohnhaus in der Richard-Wagner-Straße 7 in München, an seine Kinder Hermann, Fritz und Julius Schülein sowie Elsa Haas und Franziska Heinemann. Hermanns Bruder Fritz, der zu dieser Zeit noch auf Schloss Kaltenberg lebte, vertrat die Interessen der

Erbengemeinschaft. Einen Tag nach dem reichsweiten Pogrom vom 9./10. November 1938 wurde Fritz Schülein in das Konzentrationslager Dachau eingeliefert; dort zwang man ihn unter Todesandrohung einen Vertrag zu unterschreiben, demzufolge Schloss Kaltenberg an den Bezirksverband Oberbayern und an die Pferdesportorganisation Das Braune Band von Deutschland verkauft werden sollte. Davon betroffen waren nicht nur die Erben Kaltenbergs, von denen jeder Geschäftsanteile im Wert von 84.000 RM besaß. Es betraf vor allem Hermann Schülein, der noch zu Lebzeiten seines Vaters der Schlossbrauerei ein Hypothekendarlehen in Höhe von 650.000 RM gegeben hatte und damit Gläubiger der Gesellschaft war.[38] Dieses Darlehen machte den größten Teil seines Gesamtvermögens aus.

38 StAM, BFD 3726, Bl. 1-4.

Die „Arisierung" der Schlossbrauerei Kaltenberg fällt zeitlich in die Phase einer erneuten Radikalisierung der nationalsozialistischen „Judenpolitik". In einer Erklärung vom 16. Juli 1945, in der Fritz Schülein diesen Raub Kaltenbergs schilderte, berichtete er, dass bereits im Sommer des Jahres 1938 der dortige Ortsgruppenleiter der NSDAP ihn mehrmals bedrängt habe, ihm die Schlossbrauerei zu verkaufen. Das Pogrom vom 9./10. November 1938 gab dann auch hier den Ausschlag zur endgültigen wirtschaftlichen Ausplünderung. Damals wurden ungefähr 30.000 Juden reichsweit inhaftiert oder in Konzentrationslager verschleppt und dort zur Übergabe ihres Besitzes gezwungen.[39] Das traf auch Fritz Schülein. Als sein Leben auf dem Spiel stand, unterzeichnete er im Konzentrationslager Dachau eine Erklärung, in der er sich mit dem Verkauf Kaltenbergs einverstanden erklärte. 1945 beschrieb er, wie er sich geweigert hatte,

39 Peter Longerich: Politik der Vernichtung. Eine Gesamtdarstellung der nationalsozialistischen Judenverfolgung, München 1998, S. 206.

> [...] das Eigentum zu übertragen oder zu verkaufen. Diese Forderungen gipfelten darin, daß Ihr beeideter Zeuge am 9. November 1938 nach dem Dachauer Konzentrationslager geschickt wurde. Beeidetem Zeugen wurde gesagt, daß er aus solchem Konzentrationslager entlassen würde, wenn er damit einverstanden wäre, das obenbeschriebene Eigentum zu übertragen, wie er angewiesen wurde. Das Leben des beeideten Zeugen war bedroht, und um am Leben zu bleiben, war der beeidete Zeuge damit einverstanden, daß er solche Papiere, wie sie ihm vorgelegt wurden, anfertigen würde. Am oder um den 15. Dezember 1938 herum wurde beeideter Zeuge im Dachauer Konzentrationslager gezwungen, eine Vereinbarung das obenerwähnte Eigentum zu verkaufen, anzufertigen. Darauf wurde er aus dem Konzentrationslager entlassen.[40]

40 Eidesstattliche Erklärung Fritz Schüleins vom 16. Juli 1945, StAM, BFD 79.

Aus dem von Fritz Schülein gestellten Rückerstattungsantrag wird nicht nur das Kriminelle dieses „Verkaufs" deutlich. Erkennbar wird auch der Drahtzieher und Profiteur dieser Transaktion, der „*allgemein gefürchtete Kreistagspräsident und Stadtrat*" Christian Weber.[41] Dieser habe von ihm die „*Besitztümer der Erbgemeinschaft Schülein, die Schlossbrauerei Kaltenberg und das Anwesen Richard Wagnerstrasse 7 in München*" abgepresst. Der Kaufvertrag vom 14. Januar 1939 kam nur zustande, weil Weber Fritz Schülein mit erneuter Haft im Konzentrationslager drohte.[42] Wie in anderen Fällen schreckte Weber auch hier nicht davor zurück, ehemalige Gönner ins Konzentrationslager einzuliefern.[43] Aus dem Kaufvertrag vom 14. Januar 1939 geht hervor, dass der Bezirksverband von Oberbayern – dessen oberstem Gremium saß Weber als Kreistagspräsident

41 Ebd.

42 Ebd.

43 Thomas Martin, Weber (wie Anm. 27), S. 479f.

vor – zwei Fünftel der Geschäftsanteile an Kaltenberg übernahm. Den Rest übernahm Weber für Das Braune Band von Deutschland. In der Richard-Wagner-Straße 7 residierte seit 1941 das Kuratorium dieser Organisation.[44] Immerhin gelang Hermann Schülein auch noch in dieser Situation ein kleiner Erfolg. Durch seinen Vertreter Joseph Simbeck ließ er in den Vertrag den Passus aufnehmen, er stimme dem Verkauf nur zu, wenn er den Erlös „*wahlweise zu Exportzwecken oder zu Sperrmark[ver]käufen an die Deutsche Golddiskontbank Berlin*" verwenden könne.[45]

44 Jutta Ostendorf: Die Richard-Wagner-Straße in München, München 2007, S. 94.

45 Vertrag über Geschäftsanteil-abtretungen vom 14. Januar 1939, OFDN, Ba 133a I/N 5355 884.

Für seine Anteile und das Hypothekendarlehen wurden Schülein 422.422,70 RM auf seinem Auswanderersperrkonto bei der Deutschen Bank München gutgeschrieben. Insgesamt bezahlten das Braune Band und der Bezirksverband Oberbayern 1.422.370 RM für Kaltenberg – ein Betrag, der vermutlich weit unter dem tatsächlichen Wert lag. Viel schwerwiegender aber war die Tatsache, dass die Geschwister Schülein nicht auf ihre Erlöse aus der Schlossbrauerei Kaltenberg zugreifen konnten, da bis auf Fritz Schülein alle im Ausland lebten und ihr Geld auf deutschen Sperrkonten lag. Wollten die Schüleins ihr Geld ins Ausland transferieren, mussten sie Abschläge von bis zu 96 Prozent in Kauf nehmen, vorausgesetzt der Transfer wurde überhaupt genehmigt.

RETTUNGSVERSUCHE: HERMANN SCHÜLEINS VERHANDLUNGEN MIT DEM REICHSWIRTSCHAFTSMINISTERIUM (1939–1940)

Aufgrund seiner ungewöhnlichen zweiten Karriere in den USA war Hermann Schülein zunächst nicht auf sein Vermögen angewiesen, das er im Deutschen Reich zurückgelassen hatte. Er vermied deshalb zunächst den höchst ungünstigen Geldtransfer. Der Verkauf seiner Grundstücke und Aktien diente vor allem der Begleichung nationalsozialistischer Zwangsabgaben: 1935 zahlte er 248.000 RM „Reichsfluchtsteuer", 1938 weitere 210.412 RM für die „Judenvermögensabgabe".[46] Der Raub von Schüleins Vermögen erfolgte bis 1938 also ausschließlich auf fiskalischem Wege. Mit dem Tod seines Vaters Josef Schülein im September 1938 und des darauf folgenden, von den Nationalsozialisten erzwungenen Verkaufs der Schlossbrauerei Kaltenberg änderte sich jedoch seine Lage. Auf seinem Sperrmarkkonto bei der Deutschen Bank lagen im Frühjahr 1939 noch ca. 600.000 RM. Diese gewaltige Summe lag in einem Staat, dem es auf Grundlage des im Juli 1933 erlassenen „*Gesetzes über den Widerruf von Einbürgerungen und die Aberkennung der deutschen Staatsangehörigkeit*"[47] jederzeit möglich gewesen wäre, sein in Deutschland liegendes Vermögen zu konfiszieren. Nach diesem Gesetz konnte Reichsangehörigen, die sich im Ausland aufhielten, wegen ihres politischen Verhaltens die deutsche Staatsangehörigkeit aberkannt und ihr Vermögen eingezogen werden. Dasselbe galt für Reichsdeutsche, die sich im Ausland aufhielten und dort durch ihr Verhalten „*gegen die Pflicht zur Treue gegen Reich und Volk*" verstießen und die „*deutschen Belange*" schädigten. Auch Personen, die einer Aufforderung zur Rückkehr nicht nachkamen, konnte die deutsche Staatsangehörigkeit und ihr Vermögen entzogen werden. Schülein musste befürchten, dass die deutschen Behörden in Kürze einen Vorwand zu seiner Ausbürgerung finden würden. Die Annahme der amerikanischen Staatsbürgerschaft hätte dies verhindern können. Schülein hatte einen entsprechenden Antrag bereits 1936 gestellt, die amerikanischen Behörden ließen sich jedoch Zeit und genehmigten dies erst 1943. Im Januar 1939 bestand für Hermann

46 Christiane Kuller: Bürokratie und Verbrechen. Antisemitische Finanzpolitik und Verwaltungspraxis im nationalsozialistischen Deutschland, München 2013, S. 166.

47 RGBl. I, S. 479f.

Schülein also akuter Handlungsbedarf. Er berief sich auf die Vertragsklausel, den Verkaufserlös aus der Schlossbrauerei Kaltenberg entweder zu Exportzwecken oder zu Sperrmarkverkäufen an die DEGO verwenden zu dürfen. Zwischen 1939 und 1940 verkaufte er dann auch 350.000 RM von seinem Sperrmarkkonto bei der Deutschen Bank an die DEGO gegen Devisen.[48] Für ihn war das ein denkbar ungünstiges Geschäft, da er Abschläge von bis zu 94,8 Prozent in Kauf nehmen musste. Schülein erhielt für 350.000 RM den geradezu lächerlich anmutenden Betrag von 22.400 RM in Devisen.

48 Aufzeichnung über Sperrmarkverkäufe als Anlage zum Antrag auf Entschädigung vom 29. September 1950, BLEA EG 99 225/VII/33962.

Angesichts dieser Zwangslage entwickelte er eine Strategie, um wenigstens an einen Teil seines Vermögens ohne Abzüge zu gelangen. Ansatzpunkt war der Kauf von Waren im Deutschen Reich und deren Ausfuhr in die USA. Die deutschen Waren sollten zur Hälfte in Devisen, also in US-Dollar, und zur anderen Hälfte mit seinem im Deutschen Reich liegenden Geld bezahlt werden. Schülein wollte dann die deutschen Waren in Amerika weiterverkaufen. Auf diese Weise machte er sich die „*notorische Devisenknappheit*“[49] des Deutschen Reichs zunutze, die vor allem durch den sinkenden Export und die massive Aufrüstung bedingt war. Schülein erkannte das große Interesse des NS-Staats an Devisen und machte im März 1939 dem Reichswirtschaftsministerium das Angebot, 500 bis 1.000 Tonnen Papp-Platten für Bierdeckel im Wert von 100 bis 200.000 RM aus dem Deutschen Reich in die USA zu exportieren und zwar unter der Voraussetzung, dass er 50 Prozent des Kaufpreises in Devisen und 50 Prozent mit Geldern aus seinem Sperrmarkkonto bei der Deutschen Bank bezahlen könne. In seinem Schreiben an das Reichswirtschaftsministerium mit dem Betreff „Lieferung von Papp-Platten für Bieruntersetzer nach USA“ hieß es:

49 Albrecht Ritschl: Die deutsche Zahlungsbilanz 1936–1941 und das Problem des Devisenmangels vor Kriegsbeginn, in: Vierteljahreshefte für Zeitgeschichte, H. 39 (1991), S. 103–123.

> In früherer Zeit wurden die meisten Bieruntersetzer von Deutschland bezogen, aber schon seit geraumer Zeit ist dies unmöglich, da die unions Schwierigkeiten machen, da ja auf jedem dieser Untersetzer „Made in Germany“ zu lesen ist. Einige Firmen beziehen nunmehr die Platten von Deutschland und bedrucken und stanzen diese hier, sodass der Vermerk „Made in Germany“ in Wegfall kommt. Ich möchte nunmehr solche Pappeplatten nach hier einführen, da ich natürlich auf die Hersteller der Bieruntersetzer Einfluss habe, erstens weil wir selbst grosse Käufer sind, zweitens, weil ich fast zu allen grösseren Brauereien, die in gleicher Weise Abnehmer sind, die besten Beziehungen unterhalte.[50]

50 StAM, OFD München, Einziehungsakten Nr. 8851.

Im gleichen Schreiben nannte Schülein einige deutsche Firmen, die mit der Lieferung beauftragt werden könnten und stellte weitere Geschäfte dieser Art in Aussicht. Das Reichswirtschaftsministerium erteilte ihm daraufhin am 17. April 1939 eine bis zum 31. März 1940 befristete Genehmigung zum Kauf von Papp-Platten im Wert von 200.000 RM.[51] Offenbar war dieses Geschäft erfolgreich, denn am 30. Juni 1939 ließ er durch seinen Bevollmächtigten Hanns Thierfelder im Reichswirtschaftsministerium anfragen, ob es möglich sei, „*größere Mengen besten deutschen Hopfens einschließlich Saazer Hopfen*“ in die USA einzuführen, wiederum unter der Voraussetzung, „*daß er einen Teil des Kaufpreises in Auswanderersperrmark zu Lasten seines Kontos bei der Deutschen Bank in München bezahlen*“ dürfe.[52] Auch diesmal stimmte das Reichswirtschaftsministerium zu, allerdings unter der Bedingung, dass die Hopfenausfuhr nur zur Bedarfsdeckung der von Schülein geleiteten Brauerei diene.[53] Seine Geschwister Julius

51 Schreiben des Reichswirtschaftsministeriums an den Oberfinanzpräsidenten München, Devisenstelle vom 17. April 1939, ebd.

52 Schreiben von Hanns Thierfelder an das Reichswirtschaftsministerium vom 30. Juni 1939, ebd.

53 Einzelerlass des Reichswirtschaftsministeriums vom 14. Oktober 1939, ebd.

und Fritz Schülein sowie Franziska Heinemann machten ebenfalls das Angebot, Waren aus Deutschland zu kaufen und diese zur Hälfte mit Devisen zu bezahlen, wenn ihnen dafür gestattet werde, den Restbetrag in Sperrmark zu bezahlen. So kaufte beispielsweise Julius Schülein Anfang 1939 bei der Cenovis GmbH, seinem vormals eigenen Unternehmen, 500.000 Brühwürfel, um sie in die USA zu importieren. Insgesamt stellten die Schüleins Warenkäufe im Wert von drei bis vier Millionen RM in Aussicht.[54] Dies bedeutete für das Deutsche Reich den Gegenwert von 1,5 bis zwei Millionen RM in Dollar-Devisen. Die Bedeutung dieser Geschäfte war für das Reichswirtschaftsministerium offenbar sehr groß, so groß, dass das bereits eingeleitete Ausbürgerungsverfahren zurückgestellt wurde. Man versprach sich von den Exportgeschäften größere Profite als von der Beschlagnahme des Schüleinschen Vermögens. Besonders deutlich wird dies in einem Schreiben des Reichswirtschaftsministeriums an die Gestapo vom 25. August 1939, in dem Umfang und Art der Geschäfte am Beispiel von Hermann Schüleins Bruder Julius erläutert werden:

54 Schreiben des Reichswirtschaftsministeriums an die Gestapo vom 25. August 1939, ebd. Hermann Schülein stellte Geschäfte in Höhe von 1,1–1,8 Millionen RM in Aussicht, Julius Schülein ca. 1,1 Millionen, Fritz Schülein 560.000, Franziska Heinemann ca. 448.000 RM, ebd.

> Ich habe Julius Israel Schülein die Genehmigung erteilt, Waren, die er nach USA bezieht, in Höhe von 50 v. H. aus seinem inländischen Vermögen zu bezahlen, wenn vorher 50 v. H. in Devisen gezahlt worden sind. Julius Schülein hat bereits auf diese Weise im Gegenwert von etwa 100.000,- RM Ausfuhrgeschäfte abgewickelt. Da die Ausfuhr von Waren nach USA wegen des dort herrschenden Boykotts und der Kampfzollbestimmungen fast völlig ruht, besteht an der Durchführung der Exportgeschäfte, die einen Anfall von 500.000,- RM in freien Devisen versprechen, bei der augenblicklich sehr ernsten Devisenlage stärkstes devisenwirtschaftliches Interesse. Im Fall der Ausbürgerung würde das sonst durch Ausfuhrgeschäfte zu transferierende Vermögen dem Reich zufallen. Das bedeutet einen Verlust in Devisen im Gegenwert von RM 500.000,-. Ich bitte daher, falls nicht ganz besonders schwere Ausbürgerungsgründe vorliegen, zu prüfen, ob die Entscheidung über das von der Geheimen Staatspolizeileitstelle München bei Ihnen vorgeschlagene Ausbürgerungsverfahren mit Rücksicht auf das Ausfuhrinteresse […] abgelehnt werden kann.[55]

55 Ebd.

Seit August 1939 verschlechterten sich die Bedingungen für die Transfergeschäfte jedoch zusehends. Die Gestapo und die Devisenstelle fürchteten, die Schüleins würden die amerikanische Staatsbürgerschaft annehmen. Dann wäre eine Vermögensbeschlagnahme nicht mehr möglich gewesen. Die Devisenstelle München schlug deshalb vor, dass die Schüleins entweder ihr gesamtes Vermögen auf Hanns Thierfelder als Treuhänder übertragen sollten und dieser „*im Falle des Erwerbs einer fremden Staatsangehörigkeit durch die Schüleins, das Vermögen auf das Reich zu übertragen habe*" oder dass sie ihr gesamtes Vermögen auf die Golddiskontbank übertragen sollten, verbunden mit der Zusage, dieses Vermögen dürfe für ein Jahr zur Exportfinanzierung herangezogen werden. Aus Sicht der deutschen Behörden lag „*der Vorteil der letztgenannten Regelung*" darin, „*dass das gesamte Vermögen dem Reich bereits zur Verfügung steht, woran auch bei einem Wechsel der Staatsangehörigkeit nichts mehr geändert werden könnte und jede Zwischenschaltung von Personen, die evtl. doch in einem bestimmten Treueverhältnis zu den Schüleins stehen würden, ausgeschlossen wäre*".[56] Schülein ging auf dieses Angebot vorerst nicht ein; es hätte

56 Aktenvermerk vom 17. August 1939, ebd.

ihm seine verbliebenen Handlungsspielräume und wohl auch sein Vermögen mit einem Schlag genommen. Stattdessen ließ er im Oktober 1939 mitteilen, für ihn würden sich die Exportgeschäfte aufgrund der sich ständig erhöhenden deutschen Warenpreise ohnehin nicht mehr lohnen. Die deutschen Befürchtungen wollte er durch eidesstattliche Erklärungen vor dem Deutschen Konsulat in New York zerstreuen, in denen er versichern würde, es bestünde keine Absicht zur Annahme einer fremden Staatsbürgerschaft. Zusätzlich sollten sich auch seine Geschwister verpflichten, falls doch eine Annahme der amerikanischen Staatsbürgerschaft geplant werde, die deutschen Behörden frühzeitig durch Thierfelder zu informieren und dann die entsprechende Vollmacht zu erteilen.[57]

Wie wichtig man dies auf deutscher Seite nahm und in was für einer vergleichsweise günstigen Verhandlungsposition sich Schülein immer noch befand, zeigt das Treffen, zu dem es daraufhin am 24. und 25. Januar 1940 in München kam. Aus Berlin waren Vertreter des Reichswirtschaftsministeriums angereist, um sich mit der Devisenstelle München, der Geheimen Staatspolizei München und Hanns Thierfelder als Vertreter Hermann Schüleins zu besprechen. Thierfelder wurde nochmals nahegelegt, sich von den Schüleins Vollmachten zur Vermögensübertragung an die DEGO geben zu lassen, da andernfalls das Reichswirtschaftsministerium „*nunmehr beabsichtige der Staatspolizeistelle Berlin mitzuteilen, dass an dem Schülein-Guthaben von Seiten des R[eichs]W[irtschafts] M[inisterium] kein Interesse mehr bestehe*". Das Guthaben der Schüleins sollte zunächst auf einem Sammelkonto beim Bankhaus Merck, Finck & Co. angelegt werden und dann in voller Höhe auf die DEGO übertragen werden.[58] Diesmal setzte sich die Devisenstelle durch, der Vorschlag wurde von den Schüleins angenommen. Offenbar fand die Vermögensübertragung nur an Merck, Finck & Co., nicht aber an die DEGO statt. Wie diese Transfergeschäfte nach 1940 weitergingen, ob es sie überhaupt nach diesem Zeitpunkt noch gegeben hat, ist unklar. Hierüber existieren keine Unterlagen. Wahrscheinlich dürfte Hermann Schülein mit diesem Verfahren ca. 250.000 RM abschlagsfrei in die USA transferiert haben. Im Januar 1939 lagen auf seinem Auswanderersperrkonto ca. 600.000 RM, davon verkaufte er 350.000 an die DEGO. 1943 waren von diesem Vermögen schließlich gerade noch 3.598 RM übrig.[59] Schülein hat auch später keinerlei Ansprüche auf Entschädigung bezüglich dieses Fehlbetrags erhoben. Sicher ist, dass die Transfergeschäfte ihn und zwei seiner Geschwister vor der Ausbürgerung und vor dem Einzug des Vermögens schützten. Schülein selbst erklärte 1958, dass seine Ausbürgerung „*niemals erfolgte*" und deshalb „*sein in Deutschland gelegenes Vermögen oder Teile davon zu keiner Zeit dem deutschen Reich verfallen oder vom deutschen Reich eingezogen*" worden seien.[60] Dass ihn die Transfergeschäfte tatsächlich vor der Ausbürgerung und dem damit verbundenen Vermögensentzug schützten, belegt im Übrigen auch die Ausbürgerung seiner Geschwister Kurt Schülein am 24. Juni 1939 und Elsa Haas am 24. Juli 1939.[61] Sie waren die einzigen der sechs Geschwister, die sich an den Transfergeschäften nicht beteiligt hatten.

57 Schreiben von Hermann Schülein an Hanns Thierfelder vom 13. Oktober 1939, ebd.

58 Schreiben von Hanns Thierfelder an Hermann Schülein vom 2. Februar 1940, ebd.

59 Vermögensfeststellung vom 24. Juni 1943, ebd.

60 Obwohl die Vermögensverwertungsstelle den Verfall des Vermögens nach der 11. Verordnung zum Reichsbürgergesetz vom 25. November 1941 erklärte, liegt keine Verfallserklärung von Seiten des Reichssicherheitshauptamts vor.

61 Deutscher Reichsanzeiger, Liste 126 vom 24. Juli 1939.

RESTITUTION: EINE „SATIRE"? (1945–1965)

Schüleins Handeln in der nationalsozialistischen Diktatur war fast schon leitmotivisch von dem Bemühen geprägt, seiner Erfahrung von Unrecht und Willkür eine auf festen Grundsätzen basierende, kritisch differenzierende Rechts- und

Moralauffassung entgegenzustellen. Das vielleicht noch wichtigere Leitmotiv seines Handelns war aber die große Verbundenheit zu seinem „Vaterland". Dass sich an dieser Haltung auch nach dem Krieg nichts geändert hat, zeigt die Rede, die er am 14. April 1949 anlässlich der in New York stattfindenden Deutschen Industrieausstellung vor Vertretern der deutschen Delegation gehalten hat:

> [...] Nur Wenige konnten ahnen, welche Gefühle mich beschlichen, als ich mich entschlossen hatte, diese Heimat im Jahre 1935 mit Rücksicht auf die von Gangstern herbeigeführten Verhältnisse zu verlassen. Ich habe anfangs oft an die Antwort eines römischen Philosophen gedacht, wenn er gefragt war: „Was würdest Du tun, wenn Dir Dein Vaterland Unrecht tut?" Die Antwort war: „Ich würde zu ihm, dem Vaterland, sein wie zu einer Mutter." Später – von der Heimat verbannt – war ich glücklich, in diesem Lande eine gütige Adoptivmutter und neue Heimat gefunden zu haben. [...] Ich selbst und ich glaube jeder religiöse – ganz gleich welcher Religion er angehört – oder jeder ethisch hochstehende Mensch glaubt nicht an eine Verewigung des Hasses, nicht an die Theorie des Vergeltens von Gleichem mit Gleichem sondern an Vergebung und Versöhnung. Auf der anderen Seite, meine verehrten Damen und Herren, muß man aber auch verstehen, wenn nicht alle Menschen so denken, sondern von anderen Gefühlen beseelt sind mit Rücksicht auf Vorgänge, die sie – diese Menschen – zu durchleben hatten. Ich gehöre zu den Glücklichen, die keine Verwandten bei dem Gemetzel und der irrsinnigen „extermination of jews" durch eine rasende unmenschliche Bande zu beklagen haben, wenn auch hier an diesem Tisch mit mir ein Bruder sitzt, der mit dem Konzentrationslager Dachau Bekanntschaft zu machen hatte. Aber man muss verstehen, wie jene – und es ist eine Unzahl – Menschen fühlen, die Vater, Mutter, Kinder oder Geschwister etc. etc. in Konzentrationslagern zu Tode gefoltert, beklagen oder in der Gaskammer verloren. Ich weiß ich würde, wie diese – und jeder von Ihnen hier würde ebenso fühlen – jene Mörderhände und Unmenschen hassen und diesen Hass mit mir ins eigene Grab nehmen. Jeder gerecht denkende Mensch – die allerdings immer weniger werden – wird dies begreifen und mir hierin zustimmen.[62]

Auch bei der Wiedergutmachung[63] zeigte sich bei ihm ein fein austarierter, mitunter auch kämpferischer Sinn für Gerechtigkeit. So verzichtete er beispielsweise auf die Rückerstattung eines 1942 verkauften Grundstücks: Dessen Verkauf sei in seinen Augen ein „*völlig korrektes Rechtsgeschäft*" gewesen, das auch ohne „*die Macht des Nationalsozialismus*" zustande gekommen sei; noch 1943 sei ihm der reguläre Kaufpreis „*voll zugeflossen*".[64] Als die jüdische Nachfolgeorganisation Jewish Restitution Successor Organisation (JRSO) das Grundstück in seinem Namen und ohne sein Wissen zur Rückerstattung anmeldete, drohte er mit „schärfsten Gegenmaßnahmen" über die diplomatische Vertretung in den USA und der Bundesrepublik. Nach langwierigen Auseinandersetzungen zog die JRSO schließlich ihren Antrag zurück und der Käufer von 1942 durfte sein Grundstück tatsächlich behalten.[65] Auch im Falle einiger 1937 verkaufter Grundstücke in Berg am Laim verzichteten Schülein und seine Geschwister auf die Rückerstattung, da diese Grundstücke inzwischen durch Neusiedler parzelliert und bebaut waren. Ihr Motiv nannten die Schüleins in ihrer Verzichtserklärung; sie fühlten

62 Die Rede ist im Archiv der Spatenbrauerei überliefert.

63 Zur Problematik und Bedeutung des Wortes „Wiedergutmachung" vgl. Hans Günter Hockerts: Wiedergutmachung in Deutschland. Eine historische Bilanz, in: Vierteljahrshefte für Zeitgeschichte, H. 49 (2001), S. 167–170.

64 Schreiben von Joseph Simbeck an das Bayerische Staatsministerium der Finanzen vom 30. September 1958, StAM, BFD 850.

65 StAM, BFD 850.

„sich auch heute noch ihrer alten Heimat verbunden und verpflichtet. [...] Aus dieser ganzen Einstellung heraus erklären sie, [...] auf Ansprüche [...] in Richtung gegen die Antragsgegner zu verzichten, [und] ihnen den Grundbesitz zu belassen."[66] Noch heute erinnern in Berg am Laim ein Schüleinplatz und eine Schüleinstraße an diese außergewöhnlich großzügige Geste.

66 Niederschrift der Verzichtserklärung, ebd.

Bei der Rückerstattung Kaltenbergs und des Wohnhauses in der Richard-Wagner-Straße in München konnte der Hauptprofiteur Christian Weber nicht mehr zur Rechenschaft gezogen werden; dieser war am 11. Mai 1945 bei einem Verkehrsunfall tödlich verunglückt. Hermann Schülein meldete seine Ansprüche gemeinsam mit seinen Geschwistern am 23. April 1948 beim Zentralmeldeamt Bad Nauheim an.[67] Antragsgegner waren das „Braune Band" und der Regierungsbezirk Oberbayern. Am 23. Dezember desselben Jahres wurde ein Vergleich zwischen den Parteien geschlossen. Die Geschäftsanteile an Kaltenberg sowie die übrigen Immobilienwerte aus dem Nachlass Josef Schüleins wurden den Erben zurückerstattet.[68] Obwohl die Löwenbräu AG nach dem Krieg aufgrund von Kriegsschäden und kaum noch vorhandenen Absatzmärkten kurz vor der Schließung stand,[69] erkannte sie sämtliche Ansprüche Schüleins an und fand ihn mit Immobilien ab.[70] Diese schnelle und offenbar einvernehmliche Lösung, die auch während des Kriegs andauernden geschäftlichen Verbindungen Schüleins mit Löwenbräu und schließlich die Tatsache, dass er 1948 wieder Mitglied des Aufsichtsrats wurde, deuten darauf hin, dass Schülein selbst die Haltung von Löwenbräu bei „Arisierung" und Rückerstattung als fair betrachtete.

67 StAM, BFD, 3276.

68 Ebd.

69 Wolfgang Behringer, Löwenbräu (wie Anm.4), S. 260.

70 Niederschrift über die Sitzung des engeren Ausschusses des Aufsichtsrates der Löwenbräu AG am 15. November 1949, Archiv der Spatenbrauerei.

Die Durchsetzung seiner Entschädigungsansprüche gegenüber der Bundesrepublik als Rechtsnachfolger des Deutschen Reichs verlief dagegen weitaus schwieriger. Am 29. September 1950 stellte Schülein beim Bayerischen Landesamt für Wiedergutmachung einen Antrag auf Entschädigung für Schaden an Eigentum und Vermögen. Alle anderen Kategorien wie etwa Schaden im wirtschaftlichen Fortkommen, Schaden an Körper und Gesundheit oder Schaden an Freiheit sind auf seinem Antragsformular durchgestrichen. In der Kategorie Schaden an Eigentum und Vermögen beantragte er lediglich die Entschädigung für die „Reichsfluchtsteuer", die „Judenvermögensabgabe" sowie für Transferverluste.[71] Da es sich bei diesen Abgaben um Sonderabgaben handelte, die auf „diskriminatorischen Rechtsvorschriften" beruhten, wurde dem Antrag am 29. August 1957 – sieben Jahre nach Antragsstellung – stattgegeben und ihm für den Verlust von 852.645 RM eine Entschädigungssumme von 164.354 DM bewilligt.[72] Noch unbefriedigender gestaltete sich für Schülein die Rückerstattung des Gegenwerts von Schweizer Bundesbahnobligationen, die ihm 1938 entzogen worden waren.[73] Da sich die Auszahlung der Raten immer wieder verzögerte, kam es zum Konflikt. Tief enttäuscht über die deutsche Ministerialbürokratie schrieb er 1959 an seinen ehemaligen Sekretär Joseph Simbeck:

71 Antrag auf Grund des Gesetzes zur Wiedergutmachung nationalsozialistischen Unrechts (Entschädigungsgesetz) vom 29. September 1950, BLEA, EG 9925/VII/33962.

72 Sachverhalt und Entscheidungsgründe vom 29. September 1957, BLEA, EG 99225-II/7.

73 OFDN, Ba 133b 885.

> [...]. Ich kann die Behandlung dieser Sache wirklich nicht verstehen. Es ist einwandfrei festgestellt, dass die mir entzogenen Schweizer Wertpapiere bis heute noch nicht vergütet wurden – ein Unrecht, dass [sic!] ich beim besten Willen nicht verstehen kann, da es sich doch, wie ich sagte, um einen eklatanten Fall, der einwandfrei nachgewiesen wurde, handelt. Ich möchte nicht noch einmal hervorheben, dass ich dieses Unrecht besonders schwer empfinde, da man mir von deutscher Seite

immer und immer wieder erklärt, was ich für die alte Heimat getan habe und tue. Bei jeder Gelegenheit wendet man sich an mich, und es wäre für die Behörden, soweit sie nicht schon darüber unterrichtet sind, nicht schwer festzustellen, wie man hier aus Gründen der Vergangenheit drüben und meiner Einstellung hier in diesem Lande, trotz des großen Unrechts, das ich erleiden musste, über mich denkt. Ich bin in fast allen deutschen Vereinen Ehrenmitglied, und versuche überall und immer die deutschen Belange zu fördern. Wie komisch es mich berührt, im engen Kreise zu agitieren für die Rückgabe deutschen, beschlagnahmten Eigentumes in Amerika, während ich selbst für meine Rechte betteln gehen muss! Man könnte fast eine Satire darüber schreiben. Sollten Sie es für richtig befinden, so könnte ich mich an andere Stellen wenden. Ich habe Herrn Professor Heuss, der mir vor Jahren, wie Sie wissen, die Auszeichnung verlieh, gesprochen, ich hatte Gelegenheit mich hier mit Herrn Dr. Adenauer zu unterhalten; kürzlich sprach ich mit Herrn Professor Dr. Erhard [...]. Es liegt mir nicht hier anzufügen, was ich für hungernde Deutsche bereits im Jahre 1945 und in den darauffolgenden Jahren getan habe. Ich beabsichtige wirklich nicht mehr zu warten. Die Situation Deutschlands wird immer wieder in aller Welt beschrieben und bewundert. Wenn die Bundesrepublik mit Armut zu kämpfen hätte, um für ihre Bürger zu sorgen, würde ich meine Ansprüche gewiss nicht in den Vordergrund stellen.[74]

74 Schreiben von Hermann Schülein an Joseph Simbeck vom 27. Juli 1959, StAM, Ba 133b 885.

Als Ende 1961 immer noch eine Rate ausstand und Schülein sich direkt an den Bundesminister der Finanzen wandte, ließ dieser ihm mitteilen, dass Abweichungen von den bestehenden Gesetzen nicht möglich seien und verwies ihn auf „künftige gesetzliche Regelungen".[75] Erst 1965 – im Alter von 81 Jahren – und nach siebenjährigen Auseinandersetzungen bekam Hermann Schülein die letzte Rate überwiesen. Die Verleihung des Großen Verdienstkreuzes der Bundesrepublik Deutschland (1954), des Bayerischen Verdienstordens (1961) und der Medaille „München leuchtet" in Gold (1969) waren da vermutlich nur ein Trost. Trotz allem blieb Hermann Schülein seinem Vaterland und vor allem seiner Heimatstadt München eng verbunden. Ihr widmete er 1964 folgendes Gedicht:

75 Auszahlungsanordnung vom 20. Januar 1965, ebd.

Wenn ich die Türme seh'
Dann tut das Herz mir weh.
Wahrzeichen einer Stadt
Die mich im Banne hat!
Von Dir einst jäh verbannt
Hat Wunden tief gebrannt.
Doch sind verheilt die alten Wunden,
Es hat sich Herz zu Herz gefunden.
Nun bleib die Weltstadt mit dem Herz
Du „München" fortan immerwärts
Wie man der Mutter stets verzeiht
Verzeih' der Mutterstadt ich heut',
Stolz, daß meine Wiege dorten stand
Grüß ich mein liebes Bayernland![76]

76 Abgedruckt in: Hermann Wilhelm, Die Schüleins (wie Anm. 4), S. 49.

Hermann Schülein hat seinem Vaterland verziehen. Zurückkehren aber wollte er nicht. Am 14. Dezember 1970 ist er in New York gestorben.

8/7
Bierkiste für Rheingold EXTRA DRY Lager
1950
Jüdisches Museum München

»My Beer is Rheingold – the dry Beer«

DIE LIEBMANNS, HERMANN SCHÜLEIN UND MISS RHEINGOLD

VON BERNHARD PURIN

Das sich in der ersten Hälfte des 19. Jahrhunderts in den USA entwickelnde Braugewerbe war fast ausschließlich von deutschen Auswanderern geprägt. Unter den zahlreichen Bierproduzenten der USA war jedoch nur eine Familie deutsch-jüdischer Herkunft: Die Liebmanns aus dem ostwürttembergischen Aufhausen, wo Samuel Liebmann (1799–1872) in den 1820er-Jahren in der Brauereigaststätte Blaue Ente, die sein Schwager betrieb, erstmals mit dem Bierbrauen in Berührung kam. Zwischen 1837 und 1854 betrieb er auf Schloss Schmiedelfeld bei Schwäbisch Hall und in Ludwigsburg Brauereien, entschloss sich aber 1854, mit seiner Familie in die USA auszuwandern. In Brooklyn gründete er die S. Liebmann Brewery, die sich vor allem unter seinen drei Söhnen als Geschäftsführer zu einer der größten Brauereien in der bis 1898 von New York unabhängigen Stadt Brooklyn entwickeln sollte. Die Einführung der Flaschenabfüllung in den 1870er-Jahren und die Etablierung der Biermarke Rheingold 1883 waren wichtige Impulse für das Wachstum der Brauerei, die durch den Ankauf anderer Brauereien in Brooklyn an mehreren Standorten ihre Biere produzierte.

Die seit der Wende vom 19. zum 20. Jahrhundert verantwortliche dritte Generation der Liebmanns stand vor neuen Herausforderungen: Während des Ersten Weltkriegs standen die vorwiegend deutschstämmigen Brauer, die auch in zahlreichen deutschen Vereinen stark engagiert waren, unter dem Generalverdacht der Kollaboration mit dem Feind. Die unmittelbar nach Ende des Ersten Weltkriegs einsetzende Prohibition, die in den gesamten USA die Herstellung alkoholischer Getränke mit mehr als 0,5 Volumprozent Alkohol verbot, führte zwangsläufig zur Verkleinerung des Unternehmens, das auf seinen wenigen verbliebenen Betriebsanlagen bierähnliche, alkoholfreie Getränke wie „N.A.B." (Non Alcoholic Beer) und Softdrinks produzierte.

Nach Ende der Prohibition 1933 ging für die Liebmanns die Wiederaufnahme des Braubetriebs vorerst nur schleppend voran. Der ehemalige Kundenkreis musste wieder an den Bierkonsum herangeführt werden, gleichzeitig hatte sich über die Jahre des Verzichts auch der Geschmack verändert. Die bis 1919 gebrauten, bernsteinfarbenen oder dunklen, malzbetonten Biere entsprachen nicht mehr dem Zeitgeist. 1937 gelang es der Liebmann Brewery, Hermann Schülein (1884–1970), den eben aus Nazi-Deutschland in die USA geflüchteten langjährigen Generaldirektor der Münchner Löwenbräu AG, für leitende Positionen, vorerst als Managing Director und ab den 1940er-Jahren als Vorsitzenden des Aufsichtsrats, an die Brauerei zu binden.

Als erste Maßnahme überarbeitete Schülein die Rezeptur des „Rheingold Pale Lager" und kreierte das leichtere, ausgewogenere „Rheingold Extra Dry Lager", dessen Erfolg die Liebmann Brewery zur größten und umsatzstärksten Brauerei an der amerikanischen Ostküste werden ließ. Schülein setzte dabei nicht nur auf seine über Jahrzehnte in München erworbenen Erfahrungen als Brauexperte, sondern führte auch für die damalige Zeit völlig neue Methoden der Vermarktung ein. Die zwischen 1940 und 1965 veranstalteten Wahlen der „Miss Rheingold" wurde zum zentralen Marketinginstrument der Brauerei. Jährlich im November, dem traditionellen Wahlmonat in den USA, konnte in allen Verkaufsstellen der Brauerei aus sechs Kandidatinnen die „Miss Rheingold" des Folgejahres gewählt werden. Am Höhepunkt der Kampagne Mitte der 1950er-Jahre wurden über 20 Millionen Stimmen abgegeben. Neben der

Schönheitskönigin als Hauptwerbeträgerin für Rheingold Bier setzte die Brauerei bei der Vermarktung als eines der ersten Unternehmen weltweit auch auf Stars aus Bühne, Kino und Fernsehen, produzierte eigene Fernsehserien wie das „Rheingold Theatre" und sponserte die populäre Baseballmannschaft „The Mets".

Die immense Nachfrage nach Rheingold Bier führte 1947 und 1950 zum Kauf von Brauereien in Brooklyn und New Jersey, die auf die Produktion der eigenen Biere umgestellt wurden. Mit dem Kauf der Acme Breweries in Los Angeles und San Francisco 1954 sollte der Biermarkt an der Westküste erobert werden. Diese Expansion, für die auch Hermann Schülein als Aufsichtsratsvorsitzender maßgeblich mitverantwortlich war, sollte sich jedoch als fatale Fehlentscheidung herausstellen. Rheingold Bier traf nicht den Geschmack der Westküstenbewohner und auch die aus den Ostküstenstaaten stammenden „Miss Rheingold"-Kandidatinnen vermochten im Hollywood-verwöhnten Westen nicht zu beeindrucken. 1957 mussten die beiden Brauereien in Kalifornien mit großen Verlusten wieder verkauft werden. Davon sollte sich die Liebmann Brewery trotz der großen wirtschaftlichen Erfolge an der Ostküste nie mehr ganz erholen. 1960 zog sich der bereits 76-jährige Hermann Schülein aus dem aktiven Geschäft zurück, blieb aber als „Chairman Emeritus" bis zu seinem Tod 1970 weiter für die Liebmann Brewery tätig. 1964, nach genau 110 Jahren familieneigener Brautradition in Brooklyn, entschlossen sich die Liebmanns zum Verkauf ihrer Brauerei an den Pepsi-Konzern. Mit der Einstellung des Braubetriebs 1976 verschwand mit „Rheingold Extra Dry" auch eine Marke, die vor allem in den 1940er- und 1950er-Jahren in New York und an der amerikanischen Ostküste nicht nur Kultstatus hatte, sondern auch ein Stück Lebensgefühl war.

Literatur

Will Anderson: The Breweries of Brooklyn. An Informal History of a Great Industry in a Great City, Croton Falls 1976 | Marni Davis: Jews and Booze. Becoming American in the Age of Prohibition, New York-London 2012 | David G. Moyer: American Breweries of the Past, Bloomington 2009 | Martin Münzel: Die jüdischen Mitglieder der deutschen Wirtschaftselite 1927–1955. Verdrängung – Emigration – Rückkehr, Paderborn-München u. a. 2006 | Martin Münzel, Beate Schreiber: Hermann Schülein (1884–1970), in: http://www.immigrantentrepreneurship.org/entry.php?rec=200 | Carl W. Schlegel: Schlegel's German-American Families in the United States, Bd. 3, New York 1918, S. 237–248 | Bill Yenne: Great American Beers. Twelve Brands that became Icons, St. Paul 2004, S. 130–145.

8/6
Bierflasche für Rheingold EXTRA DRY Lager Beer
Um 1945
Jüdisches Museum München

8/8
Bierflasche für Rheingold EXTRA DRY Lager Beer
Um 1950
Jüdisches Museum München

DIE BRAUERFAMILIE LIEBMANN IN WÜRTTEMBERG UND BROOKLYN

DIE LIEBMANNS UND IHRE BRAUEREIEN IN WÜRTTEMBERG

Die Geschichte der New Yorker Liebmann Brewery beginnt in dem kleinen, an der Grenze zu Bayern, wenige Kilometer westlich von Nördlingen gelegenen württembergischen Dorf Aufhausen. Dort bestand seit dem 16. Jahrhundert eine jüdische Landgemeinde und hier wurde 1799 Samuel Bär Liebmann geboren.[1] Er wuchs in einem religiös-traditionellen Milieu auf: Einer seiner Brüder, Leopold (1805–1893), besuchte die Talmudschule in Oettingen, später das Lehrerseminar in Esslingen und war dort als israelitischer Religionslehrer in einem Waisenhaus, der „Wilhelmspflege“, tätig.[2] 1828 heiratete Samuel Liebmann Sara Selz (1801–1865), eine Schwester des späteren Harburger Bezirksrabbiners Elkan Selz (1808–1891). Eine ältere Schwester Liebmanns, die 1789 geborene Zortle, war seit 1814 mit Bernhard Heß (1789–1864) verehelicht, der in Aufhausen als „Entenwirt“ die Gastwirtschaft und Brauerei Blaue Ente betrieb.[3] Die Brauerei wurde 1850 von ihrem Sohn Nathan (1824–1904) erweitert. Eine Bautafel mit der Inschrift „Erbauth von Nathan Heß 1850“ hat sich bis heute im ehemaligen Sudhaus erhalten.[4] Hier, bei seinem Schwager, sind Samuel Liebmann und sein älterer Bruder Heinrich (1789–1870) mit dem Braugewerbe erstmals in Berührung gekommen.

Beide übersiedelten 1830 auf das Schlossgut Schmiedelfeld bei Sulzbach-Laufen (Landkreis Schwäbisch Hall), das sie 1832 auch in ihren Besitz bringen konnten. 1837 richteten sie im Schloss und in der spätgotischen Schlosskapelle, die dabei erhebliche Zerstörungen erfuhr, eine Brauerei und eine Schenke ein.[5] 1839 lebten auf dem Anwesen insgesamt 20 Juden – neben den Liebmann-Brüdern wahrscheinlich auch Bedienstete aus den umliegenden jüdischen Landgemeinden.[6] 1840 verkauften die Brüder das ehemalige Schloss, das noch bis 1928 als Schlossbrauerei Schmiedelfeld unter verschiedenen Besitzern weitergeführt wurde.

Samuel Liebmann übersiedelte mit seiner Familie nach Ludwigsburg, wo er die Brauerei und das Gasthaus Zum Stern erwarb und zu einer veritablen Braustätte ausbaute. Aus einer Beschreibung von 1854 geht hervor, dass sie eine Sudpfanne besaß, die zwölf württembergische Eimer (rund 3,5 Hektoliter) fasste und die weitere Ausstattung aus „*Maischkasten, steinernen Grand, große Kühlschiffe, ferner einer kleinen Bierpfanne, Branntweinbrennerei, eine englische Maltzdörre, große Schweick- und Fruchtböden u. s. w.*“ bestand. Weiters gehörten ein Hauskeller zur Lagerung von 600 Eimern (ca. 1.760 Hektoliter) Bier sowie ein außerhalb der Stadt gelegener Sommerkeller zur Lagerung von 800 Eimern Bier (ca. 2.350 Hektoliter) zum Bestand der Brauerei.[7]

Das Gasthaus Zum Stern wurde 1848 zu einem Treffpunkt revolutionär Gesinnter und war auch Vereinslokal des lokalen „Arbeiter-Bildungs-Vereins“. Samuel Liebmann selbst war ein Anhänger der radikalen Linken und hatte wegen seiner Gesinnung zahlreiche Schikanen zu erdulden. Gegen seine Frau Sara wurde sogar wegen „*Aufstachelung zur gewaltsamen Befreiung eines Gefangenen*“ ermittelt und den in der Garnisonsstadt Ludwigsburg stationierten Soldaten wurde der Besuch des Gasthauses untersagt.[8]

DIE ANFÄNGE DER LIEBMANN BREWERY IN BROOKLYN

Anfang 1854 wanderte Samuels ältester Sohn Joseph (1831–1913) nach Amerika aus und ließ sich in Brooklyn nieder. Wenige Wochen später bot sein Vater die Ludwigsburger Brauerei in einer Verkaufsanzeige im Schwäbischen Merkur zum Verkauf an und erläuterte darin auch die Gründe für den Verkauf: „*Da meine Kinder nach Amerika gehen und ich ohne sie im vortheilhaften Betrieb meines Geschäfts gehindert, wie ich sie auch nicht allein in die fremde Welt ziehen lassen will, so habe ich mich entschlossen, mein hier besitzendes schönes Anwesen zu verkaufen, und werde, da ich vermöge Familienverhältnisse keines großen Kapitals bedarf und meine zu entrichtenden Verbindlichkeiten keine bedeutenden sind, den Preis den Zeitverhältnissen gemäß stellen.*“[9] Er dürfte auf diesem Weg wohl keinen Käufer für das Gasthaus gefunden haben, denn am 31. August 1854 ließ er das gesamte Anwesen öffentlich versteigern.[10] Doch

1 Ich danke Rolf Hofmann, Stuttgart, der mir in entgegenkommender Weise seine Materialien zur Familie Liebmann zur Verfügung gestellt hat. Eine Zusammenfassung seiner Recherchen finden sich online: http://www.alemannia-judaica.de/images/Images%20Bayern/LIEBMANN%20BRAUEREI.pdf.
2 Allgemeine Zeitung des Judentums, 13. Jg., H. 31 (30. 07. 1849), S. 440.
3 Staatsarchiv Stuttgart, J 386 Bü 18: Aufhausen, Bopfingen, Familienbuch 1772–1846, fol. 62 und 94.
4 Reinhard Schwind: Koscheres Bier kam aus Aufhausens „Blauer Ente“, in: Aalener Volkszeitung, 29.08.1997.
5 Beschreibung des Oberamts Gaildorf, Stuttgart 1852, S. 215. Vgl. auch: Ulrike Roggenbuck-Azad: Wiederherstellung der ehemaligen Schlosskapelle Schmiedelfeld. Grenzen der Umsetzung einer denkmalpflegerischen Konzeption, in: Denkmalpflege in Baden-Württemberg. Nachrichtenblatt des Landesdenkmalamtes, 31. Jg., H. 4 (2002), S. 238–242.
6 Königlich Württembergisches Hof- und Staatshandbuch, Stuttgart 1839, S. 316.
7 Schwäbische Kronik, des Schwäbischen Merkurs zweite Abtheilung, Nr. 69 (28. 03. 1854), S. 462.
8 Monika Bergan: Ludwigsburger Frauenportraits. Biographisches aus vier Jahrhunderten, Ludwigsburg 2006,

scheint es Liebmann nicht gelungen zu sein, einen Nachfolger für seine Brauerei zu finden: Im September 1854 bot er die Brauereiausstattung in einem weiteren Inserat zum Verkauf an.[11]

Zwei Monate später verließen Samuel Liebmann, seine Frau Sara und die noch in Ludwigsburg verbliebenen sechs Kinder Deutschland, betraten am 7. November 1854 in Philadelphia amerikanischen Boden und reisten weiter nach Brooklyn.[12] Dort hatte Joseph Liebmann bereits eine kleine Brauerei in der Meserole Street im Stadtteil Williamsburg angemietet, die unter dem Namen seines Vaters als S. Liebmann Brewery firmierte. Bereits ein Jahr später erwarb die Familie ein größeres Grundstück in der Forest Street im Brooklyner Stadtteil Bushwick und errichtete ein größeres Brauereigebäude. Bis in die 1970er-Jahre sollte sich hier die Zentrale der Brauerei befinden.

Neben Samuel Liebermann waren seine Söhne Joseph, Henry (1836–1915) und Charles (1837–1928) in die Leitung der Brauerei eingebunden, wobei jedem der drei spezifische Aufgaben zukamen – ein Modell zur Führung eines Familienbetriebs, das sich auch in der nächsten Generation bewähren sollte. Joseph war für die Finanzen verantwortlich, engagierte sich darüber hinaus auch für das amerikanische Braugewerbe. So war er bei den Weltausstellungen in Philadelphia 1876 und Chicago 1893 Kommissär für die Ausstellungen des Brauereigewerbes. Henry war für die Brautechnik zuständig und Charles für die bautechnischen Angelegenheiten des sich durch die Expansion der eigenen Brauerei und den Zukauf anderer Brauereien ständig vergrößernden Unternehmens.

Nach dem Tod Samuel Liebmanns 1872 übernahmen die drei Söhne die alleinige Leitung und nannten die Brauerei in S. Liebmann's Sons um. In den folgenden Jahren entwickelte sich die Brauerei zur größten in Brooklyn und führte als eine der ersten die Flaschenabfüllung ein. Die beiden Hauptbiersorten waren das dunkle „Wuerzburger Lager" und das 1883 erstmals gebraute, im ausgehenden 19. Jahrhundert noch kräftigere, bernsteinfarbene „Rheingold Pale Lager". Im Frühjahr wurde jeweils auch ein Bockbier eingebraut. In ihren Werbeanzeigen legte die Brauerei Wert darauf, dass ihre Biere „*exclusively with malt and hops*" gebraut werden.[13] Den Zugang zu bestem deutschen Hopfen konnten sich die Liebmanns durch eine familiäre Verbindung sichern: 1896 heiratete Joseph Liebmanns Tochter Sadie (1868–1939) den Hopfenhändler Samuel Simon Steiner (1865–1955), der seit 1886 die New Yorker Niederlassung der Laupheimer Hopfenhandlung Simon Steiner leitete.

DIE OBERMEYER & LIEBMANN BREWERY IN BROOKLYN

Die beiden Töchter Samuel Liebmanns, Rosa (1830–?) und Fanny (1833–1900), blieben dem Braugewerbe ebenfalls verbunden und waren beide mit Brauern verheiratet, die ebenfalls eine bedeutende Rolle in der Braugeschichte Brooklyns und darüber hinaus spielten. Rosa heiratete 1858 den in Heidenheim am Hahnenkamm, einer kleinen jüdischen Landgemeinde im südlichen Mittelfranken, geborenen David Obermeyer (1825–1887). Er war 1851 nach New York ausgewandert und betrieb in Manhattan eine Kofferfabrik.[14] Fanny war seit 1861 mit ihrem in Esslingen geborenen Cousin Joseph Liebmann (1838–1895), einem Sohn des in Esslingen als Religionslehrer tätigen Bruders von Samuel Liebmann, verehelicht. Er wanderte 1859 in die USA ein und war als Gerber in Manhattan tätig.[15] Offensichtlich wollte Samuel Liebmann seine beiden Schwiegersöhne nicht in der eigenen Brauerei mitarbeiten lassen. Die beiden Schwager gründeten allerdings mit Samuel Liebmanns finanzieller Unterstützung 1868 die Obermeyer & Liebmann Brewery, die in unmittelbarer Nähe zur Liebmann Brewery, aber unabhängig von ihr betrieben wurde und zur Liebmann Brewery freundliche Beziehungen unterhielt.

Nach dem Tod der beiden Brauereigründer – David Obermeyer starb 1887 während einer Deutschland-Reise in Würzburg, Joseph Liebmann 1895 bei einer Reise in London – übernahmen die Söhne der beiden, Henry Liebmann (1871–1950), Theodore Obermeyer

S. 42–43; Wolfgang Läpple: Ludwigsburg in den Revolutionsjahren 1848/49, in: Ludwigsburger Geschichtsblätter, H. 52 (1998), S. 67–141.

9 Schwäbische Kronik (wie Anm. 7).

10 Monika Bergan, Frauenporträts (wie Anm. 8), S. 43.

11 Schwäbische Kronik, des Schwäbischen Merkurs zweite Abtheilung, Nr. 221 (19.09.1854), S. 1514.

12 Die folgenden Ausführungen zur Geschichte der Familie Liebmann und ihrer Brauerei basieren – so nicht anders angegeben – auf den Recherchen von Rolf Hofmann, Stuttgart, sowie: Will Anderson: The Breweries of Brooklyn. An Informal History of a Great Industry in a Great City, Croton Falls 1976; Bill Yenne: Great American Beers. Twelve Brands that became Icons, St. Paul 2004, S. 130–145; Carl W. Schlegel: Schlegel's German-American Families in the United States, Bd. 3, New York 1918, S. 237–248.

13 The Brooklyn Daily Eagle, 29.12.1896, S. 14.

14 Ancestry.com. Pennsylvania, Passagierlisten, 1800–1963, Schiff Virginia nach Philadelphia 11. Juli 1851; US-Volkszählung 1860.

15 Ancestry.com. Einberufungsregister des amerikanischen Bürgerkriegs, 1863–1865.

S. LIEBMANN'S SONS BREWING CO.

36 Forrest St., BORO. BROOKLYN, NEW YORK.

BREWERS AND BOTTLERS OF THE RHEINGOLD AND TEUTONIC BEERS.

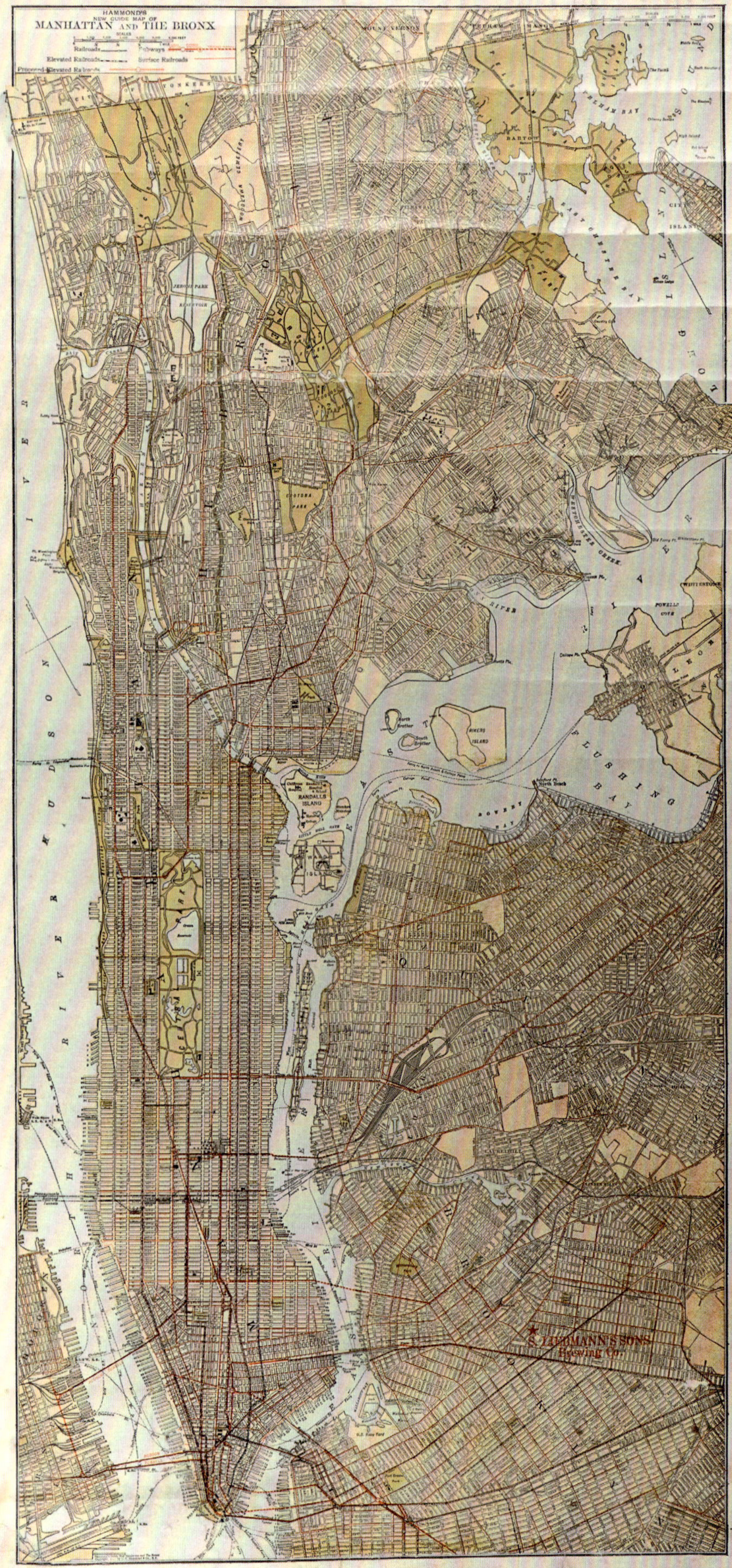

CALENDAR FOR 1914

1914	+	JANUARY	+			1914
SUN.	MON.	TUE.	WED.	THU.	FRI.	SAT.
				1	2	3
4	5	6	7	8	9	10
11	12	13	14	15	16	17
18	19	20	21	22	23	24
25	26	27	28	29	30	31

1914	+	FEBRUARY	+			1914
SUN.	MON.	TUE.	WED.	THU.	FRI.	SAT.
1	2	3	4	5	6	7
8	9	10	11	12	13	14
15	16	17	18	19	20	21
22	23	24	25	26	27	28
+	+	+				

1914	+	MARCH	+			1914
SUN.	MON.	TUE.	WED.	THU.	FRI.	SAT.
1	2	3	4	5	6	7
8	9	10	11	12	13	14
15	16	17	18	19	20	21
22	23	24	25	26	27	28
29	30	31				

1914	+	APRIL	+			1914
SUN.	MON.	TUE.	WED.	THU.	FRI.	SAT.
		+	1	2	3	4
5	6	7	8	9	10	11
12	13	14	15	16	17	18
19	20	21	22	23	24	25
26	27	28	29	30		

1914	+	MAY	+			1914
SUN.	MON.	TUE.	WED.	THU.	FRI.	SAT.
				+	1	2
3	4	5	6	7	8	9
10	11	12	13	14	15	16
17	18	19	20	21	22	23
24/31	25	26	27	28	29	30

1914	+	JUNE	+			1914
SUN.	MON.	TUE.	WED.	THU.	FRI.	SAT.
+	1	2	3	4	5	6
7	8	9	10	11	12	13
14	15	16	17	18	19	20
21	22	23	24	25	26	27
28	29	30				

1914	+	JULY	+			1914
SUN.	MON.	TUE.	WED.	THU.	FRI.	SAT.
			1	2	3	4
5	6	7	8	9	10	11
12	13	14	15	16	17	18
19	20	21	22	23	24	25
26	27	28	29	30	31	

1914	+	AUGUST	+			1914
SUN.	MON.	TUE.	WED.	THU.	FRI.	SAT.
				+		1
2	3	4	5	6	7	8
9	10	11	12	13	14	15
16	17	18	19	20	21	22
23/30	24/31	25	26	27	28	29

1914	+	SEPTEMBER	+			1914
SUN.	MON.	TUE.	WED.	THU.	FRI.	SAT.
		1	2	3	4	5
6	7	8	9	10	11	12
13	14	15	16	17	18	19
20	21	22	23	24	25	26
27	28	29	30	+		

1914	+	OCTOBER	+			1914
SUN.	MON.	TUE.	WED.	THU.	FRI.	SAT.
				1	2	3
4	5	6	7	8	9	10
11	12	13	14	15	16	17
18	19	20	21	22	23	24
25	26	27	28	29	30	31

1914	+	NOVEMBER	+			1914
SUN.	MON.	TUE.	WED.	THU.	FRI.	SAT.
1	2	3	4	5	6	7
8	9	10	11	12	13	14
15	16	17	18	19	20	21
22	23	24	25	26	27	28
29	30	+				

1914	+	DECEMBER	+			1914
SUN.	MON.	TUE.	WED.	THU.	FRI.	SAT.
		1	2	3	4	5
6	7	8	9	10	11	12
13	14	15	16	17	18	19
20	21	22	23	24	25	26
27	28	29	30	31		

See Other Side for Brooklyn and Queens

(1861–1926) und Ernest Obermeyer (1862–1937) die Leitung der Brauerei.[16] 1899/1900 errichteten die beiden in Havanna die Cerveza Palatina, die unter der Leitung von Joseph Obermeyer (1865–1943) zur größten Brauerei Kubas wurde und als größte US-Investition ihrer Zeit auf Kuba galt.[17] In den wirtschaftlich schwierigen Jahren der Prohibition wurde 1924 die Obermeyer & Liebmann Brewery von Liebmann's Sons, die ab diesem Zeitpunkt den Namen Liebmann Brewery Inc. führte, aufgekauft. Sowohl Henry Liebmann als auch die beiden Obermeyer-Söhne wirkten fortan in der Leitung der Brauerei mit.

S. LIEBMANN'S SONS IM ERSTEN WELTKRIEG UND WÄHREND DER PROHIBITION

1903 zogen sich die drei noch in Deutschland geborenen Liebmann-Brüder aus dem aktiven Geschäftsleben zurück und übergaben die Brauerei an insgesamt sechs ihrer Söhne, die das Wachstum der Brauerei weiter vorantrieben. 1909 wurde etwa eine neue Flaschenabfüllung im Osten Brooklyns errichtet, die eine Fläche von vier Häuserblocks einnahm.[18] Im gleichen Jahr wurde das seit Jahrzehnten gebraute „Wuerzburger Lager" in „Teutonic" umbenannt, um eine Verwechslung mit zahlreichen auf dem Markt befindlichen Bieren gleichen Namens zu verhindern.[19] Die Wahl eines prononciert auf Deutschland anspielenden Namens war zu dieser Zeit nicht ungewöhnlich. Der hohe deutschstämmige Bevölkerungsanteil mit seinem weit verbreiteten Vereinswesen – in New York bestanden zahllose deutsche Vereine – war eine Hauptkundengruppe der fast ausschließlich ebenfalls deutschstämmigen Brauereibesitzer.

Bereits in den Jahren 1914–1916 nahm in den USA jedoch die Stimmung gegen Deutschland zu und mit dem Kriegseintritt der USA im April 1917 änderte sich die Situation für die deutschstämmigen Bürger schlagartig: Sie standen unter dem Generalverdacht, mit dem Feind zu kollaborieren. In gemeinsamen patriotischen Zeitungsanzeigen versuchten die Brooklyner Brauereien, den Vorwürfen entgegenzuwirken und forderten ihre Kunden zum Kauf von Kriegsanleihen auf.[20] Ab Sommer 1917 kam es zu Rationierungen von Kohle und Getreide, die den Betrieb der Brauereien stark einschränkten. Begünstigt durch die Rohstoffverknappung erhielt die in den USA bereits seit langem geführte Prohibitions-Debatte neuen Aufschwung. Kurz nach Kriegsende im Frühjahr 1919 wurden die Herstellung und der Verkauf alkoholischer Getränke mit mehr als 0,5 Volumprozent Alkohol verboten. Die Liebmann Brewery reagierte darauf mit einer Umstellung auf bierähnliche, nahezu alkoholfreie Soft Drinks wie dem „N.A.B" (Non Alcoholic Beer) oder dem „Good Old Scotch Brew", einem dem schottischen Ale nachempfundenen alkoholfreien Getränk. Dennoch brachen die Umsätze dramatisch ein und die Familie Liebmann sah sich gezwungen, sich von einem großen Teil ihres Immobilienbesitzes zu trennen.

Mit dem Ende der Prohibition in New York am 7. April 1933 – in allen US-Staaten wurde das Alkoholverbot erst im Dezember 1933 endgültig aufgehoben – durfte wieder ein leichtes, maximal vier Volumprozent starkes Bier hergestellt und verkauft werden. Die Liebmann Brewery hatte bereits in den letzten Wochen des Alkoholverbots die Produktion ihrer Soft Drinks eingestellt und täglich 625.000 Flaschen Bier abgefüllt, um für die erwartete Nachfrage gerüstet zu sein. Der Neuanfang des Bierbrauens nach 14 Jahren Prohibition war allerdings auch mit Schwierigkeiten verbunden. Erfahrene Braumeister fehlten und selbst dem Publikum musste das Trinken von Bier mit Anzeigen wieder schmackhaft gemacht werden. So startete die Liebmann Brewery 1934 eine Anzeigenkampagne mit dem Titel „*Tips on how to act like a veteran beer drinker*" und überspielte dabei offensichtliche Produktionsprobleme mit dem Ratschlag, Rheingold-Bier nicht mit den Augen, sondern seinem Geschmack nach zu beurteilen.[21]

< 8/1
Werbekalender der Liebmann Brewery

1914
Papier
H: 98 cm; B: 56 cm

Jüdisches Museum München, # JM 31/2014

Der Werbekalender in Form eines Stadtplans von New York wirbt für „Rheingold und teutonische Biere". Unten rechts ist der Sitz der Brauerei in der Forest Street in Brooklyn eingezeichnet.

16 The Brooklyn Daily Eagle, 19.12.1887, S. 4 und 05.04.1895, S. 4.
17 Ebd., 25.11.1899, S. 1 und 28.12.1902, S. 27.
18 Ebd., 20.02.1909, S. 9.
19 Ebd., 01.04.1909, S. 10.
20 Ebd., 07.04.1918, S. 34.
21 Ebd., 05.06.1934, S. 6.

8/2
Bierflasche der S. Liebmann's Sons Brewery

Um 1890
Pressglas
H: 23,5 cm; D (Stand): 6,4 cm

Jüdisches Museum München, # JM 11/2015

8/3
Bierflasche der Obermeyer & Liebmann Brewery

Um 1900
Pressglas
H: 22,8 cm; D (Stand): 6,4 cm

Jüdisches Museum München, # JM 10/2014

8/4
Bierflasche der S. Liebmann's Sons Brewing Co.

Um 1910
Pressglas
H: 23,5 cm; D (Stand): 6,5 cm

Jüdisches Museum München, # JM 30/2015

8/5
Getränkeflasche der S. Liebmann Breweries Inc.

Um 1925
Pressglas
H: 24 cm; D (Stand): 6,3 cm

Jüdisches Museum München, # JM 23/2015

HERMANN SCHÜLEIN UND RHEINGOLD

Als Hermann Schülein, der langjährige Generaldirektor der Münchner Löwenbräu AG, Ende Januar 1936 auf der Flucht vor den Nationalsozialisten den Hafen von New York erreichte und im Hotel Waldorf Astoria Quartier bezog, war es vorerst noch nicht seine Absicht, in den USA als Emigrant Zuflucht zu suchen. Von New York aus korrespondierte er mit Hans und Heinrich Hürlimann, den Eigentümern der gleichnamigen Zürcher Brauerei, um die Möglichkeiten der Niederlassung in der Schweiz auszuloten. Die Antwort, die er im April 1936 aus Zürich erhielt, war jedoch desillusionierend: „*Wie Sie vielleicht wissen*", schrieben die beiden Besitzer der größten Schweizer Brauerei, „*bestehen in den Kreisen Schweizer Brauer Bedenken, dass Sie sich nach Ihrer Niederlassung in der Schweiz im schweiz. Braugewerbe aktiv betätigen werden*".[22] Nur wenn er eine Garantie abgäbe, nicht im Brauwesen tätig zu sein, hätte ein Ansuchen um Niederlassung in der Schweiz Aussicht auf Erfolg.

Hermann Schülein konnte sich mit seinen 52 Jahren und seinen fehlenden Englischkenntnissen wenig Hoffnung auf eine erfolgreiche Fortsetzung seiner bisherigen, durch die Nationalsozialisten beendeten Karriere machen, und doch gelang es ihm wie nur wenigen deutsch-jüdischen Emigranten der 1930er-Jahre, in New York Fuß zu fassen und seine Laufbahn als erfolgreicher Manager einer Großbrauerei fortzusetzen. Bereits bei seiner ersten Einreise gab er als Kontaktadresse in New York jene von Hans Holterbosch an.[23] Holterbosch, ein gebürtiger Düsseldorfer, war bereits 1926 in die USA eingewandert und baute in New York erfolgreich ein Importgeschäft für deutsches Exportbier auf. Neben kleineren Brauereien wie dem Würzburger Hofbräu zählte die Löwenbräu AG seit den späten 1920er-Jahren zu seinen Hauptlieferanten. Holterbosch, seit 1934 US-Staatsbürger, betätigte sich auch politisch: Bei einer von 20.000 deutschstämmigen Amerikanern besuchten Kundgebung der „Friends of the New Germany" am 17. Mai 1934 in dem mit Hakenkreuzfahnen ausgeschmückten Madison Square Garden trat er als Redner gegen den Boykott deutscher Produkte in den USA auf.[24]

Möglicherweise hatte Schülein auch andere Kontakte, vielleicht zum amerikanischen Zweig der Hopfenhändler-Familie Steiner oder zu Mitgliedern der Familien Liebmann und Obermeyer, die sich immer wieder in Deutschland aufhielten. Innerhalb weniger Monate erlernte er Englisch und 1937 bestellte ihn die Liebmann Brewery zum Managing Director. Zu seinen ersten Aufgaben sollte es gehören, dem aus der Zeit gekommenen „Rheingold Pale Lager" ein neues Image zu verleihen. Im Jahr seines Tätigkeitsbeginns besann sich die nunmehr vierte Generation – wohl auf Rat Schüleins – ihres Ursprungs und feierte werbewirksam 100 Jahre Liebmann'sche Brautradition und erinnerte so an den Beginn der Brautätigkeit durch Samuel Liebmann 1837 in der kleinen Schlossbrauerei Schmiedelfeld in Württemberg. Bei den Feiern im November 1937 wurde auch eine Neuigkeit bekanntgegeben: „*The event is to be marked by the introduction of a new beer, to be known as Rheingold extra dry lager, which will be backed by an extensive promotional campaign to begin Nov 22.*"[25]

Obwohl die Brauerei, in der Schülein nach seiner Emigration tätig werden konnte, jüdische Besitzer hatte, stieß er auch dort auf ein Umfeld, das nicht frei von Antisemitismus war. Ein Verwandter der Liebmanns, der 1919 in München geborene und heute in Berkeley, CA, als emeritierter Direktor des Berkeley Museum of Arts lebende Kunsthistoriker Peter Selz, hat zur Stimmung unter den Brauereiangestellten einige eindrückliche Bemerkungen gemacht. Er war 1936 als erst 17-Jähriger alleine in die USA emigriert und finanzierte seine Ausbildung und sein späteres Studium an der Columbia University durch Nebenjobs in der Brauerei seiner Verwandten: „*That brewery job was pretty well paid because they had a strong union. All the brewers were Germans. And the people who worked for them were all Nazis. I suffered much more from anti-Semitism there then I ever did when I was a child in Germany. There were these big, big brewers. These were big strong guys. And I was a Jew boy. I was put in there by the boss. And these were the union boys whose union meetings were in German. And they celebrated every time there was a victory, which was almost every day, by the German army. That was ‚39 and ‚40... They'd drag in extra beer. They belonged to the German-American Bund in New York, where they marched in brown shirts, some of them. You know, you could do that before Pearl Harbour.*"[26]

22 Leo Baeck Institute Archives, Hermann Schülein Collection, AR776.
23 Ancestry.com. New York, Passagierlisten, 1820–1957, S.S. Europa ab Bremen, 31.01.1936.
24 The New York Times, 18.05.1934.
25 The Brooklyn Daily Eagle, 18.11.1937, S. 16.
26 Paul J. Karlstrom: Peter Selz. Sketches of a Life in Art, Berkeley-Los Angeles-New York 2012, S. 21.

Schülein gelang es, aufgrund seiner Erfahrungen mit Lagerbier bei der Unionsbrauerei und bei Löwenbräu, ein Bier zu kreieren, das den Geschmack der Konsumenten an der Ostküste traf. Begleitet von aufwändigen Werbekampagnen wurde es zum meistverkauften Bier im Großraum New York und bestimmte nicht nur den Biergeschmack, sondern wurde für die nächsten drei Jahrzehnte zu nicht weniger als einem Teil des New Yorker Lebensgefühls. Durch die große Nachfrage nach Rheingold Bier waren die Kapazitätsgrenzen der eigenen Brauanlagen in Brooklyn bald erreicht. 1947 erwarb Liebmann die John Eichler Brewing Co. an der Third Avenue in Brooklyn, die 1865 von dem aus Rothenburg ob der Tauber stammenden Brauer Johann Philipp Eichler gegründet worden war, und braute hier fortan Rheingold Bier. 1950 erfolgte der Kauf der John F. Trommer Brewery in Orange, NJ. Mit dem hier gebrauten Bier konnten neue Märkte in New Jersey und Pennsylvania für Rheingold erschlossen werden.

MISS RHEINGOLD, LOUIS AMSTRONG UND DER „WIMMER DAMERL" ALS WERBETRÄGER

Hermann Schülein führte die Liebmann Brewery gemeinsam mit Philip Liebmann (1915–1972), einem Vertreter der vierten Generation der Brauerfamilie, der jedoch mehr durch seinen mondänen Lebensstil – so war er einige Jahre mit Hollywood-Star Linda Darnell (1923–1965) verheiratet – als durch seine Managerqualitäten bekannt war. 1940 starteten beide zum ersten Mal eine Werbekampagne, die für die nächsten 20 Jahre zum zentralen Markenzeichen der Brauerei werden sollte: Die Wahl der „Miss Rheingold". Während die erste „Miss Rheingold" 1940 von Philip Liebmann persönlich ausgesucht worden war, wurde sie ab 1941 im Rahmen eines groß angelegten Schönheitswettbewerbs ausgewählt. In sämtlich Gaststätten, Bars und Lebensmittelgeschäften, in denen Rheingold-Bier verkauft wurde, wurden jeweils im November Wahlurnen aufgestellt und die Kunden konnten unter sechs von der Brauerei ausgewählten Kandidatinnen ihre Favoritin wählen. Die „Miss Rheingold" war dann für jeweils ein Jahr Werbeträgerin der Marke. Mitte der 1950er-Jahren erreichte der Hype um die Schönheitskönigin seinen Höhepunkt, als über 20 Millionen Stimmen abgegeben wurden.

Obwohl sich Hermann Schülein nach 1945 nicht zu einer dauerhaften Rückkehr nach München entschließen konnte, blieb er seiner Geburtsstadt eng verbunden. Von 1940 bis 1946 stand er der vorwiegend aus Münchner Emigranten bestehenden Synagogengemeinde Beth Hillel im New Yorker Stadtteil Washington Heights als Präsident vor.[27] Ab 1948 gehörte er wieder dem Aufsichtsrat der Münchner Löwenbräu AG an. Ab nun reiste er jeden Spätsommer für mehrere Wochen nach München, nahm an Aufsichtsratssitzungen teil, erholte sich im Bayerischen Oberland, besuchte das Oktoberfest und kaufte persönlich in der Hallertau Hopfen für die New Yorker Liebmann Brewery ein. Als München 1958 seinen 800. Stadtgeburtstag feierte, reiste Schülein gemeinsam mit „Miss Rheingold" und den sechs Kandidatinnen für das folgende Jahr aus Amerika an und besuchte mit ihnen das Oktoberfest. Bei einem Empfang im Rathaus überreichte er dem damaligen Oberbürgermeister Thomas Wimmer – von den Münchnern liebevoll „Wimmer Damerl" genannt – ein versilbertes Fass mit Rheingold-Bier. Eine Fotoaufnahme, die den Oberbürgermeister bei dieser Gelegenheit mit einem Glas Rheingold-Bier zeigt, erschien als ganzseitige Anzeige in der New York Times. Im Werbetext wurde Wimmer zitiert: „*As a beer lover and connoisseur, I have no doubt that Munich brews the world's best beer. But I also say without doubt that Rheingold Extra Dry belongs in the same class of the finest beers in the world.*"[28]

Mag auch der Münchner Oberbürgermeister in New York kein Star gewesen sein, reiht sich diese Anzeige in eine Serie, in der seit Beginn der 1950er-Jahren Prominente mit dem Slogan „*My beer is Rheingold – the dry beer*" für Rheingold-Bier warben. Zu den „Testimonials" zählten Schauspielerinnen und Schauspieler wie Marlene Dietrich, David Niven, Groucho Marx, Lilly Palmer, Gregory Peck und John Wayne, aber auch Musiker wie Louis Amstrong, Nat „King" Cole und Cole Porter. Mit diesem Einsatz von Bühnen-, Film- und Fernsehstars als Werbeträger war die Liebmann Brewery ein Pionier auf diesem Gebiet. Auch in der Radio- und

27 Celia Bergoffen, Bernhard Purin (Hg.): From Munich to Washington Heights (= Orte des Exils 3), München 2009.

28 The New York Times, 27.10.1958, S. 56.

56 L THE NEW YORK TIMES, MONDAY, OCTOBER 27, 1958.

PHOTOGRAPH BY PAUL HESSÉ

The Lord Mayor of Munich speaks about beer

The Honorable Thomas Wimmer, Lord Mayor of Munich, ought to know a good beer when he tastes one. After all, he's the leading citizen of that ancestral city of brewing.

So a compliment from *him* is a compliment *indeed*.

In the Lord Mayor's words: "As a beer lover and connoisseur, I have no doubt that Munich brews the world's best beers. But I also say without doubt that Rheingold Extra Dry belongs in this same class of the finest beers in the world. And it is a pleasure for us Bavarians to know that so many brewmasters who are graduates of our Bavarian brewing schools contribute to Rheingold's great success in the New World."

It's a pleasure to us, too. And a compliment to *your* good taste. The good taste of millions who prefer the matchless taste of Rheingold Extra Dry—the largest-selling beer in New York, the largest beer-consuming city in America.

Copr. 1958, Liebmann Breweries, Inc., New York, N. Y., Orange, N. J. BREWED BY Liebmann Breweries, BREWERS FOR 121 YEARS. ESTABLISHED 1837.

8/22
Rheingold-Werbeanzeige
New York Times, 27.10.1958
Bayerisches Wirtschaftsarchiv, München

TV-Werbung war Rheingold-Bier vertreten. Als „Jingle“ der Marke diente dabei der Marsch „Estudiantina“ des elsässisch-jüdischen Komponisten Emile Waldteufel mit dem Text des Rheingold Songs:

My beer is Rheingold the dry beer
Think of Rheingold whenever you buy beer
It's not bitter, not sweet
It's the extra dry flavoured treat
Won't you try extra dry Rheingold beer?

In den Jahren 1955 bis 1957 produzierte der Filmproduzent Douglas Fairbanks Jr. im Auftrag der Liebmann Brewery eine Miniserie, die unter dem Titel „The Rheingold Theatre“ gesendet wurde und in der sich Fairbanks am Ende jeder Folge mit einem Glas Rheingold-Bier verabschiedete. Für einige der Filme – unter anderem „Silent Night“ über das berühmte Weihnachtslied – wurden auf Anregung von Schülein auch in Oberbayern Szenen gedreht.[29] Schließlich war die Marke von 1961 bis 1973 auch als Hauptsponsor der New Yorker Baseball-Mannschaft „The Mets“ tätig.

Mit diesen Werbemaßnahmen gelang es, Rheingold zur stärksten Biermarke an der amerikanischen Ostküste zu machen. Während Schüleins Tätigkeit als Managing Director und Aufsichtsratsvorsitzender konnte die Liebmann Brewery ihren Bierausstoß von 375.000 Barrels (440.000 Hektoliter) auf über drei Millionen Barrels (3,5 Millionen Hektoliter) steigern. Nachdem Schülein mit Ende des Jahres 1960 in seinem 76. Lebensjahr in den Ruhestand trat – aber weiter als Konsulent für die Liebmann Brewery tätig war – würdigte die deutschsprachige New Yorker Tageszeitung „Staats-Zeitung und Herold“ seine Leistung: „*Denn wenn heute das Bier in Amerika wirklich zu einem Volksgetränk geworden ist, das in der einfachsten Hütte wie in den Palästen der Reichen getrunken wird, in schwindelnder Höhe auf den Baugerüsten neuer Wolkenkratzer, auf dem Sportfeld wie am Badestrand – Dr. Hermann Schuelein hat als Vorsitzender des Aufsichtsrats der Liebmann-Brauereien durch seine denkerischen Beiträge am Blühen und Gedeihen der amerikanischen Brauerei-Industrie entscheidend dazu beigetragen.*“[30]

Die großen Zeiten von Rheingold-Bier waren aber um 1960 bereits vorüber. Der von Hermann Schülein als Vorsitzender des Aufsichtsrats mit zu verantwortende Kauf der Acme Breweries in Los Angeles und San Francisco 1954 sollte sich als fatale Fehlentscheidung herausstellen. Das dort gebraute Rheingold-Bier entsprach nicht dem Geschmack der Kalifornier und auch die „Miss Rheingold“-Wahlen, deren Kandidatinnen typische Vertreterinnen der Ostküste waren, floppten. Nur drei Jahre später mussten beide Brauereien unter großen Verlusten wieder verkauft werden. Auch übersahen Schülein und die Liebmann-Familie die enormen Konzentrationen in der US-Bierindustrie, an deren Ende nur einige wenige amerikaweit agierende Brauereien den Markt beherrschten.[31] 1964 verkaufte die Eigentümerfamilie ihre Brauerei an den Pepsi-Konzern, der sie und die Marke Rheingold noch bis 1976 weiterführte. Ein Versuch um die Jahrtausendwende, die Marke wiederzubeleben, gelang ebenfalls nicht.

„LÖWENBRÄU GARDENS“ UND „LITTLE OLD NEW YORK“

Hermann Schülein blieb trotz seines fortgeschrittenen Alters und des Besitzerwechsels der Brauerei, die ab 1964 Rheingold Brewery Inc. hieß, als Berater tätig. In einer ganzseitigen Anzeige des LIFE-Magazins von 1968 ist er beispielsweise auf einem Foto mit dem Titel „*Once again ‚The Chairman‘ of Rheingold goes shopping*“ bei der Qualitätsprüfung der Hopfenernte in der Hallertau zu sehen.[32]

Kurz vor dem Verkauf der Brauerei kam es auf der New Yorker Weltausstellung 1964/1965 zu zwei Ereignissen, an denen der nunmehr 80-jährige Hermann Schülein als Berater beteiligt war. Sein langjähriger Geschäftspartner, der Bierimporteur Hans Holterbosch, organisierte mit der Löwenbräu AG die „Löwenbrau Gardens“, ein Gastronomieangebot, das aus einem großen bayerischen Biergarten und insgesamt fünf Restaurants bestand, zwischen denen die Besucher mit original Münchner Pferdefuhrwerken hin- und herfahren konnten. Eines der Restaurants war dem Oktoberfestzelt des Löwenbräu mit seinem markanten Turm

29 The Billboard. The Amusement Industry's Leading Newsweekly, 12.11.1955, S. 10. Vgl. auch: Sylvia Wolf, Ulrich Kurowski: Das Münchner Film- und Kinobuch, Ebersberg 1988, S. 178.
30 Staats-Zeitung und Herold, 22.01.1961, S. 1.
31 Victor J. Trembley, Carol Horton Trembley: The U.S. Brewing Industry. Data and Economic Analysis, Cambridge-London 2005.
32 LIFE, 18.11.1968, S. 18.

Werbeanzeigen mit „Miss Rheingold" 1943 und 1958
Jüdisches Museum München

8/10
Vogelperspektive der Liebmann Brewery
New York, um 1950
Jüdisches Museum München

nachempfunden.[33] Während das Bier aus München angeliefert wurde, sollte ein Catering-Unternehmen, die von Amerikanern deutscher Abstammung geführte Graulich Caterer Inc., für typisch deutsche Speisen wie „sauerbraten“ und „knockwurst platter“ sorgen, die mit der damals neuen Technik der Mikrowelle aufgewärmt werden sollten, was jedoch gründlich schief ging. Holterbosch entließ daraufhin Graulich aus dem Vertrag. Der anschließende Rechtsstreit, den Holterbosch und Löwenbräu gewannen, findet sich noch heute in zahlreichen Lehrbüchern zum US-Vertragsrecht.

Als weiteres gastronomisches Angebot der Weltausstellung wurde „Rheingold's Little Old New York“ mit einem gasbeleuchteten, mit Pflastersteinen belegten New Yorker Straßenzug aus der Zeit um 1900 eingerichtet. In mehreren Restaurants und Cafés wie der „Rheingold Tavern“ wurden amerikanische Spezialitäten und natürlich auch Rheingold-Bier angeboten.[34]

Die Weltausstellungs-Präsentationen „seiner“ beiden Brauereien aus München und Brooklyn müssen auf Hermann Schülein wie eine nostalgische Bilanz seines 54-jährigen Berufslebens gewirkt haben, das seinen Anfang in der Unionsbrauerei seines Vaters Josef Schülein nahm, ihn an die Spitze der Münchner Löwenbräu AG führte und das ihn nach der durch die Nationalsozialisten erzwungenen Emigration in die Vereinigten Staaten zu einem der herausragenden Gestalter der amerikanischen Brauindustrie in den Jahrzehnten um die Mitte des 20. Jahrhunderts werden ließ.

33 Lawrence R. Samuel: The End of the Innocence. The 1964–1965 New York World's Fair, Syracuse 2010, S. 53.
34 Ebd., S. 50.

8/6 *Abbildung S. 209*
Bierflasche „Rheingold EXTRA DRY Lager Beer“

Um 1945
Pressglas (Duraglas, Owens, IL)
H: 17 cm; D (Stand): 6,4 cm

Jüdisches Museum München, # JM 20/2014

Die von der Glasfabrik Duraglas hergestellten Bierflaschen waren die ersten Einwegflaschen, die in den USA auf den Markt kamen.

8/7 *Abbildung S. 206*
Bierkiste für Rheingold EXTRA DRY Lager

Um 1950
Holz
L: 42,5 cm; H: 32 cm; T: 31 cm

Jüdisches Museum München, # JM 29/2015

8/8 *Abbildung S. 209*
Bierflasche „Rheingold EXTRA DRY Lager Beer“

Um 1950
Pressglas
H: 13,8 cm; D (Stand): 6,5 cm

Jüdisches Museum München, # JM 140/2015

Die Bezeichnung „Chug-a-Mug“ dieser Flasche mit großer Trinköffnung spielt auf die Redewendung „chug-a-lug“ (auf ex trinken) an.

8/9
Rheingold-Flaschenöffner

Um 1955
Eisen
L: 8,4 cm; B: 4 cm

Jüdisches Museum München, # JM 3/2016

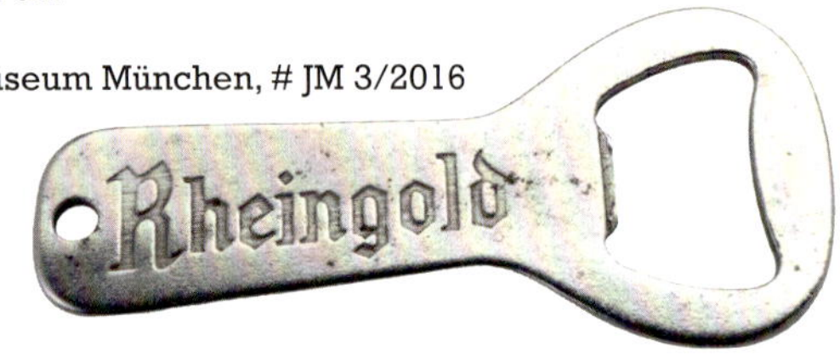

8/10 *Abbildung S. 221*
Vogelperspektive der Liebmann Brewery

New York, um 1950
Fotografie

Jüdisches Museum München, # JM 32/2014

8/11
Serviertablett der Liebmann Brewery

Um 1955
Blech, lackiert
H: 4 cm; D: 33 cm

Jüdisches Museum München, # JM 4/2016

8/12
Acht Bierdeckel der Liebmann Brewery

Um 1950–1964
Karton
D: 8,9 cm

Jüdisches Museum München, # JM 5.1–8/2016

Die Werbeaufdrucke spiegeln die unterschiedlichen Werbestrategien der Liebmann Brewery wider: So wurden nicht nur das eigene Bier, sondern auch die „Miss Rheingold"-Wahl und das von der Brauerei gesponserte Baseballteam „The Mets" thematisiert.

8/13
Leuchtwerbung für Rheingold-Bier

Um 1955
Plastik, Metall
L: 62 cm; H: 23,5 cm; T: 7 cm

Jüdisches Museum München, # JM 17/2015

8/14
Werbeaufsteller „Snow Man“

Um 1955
Plastik
L: 62 cm; H: 34,5 cm; T: 12 cm

Jüdisches Museum München, # JM 25/2006

Rheingold
EXTRA DRY
Lager Beer
R
Rheingold

8/15
Willibecher der Löwenbräu AG für die Weltausstellung New York 1964/65

1964
Pressglas
H: 17,5 cm; D (Stand): 6,2 cm; V ½ l

Jüdisches Museum München, # JM 20/2016

8/16
Bierkrug des Löwenbräu für die Weltausstellung New York 1964/65

1964
Steingut, bedruckt
H: 12,5 cm; D (Stand): 9,5 cm; V: ½ l
Krug: Marke unleserlich

Jüdisches Museum München, # JM 71/2015

8/17
Bierdeckel der Löwenbräu AG für die Weltausstellung New York 1964/65

1964
Karton
D: 10,8 cm

Jüdisches Museum München, # JM 6/2016

8/18
Löwenbräu Gardens auf der Weltausstellung New York 1964/65

1965
Ansichtskarte
Dexter Press Inc.,
hg. von Hans Holterbosch Inc.
H: 10,4 cm; B: 15 cm

Jüdisches Museum München, # JM 7/2016

8/19
Speisekarte des Restaurants Townhouse in Rheingold's „Little Old New York"

1964
Papier
H: 31,1 cm; B: 17,8 cm

Jüdisches Museum München, # JM 8/2016

8/20
Bierdeckel für Rheingold's „Little Old New York"

1964
Karton
D: 8,9 cm

Jüdisches Museum München, # JM 9/2016

Special Issue of The Rheingold Reporter

8/21
The Rheingold Girls in Europe

Special Issue of The Rheingold Reporter
New York 1959 (Faksimile)

Bayerisches Wirtschaftsarchiv, München, F2/9121

Die Mitarbeiterzeitschrift der Liebmann Brewery berichtete über die Europareise, die Hermann Schülein und Philip Liebmann mit den Kandidatinnen der „Miss Rheingold"-Wahl 1959 und der aktuellen „Miss Rheingold" 1958 unternahmen und in deren Mittelpunkt neben der Weltausstellung in Brüssel Schüleins Heimatstadt München im Jahr der Feiern des 800. Stadtgeburtstages stand.

American Bavarian Associations join in celebrating 800th anniversary of Munich

When Munich celebrated its 800th anniversary last year, members of many American Bavarian societies were there in force to help raise the roof in tribute to that great old city. (Munich was founded in June, 1158, when Emperor Frederich Barbarossa granted the town a charter.)

It was the culmination of a year of planning by the "Amerika Bayern Komitee," of which Dr. Schuelein was Honorary Chairman, and A. Kuglstatter and Godfrey Hornung, of the Brewery, his representatives.

And it was something to see. Colorful floats of the various Bayern paraded through the streets of Munich, drawing crowds of cheering onlookers by the thousands. Official dinners were given by both the State Government of Bavaria and the Lord Mayor. And at the Oktoberfest, everyone was invited to join in festivities at the "Loewenbrau" tent by the Loewenbrau management, who had already given them a wonderful reception at their Brewery.

Dinner guests: The historic Loewenbrau Keller was the setting for the official reception and dinner given by the State Government of Bavaria to the "Amerika Bayern." In picture above, you see the host, Dr. Hanns Seidel, Bavarian Minister President (right) with the Lord Mayor and Dr. Schuelein. Picture below: Dr. Hundhammer, Bavarian Minister of Agriculture, shown with Philip Liebmann, who is trying out his German on him, Joan Liebmann and Edward W. Page, Jr., American Consul General.

On parade: The colorful float of one of the Bavarian American Associations moving through the streets of Munich during the city's 800th anniversary celebration. There were many other attractive floats of different Bayern in the parade for the opening of the October Festival.

Three girls on a pretzel: The Rheingold girls find that one of these huge Oktoberfest pretzels is more than enough for three of them. They're pictured here in front of the Loewenbrau tent just as the famous October Festival was beginning.

A star is born: When Dr. Schuelein was invited to appear on Munich's top TV station, he thought he'd be on for a minute – and off. Instead he was on for *17* minutes and, by all accounts, thoroughly charmed everyone. Here he is chatting with interviewer and the Lord Mayor. Later, he presented the Rheingold girls to the television audience.

The Lord Mayor reads inscription on Silver keg as Dr. Schuelein reenacts presentation for television viewers. To the right of the Lord Mayor is Dr. Ehardt, head of the Bavarian Parliament.

8/22 *Abbildung S. 218*
Rheingold-Werbeanzeigen

New York, 1958–60
Reproduktion
a) New York Times, 27.10.1958
b) New York Times, 02.12.1958
c) New York Times, 11.03.1960

Bayerisches Wirtschaftsarchiv, München, F2/9194

8/23
Ludwig „Wiggerl" Hagn über Hermann Schülein

Interview, 28. September 2015
im Löwenbräu-Zelt auf dem Münchner Oktoberfest
Redaktion: Bernhard Purin
Kamera: Johannes Kaltenhauser
6'41"

Ludwig „Wiggerl" Hagn, geb. 1939, langjähriger Festwirt des Löwenbräu-Zelts auf dem Münchner Oktoberfest, erzählt über seine Freundschaft mit Hermann Schülein, auf dessen Anregung der angehende Gastwirt 1959 während eines einjährigen Praktikumsaufenthalts in New York die amerikanische Gastronomie kennenlernte.

8/24
The Rheingold Theatre

Multimediapräsentation 2016
Buch: Bernhard Purin
Schnitt: Felix Jebauer
Produktion: HORNCOLOR Multimedia Gmbh. Christian Horn, Alexander Arnold
25'00"

Die Multimediapräsentation vermittelt einen Einblick in die verschiedenen Werbekampagnen für Rheingold EXTRA DRY Lager Beer zwischen den 1940er- und den 1970er-Jahren.

Jerusalem Beer Festival 2015
Fotos: Yigal Gawze

SHAPIRO

אלכסנדר

Beerbazaar,
Machane Jehuda Markt
in Jerusalem
Foto: Michael Horton

»Tanzende Kamele und Ales aus der Wüste«

CRAFT BIER
IN ISRAEL

VON CONRAD SEIDL

Craft Biere sind der Stolz der neuen israelischen Bierszene. Hier verbinden sich die Erfahrungen der amerikanischen Bierrevolution mit dem Wissen um alte europäische Bierstile und dem Innovationsgeist israelischer Brauer zu einem höchst modernen kulinarischen Erlebnis.

Man könnte fast meinen, hier wäre ein Stück Deutschland: Im neuen Sarona Market, einem mit Delikatessen aller Art überquellenden Feinkost-Einkaufszentrum im ehemaligen Templer-Bezirk von Tel Aviv, scheint Paulaner Bier das Getränk der Wahl zu sein. Auf einem Werbeschild preist eine Blondine im Dirndl „The Best Bite in the Market" an, in der Rechten hält sie eine Tranchiergabel mit einem Stück Fleisch, in der Linken einen Krug mit schäumendem Bier. Ist es das, was wir hier suchen? Nein, wir müssen weiter. Eine Orientierungstafel weist den Weg an das Ende eines mit Gourmandisen reich ausgestatteten Ganges – zu einem der kleinsten Läden des Shopping Centers.

Der Beer Market hat kaum mehr als ein Dutzend Quadratmeter. Aber gut 100 verschiedene Biere. Alle aus kleinen und kleinsten Brauereien Israels. Es wirkt alles neu hier, alles spannend – und der Betreiber des kleinen Biermarktes versprüht enorme Begeisterung. Wonach denn der Sinn stehe? Die Regale haben beinahe den Charakter einer Bibliothek, die Flaschen sind nach Stilen gruppiert: Porters und Stouts, Belgische Triples und Saisons, Red Ales und Weizenbiere. Und natürlich India Pale Ales, die hier wie überall für die junge Craft Bier Szene stehen. Es gibt sie in allen denkbaren Stärken vom Session IPA bis zum Imperial IPA und neuerdings als Black IPA, das man korrekter als Cascadian Dark Ale bezeichnen würde.

Hier ist nun gar nichts mehr deutsch. Nur wenige Schritte vom Paulaner-Angebot (das hier immerhin auch den Salvator-Doppelbock umfasst), taucht man in eine Szene, die mehr mit den USA zu tun zu haben scheint als mit Israel.

Tatsächlich kann man die neue israelische Bierkultur nur verstehen, wenn man ihre Wurzeln betrachtet. Und die liegen in den USA. Dort hat in den 1980er-Jahren begonnen, was man allgemein als die Bier-Revolution bezeichnet: Ein paar Bierliebhaber wollten sich nicht mehr mit dem schwachen Angebot zufrieden geben, das Schlitz, Budweiser und Miller (bald als „Schludwiller"-Einheitsbier verspottet) damals hatten. Natürlich konnte man sich selber ein intensiver schmeckendes Bier brauen – gerade die Prohibition von 1919 bis 1933 hat dazu geführt, dass in vielen Familien Hausrezepte für Selbstgebrautes vertraut waren. Gewisse Erfahrungen im heimlich-heimischen Brauen waren vom Vater auf den Sohn weitergegeben worden. Man schätzte in den 1970er-Jahren, dass etwa jeder hundertste amerikanische Haushalt gelegentlich selber Bier braute – und das, obwohl Heimbrauen bis 1978 eigentlich illegal war. Denn, nicht ganz ungewöhnlich für die USA: Es gab die Zutaten zum Brauen – diverse Malze, sehr unterschiedliche Hopfensorten und ebenso verschiedene Hefestämme – auch in den Jahrzehnten der Illegalität in Haushaltsmengen zu kaufen; und das entsprechende Equipment gleich dazu. In den spezialisierteren Bier-Bars traf man immer wieder auf stolze Home-Brewers, die mit verschwörerischer Miene ein Fläschchen Selbstgebrautes hervorzauberten und auserwählten Bierkennern zur Verkostung anboten.

Beerateinu,
Yanai Street in Jerusalem
Foto: Michael Horton

Wer nicht selber gebraut hat, war lange auf Importbiere angewiesen, wenn es etwas „Besonderes“ im Bierglas geben sollte. Und das war entweder Heineken, Guinness oder ein deutsches Lagerbier: Löwenbräu nahm dabei eine herausragende Stellung ein, es kam allerdings nicht immer in bester Qualität bei den amerikanischen Konsumenten an – diese haben vielfach den durch den langen ungekühlten Transport bewirkten Alterungsgeschmack des Münchner Bieres für dessen besonderen Vorzug gehalten.

Ein jüdischer Weinhändler aus Oklahoma, der sein Geschäft in New York gelernt und sich dann in Seattle unter der Marke „Merchant du Vin“ selbstständig gemacht hat, hat diesem Unsinn aber ein Ende gemacht: Charles Finkel liebte (und liebt heute noch) bayrisches Bier – und so radelte er durch Bayern, um da und dort zu kosten; vielleicht würde er ja einen Geschäftspartner finden. Er fand ihn bei einem kühlen Bier in Aying, wo er mit Franz Inselkammer über dessen Biere plauderte und sie schließlich nach Amerika brachte – mit einem besonderen Fokus auf dem Ayinger Doppelbock, der als „Celebrator“ in den USA Kultstatus erlangt hat. Das starke bayrische Bier erweiterte (gemeinsam mit vielen anderen Bieren aus Europa, die Importeure wie Charles Finkel den Amerikanern schmackhaft machten) den Erfahrungsschatz einer neuen Generation von amerikanischen Konsumenten, die individuelle Geschmackspräferenzen ausbildeten. Sie wollten sich vor drei Jahrzehnten von den Gewohnheiten und Vorlieben ihrer Vätergeneration abheben: „I don’t drink my father’s beer“ wurde das Motto vieler amerikanischer Bierliebhaber.

Mit der Legalisierung des Homebrewing – im Gesetz mit der Nummer H. R. 1337, unterzeichnet von Jimmy Carter 1978 – gab es den entscheidenden Schub: Hobbybrauer haben ihre eigenen Rezepte entwickelt und sich dabei oft an importierte oder noch besser an historische Vorbilder gehalten – es hat ja kaum

Sinn, ein Helles daheim zu brauen, das man mit wenig Aufwand am nächsten Eck kaufen könnte. Das eigene Bier soll ja nach mehr schmecken als das, was man ohnehin überall trinken kann. Das wiederum hat dazu geführt, dass Bierstile wie California Common, Brown Ale, Small Beer und natürlich das India Pale Ale (IPA) wiederentdeckt worden sind. Viele Hobbybrauer haben sodann ihr Hobby zum Beruf gemacht und kleine kommerzielle Brauereien eingerichtet. Von diesen haben wiederum etliche heute Größen erlangt, mit denen man in Deutschland weit vorne mitspielen könnte. 4.144 Brauereien gibt es – mit Stichtag 30. November 2015 – in den USA, mehr als auf dem historischen Höhepunkt 1873, als man 4.131 Brauereien zählte. Die Zahl US-amerikanischer Brauereien hat sich also in knapp vier Jahrzehnten verhundertfacht.

Was das mit Israel zu tun hat? Alles. Denn die amerikanische Bierrevolution wurde etwa ab dem Jahr 2000 zu einem Exporterfolg: „I don't drink my father's beer" ist nunmehr das Motto vieler junger Konsumenten auf der ganzen Welt; auch in Israel, zunehmend auch in Deutschland. Brauer aus aller Welt schauten fasziniert zu, wie die Amerikaner gleichzeitig lässig und selbstbewusst, mit einem Auge auf traditionelle Rezepte schielend und mit dem anderen schelmisch zwinkernd, immer neue Biere auf den Markt gebracht haben. Die Idee hinter Craft Bieren und Microbreweries, hinter Brewpubs und dem mutigen Einsatz neuer Hopfensorten in alten Ale-Rezepten wirkte irgendwann ansteckend. Deutschland hat sie erst vor relativ kurzer Zeit erreicht – eine Verspätung, die damit zu erklären ist, dass der Biermarkt von traditionellen Brauern und von deren mit Hellem, Weizen und Pils zufriedenen Kunden besetzt gewirkt hat. Zufriedene Menschen machen keine Revolution, die machen vielleicht ihre Kinder. Etwa, weil sie nicht das Bier ihrer Väter trinken wollen. Selbst wenn das Bier so gut ist wie das deutsche Angebot.

Im Nahen Osten ist das anders. Die dortige Bierkultur war von modernem Industriebier gekennzeichnet. Das hat damit zu tun, dass sich die in Mitteleuropa entwickelten Lagerbiere seit der Mitte des 19. Jahrhunderts überall auf der Welt durchgesetzt haben, wenn auch nicht überall in der bei uns gewohnten Vollmundigkeit. Der deutsche Tourist kennt das von Auslandsreisen, wo er oder sie meist auf dünne, nicht unbedingt dem Reinheitsgebot entsprechende Biere trifft, die jedem (außer eben dem deutschen Reisenden) zu schmecken scheinen. Denn helle, spritzige untergärige Lagerbiere mit wenig Malzsüße und geringer Bittere verkaufen sich an Leute, die nichts Intensiveres gewohnt sind, eben am leichtesten – das erklärt nicht nur den Erfolg von Schlitz, Budweiser und Miller in den USA, sondern auch den von Carlsberg und Heineken, von San Miguel und Tusker, von Labatt und Fosters oder wie sie alle heißen in den meisten Ländern der Welt.

In Palästina hat diese für die damalige Zeit moderne Art der Bierbrauerei in den 1930er-Jahren Einzug gehalten. 1934–1935 wurde in Rischon LeZion die Palestine Brewery von Gaston Dreyfus gegründet – der französische Unternehmer wurde vom gebürtigen Franzosen, begeisterten Zionisten und zeitweiligen britischen Politiker James Armand Edmond de Rothschild finanziell unterstützt. Gebraut wurde vor allem jener internationale Bierstil, der sich auf deutsche (und tschechische) Wurzeln beruft. Das Bier, das unter den Marken Eagle für helles Lager und Rishonia (für das dunkle Lager im Münchner Stil)

Beerateinu,
Yanai Street in Jerusalem
Foto: Michael Horton

gebraut wurde, erlangte weniger Berühmtheit als die Werbung dafür, die von dem für seinen modernen Stil bekannten, 1905 im österreichischen St. Pölten geborenen Grafiker Franz Krausz gestaltet wurde.

Von solchem deutsch inspirierten, aber vor allem auf hohe Drinkability hingetrimmtem Lagerbier war die Bierszene im britischen Mandatsgebiet und im späteren Israel über Jahrzehnte geprägt. Britische und auch australische Soldaten bevorzugten offenbar ebenso wie die jüdischen Siedler die wenig bitteren und nur vage an den Pilsner Stil angelehnten Biere. Die Marke Eagle existiert immer noch – nach einem Konsolidierungsprozess der israelischen Brauwirtschaft gehört sie zu Tempo Beverages, einem Konzern, der auch über die führenden Biermarken Goldstar und Maccabee gebietet. Heineken ist mit 40 Prozent beteiligt – eine Verflechtung, die wiederum der Paulaner Brauerei aus München den Weg ins Heilige Land öffnet. Aber deswegen würde man nicht „auf ein Bier" nach Israel fahren.

Dass das lohnt, haben wir vielmehr der amerikanischen Entwicklung zu verdanken. Über diese hat Jeremy Cowan von Shmaltz Brewing Company (unter der Marke „He'Brew" verkauft er koscheres Bier) einmal gescherzt, sie entspreche ohnehin einer „Jewish brewing conspiracy"-Verschwörungstheorie, da viele der Exponenten der US-Craft Bier Szene von Ken Grossman (Sierra Nevada in Californien) bis Jonathan Bloostein (Heartland in New York) Juden sind.

Wobei der erste nahöstliche Brauer, der diese Entwicklung genutzt hat, kein Israeli, sondern ein christlicher Palästinenser war. Und das kam so: Nadim Khoury studierte in den 1980er-Jahren am Hellenic College Holy Cross, einer von der griechisch-orthodoxen Gemeinde betriebenen Hochschule in Brookline, MS, Betriebswirtschaft und bekam dort die erste Welle der Bierrevolution mit. Er war vom Homebrewing, das in seinem Studentenheim betrieben wurde, so fasziniert, dass er die Studienrichtung wechselte und an der University of California in Davis ein Brauerstudium absolvierte. Nach dem Osloer Friedensabkommen gründete die Familie Khoury in Taybeh nahe der israelischen Grenze eine Brauerei – mit 1,2 Millionen Dollar im Jahr 1996 ein ziemlich großes Invest-ment. Und ein risikoreiches noch dazu: Die Palästinenser sind ja überwiegend Moslems und keine Alkoholtrinker. Doch das Taybeh-Bier (das im Wesentlichen nach deutschen Rezepten reinheitsgebotskonform und gleichzeitig koscher gebraut wurde) war von Anfang an für den israelischen Markt gedacht. Trotz oder vielleicht auch wegen aller Probleme, die die kleine Brauerei mit den arabischen Nachbarn und mit den israelischen Behörden hatte, wurde es zu einer Art Friedensbekenntnis, Taybeh Bier zu trinken.

Israel brauchte etwas länger, um eine eigene Bierszene zu entwickeln – und auch da war ein kräftiger Innovationsschub aus Amerika notwendig. Getragen wurde er von einem Börsenmakler in New York, der schon Jahre vor der großen Finanzkrise der Jahre 2008 ff. erkannt hat, dass in der Bierbrauerei mehr Sinnstiftung liegen kann als auf dem Kapitalmarkt. David Cohen lebte am Park Slope in Brooklyn, einem Viertel mit vielen Bars und Delis, in denen plötzlich Biere von Samuel Adams, Sierra Nevada und Brooklyn Brewing Co. in den Regalen standen.

Das erste Craft Bier, das er kostete, war ein Pete's Wicked Ale, eine inzwischen wieder verschwundene Marke des jüdischen Brau-Pioniers Pete Slosberg. Slosberg hatte zu jener Zeit das sehr einflussreiche Buch „Beer for Pete's Sake" veröffentlicht, in dem er unter anderem beschreibt, wie wenig gern er als junger Mann Alkohol hatte und wie sehr er sich davor gefürchtet hat, den rituell bei der Bar-Mitzwa-Feier zu trinkenden Wein vor Ekel wieder ausspucken zu müssen. Viel später, mit 29 Jahren, kam er auf den Geschmack „richtigen", also intensiv schmeckenden Bieres, begann selber daheim zu brauen und gründete Pete's Wicked Ales, ein Unternehmen, das er 1998 gewinnbringend an die Gambrinus Company verkaufte.

Cohen beschloss, es Slosberg nachzumachen und selber Homebrewer zu werden. Sein erstes Bier war ein Lager nach kanadischem Rezept, aber bald entdeckte er, dass Ales größere Vielfalt bedeuten. Jahrelang experimentierte er daheim, dann hängte er seinen Job an der Wall Street an den Nagel und arbeitete ein Jahr bei Tom Baker in der (inzwischen geschlossenen) Heavyweight Brewing Company, einer kleinen Microbrewery in Ocean Township, New Jersey. Diese Brauerei hatte sich – im Unterschied zu anderen Kleinbrauereien – auf weniger gehopfte und dafür umso malzaromatischere Biere konzentriert. Das ist insofern bedeutend, als viele der neuen Craft-Brewer geschmackliche Defizite in ihren Bieren mit einer großzügigen Hopfengabe kaschieren können. Keine Chance für so etwas bei Tom Baker, der sich als guter Lehrmeister erwies: David Cohen lernte deutsches Rauchbier und mit Kräutern gewürztes Grutbier kennen und zu brauen – Erfahrungen, die später die israelische Bierszene beeinflusst haben.

Währenddessen bereitete er seine Übersiedelung nach Israel vor – wobei Tel Aviv sich als ideale Umgebung erwies: Die lebendige Küstenstadt hatte bereits um 2000 eine sehr aktive Lokalszene entwickelt. Hier war zumindest

Beerbazaar,
Machane Jehuda Markt in Jerusalem
Foto: Michael Horton

das junge Publikum vertraut mit Importbieren, darunter das erwähnte Taybeh Bier, das inzwischen in unterschiedlichen Stilen verfügbar war, aber natürlich auch mit importierten belgischen Spezialitäten und vielen deutschen Spezialitäten jenseits des Lagerbieres: Weihenstephan hatte den Weg für Weizenbiere geebnet, Bischoff für Pils und Schlenkerla hat israelische Zungen auf Rauchbier eingestimmt. „Für mich galt es, neue Biere zu brauen – interessante Bierstile, denen ich einen israelischen Twist verpassen wollte", beschreibt Cohen seinen Ansatz, dem er von der Brauereigründung 2006 bis heute treu geblieben ist.

Wie gut seine Standortwahl war, zeigte sich erst Jahre später: Nur einen Häuserblock von seinem Brewpub entfernt wurde im Frühjahr 2015 eine 5.000 Jahre alte ägyptische Brauerei ausgegraben. Marketing-orientiert, wie Cohen nun einmal ist, eilte er zur Ausgrabungsstätte und gab Fernsehinterviews. Er erzählte darin von seinem lokalen Bezug, was Rohstoffe betrifft – und von seiner Neugier, was die Menschen in der Bronzezeit wohl gebraut haben. Durch diese Auftritte wurden wieder mehr Menschen darauf aufmerksam, dass es noch Biere jenseits des Lagerbier-Mainstreams gibt.

Cohen hatte ein tanzendes Kamel auf die israelische Bierlandkarte gestellt – „Dancing Camel" heißen sein Brewpub und seine Marke (die Biere sind inzwischen auch in Flaschen erhältlich) und sie weisen jenen Weg, den die amerikanischen Brauer schon zwei Jahrzehnte vorher eingeschlagen hatten. Die Rezepte hat Cohen aus den USA mitgebracht und vielfach mit israelischen Zutaten aufgepeppt. Dazu muss man wissen, dass das israelische Klima für den Anbau von Hopfen ziemlich ungeeignet ist, dass kaum Braugerste angebaut wird und es keine Mälzerei im Lande gibt – also muss man nach Ingredienzien jenseits des Reinheitsgebots Umschau halten. Im leichten Gordon Beach Blond findet sich ein Hauch von Minze, im von belgischem Witbier inspirierten Trog-Wit wird statt

Zitrone die Etrog-Frucht (die beim Laubhütten-Fest eine Rolle spielt) verwendet, das Leche di Diablo ist ein Wit mit israelischen Chilis, im India Pale Ale werden Datteln aus lokalem Anbau mit verbraut und der Name des Cherry Vanilla Stout spricht ohnehin für sich. Wobei es durchaus auch reinheitsgebotkonforme Biere in der Brauerei mit dem angeschlossenen Pub gibt – aber das hat eben keine Priorität.

Eine andere Brauerei hat es versucht: Am Rothschild Boulevard eröffnete kurz nach dem Dancing Camel das Tel Aviv Brewhouse, ein Lokal nach dem Vorbild deutscher Gasthausbrauereien – und mit leider ebenso uninteressanten, teilweise auch fehlerhaften Bieren, wie man sie in mancher Gasthausbrauerei im deutschsprachigen Raum findet. In Israel findet man das nicht mehr, das Tel Aviv Brewhouse hat sich nicht bewährt.

Andere haben die Lücke gefüllt – und sie haben sie im amerikanischen Stil gefüllt: Mit ausdrucksstarken Bieren. Da ist zum Beispiel die Shapiro-Brauerei, die mit ihrem Bier trinkenden Löwen im Logo einen Hauch von München verbreitet, ihr Bier selbst als „The Jerusalem Beer" bezeichnet (obwohl sie etwas westlich der Stadt in Bet Schemesch ihre Braustätte betreibt) und sich im Übrigen ganz der internationalen Biervielfalt verschrieben hat: So gibt es von Shapiro ein tiefschwarzes Oatmeal-Stout, das vielleicht einen Hauch weniger vollmundig ist als andere Vertreter dieses Stils, das aber gerade deshalb besonders zugänglich ist.

Dani Shapiro, ein Enddreißiger, ist der Braumeister in einer Familie, deren Mutter aus Milwaukee stammt – der heimlichen USA-Hauptstadt des Bieres (die Marken Miller, Pabst, Schlitz und neuerdings auch Lakefront haben ihr diesen Titel eingebracht). Fünf von Danis Geschwistern und der Vater halfen, aus dem aus den USA mitgebrachten Homebrew-Hobby ein leidlich profitables Business zu machen. Bruder Itzik Shapiro war Heimbrauer, verbrachte dann ein paar Monate in den Microbreweries von Colorado und lernte nicht nur das Bierbrauen, sondern vor allem auch das Marketing für Craft Brewer – die Marke Shapiro wurde mit recht professionell gemachten Videos von Vanya Hyman mit einem eigenen YouTube Channel bekannt gemacht. Und die Biere entsprechen perfekt dem, was man von professionell gemachtem Craft Bier erwarten kann: Hier steht die Erwartung dahinter, dass besondere Biere eines Tages den Mainstream treffen werden.

Geschmacklich herausfordernder als die Shapiro Biere sind die Biere aus der Wüste Negev: Die Negev Brewery ist inzwischen sogar auf den Trend des Oak-Aging aufgesprungen – ihr von ratebeer.com als „bestes Bier Israels" bezeichnetes Oak Porter ist tiefschwarz, hat einen beigefarbigen Schaum, duftet ein wenig nach Kaffee und trinkt sich gerade vollmundig, aber ohne ausgeprägte Süße, um dann mit einem wuchtigen Schokoladeton und einer robusten Bittere zu enden. Die Negev Brewery in Kirjat Gat ist die südlichst gelegene der gut zwei Dutzend israelischen Craft Breweries – auch sie ist amerikanisch inspiriert, und wenn der Brauereimanager Sagiv Karlboim darauf hinweist, dass es im Süden eben ein bisschen gemütlicher und langsamer zugehe, dann erinnert man sich daran, dass die Brauer in Kalifornien dasselbe über die Region von San Diego sagen.

Aber da ist natürlich ein beachtlicher Größenunterschied, auch wenn bei der Negev Brewery inzwischen Brauereibesuche und Verkostungen im amerikanischen Stil angeboten werden – von Eilat aus ist es nicht weit hin. Aber man muss nicht durch die Wüste fahren, um die Negev Biere zu kosten: In Tel Aviv und Jerusalem gibt es mehrere Bars, die die Vielfalt der neuen israelischen Braukultur zur Verkostung anbieten. Shmuel Naky und Leon Shvartz haben mit „Beerateinu" in Jerusalem ein Geschäft für Craft- und Importbiere eröffnet, wo man auch ausgiebig kosten kann. Und, auch hier ist Amerika Vorbild: Man kann sogar Zutaten für das Homebrewing erwerben. Und dann gibt es neuerdings einen Ableger des in Tel Aviv etablierten „Beer Bazaar" – hier kann man (wie das in den 1990er-Jahren in Amerika eingeführt wurde) verschiedene Craft Biere in professionell zusammengestellten Tasting-Sessions kennen lernen.

Im Carmel Market von Tel Aviv, der seine Besucher mit dem Charme eines orientalischen Basars empfängt und schon deswegen eine Sehenswürdigkeit ist, gibt es zwei Locations des Beer Bazaar: Eine davon ist ein Marktstand, an dem Yuval Reznikovich 80 Flaschenbiere gekühlt vorrätig hält – dazu noch drei vom Zapfhahn, darunter das Bhindi, das eigens für seine Läden gebraute hellbernsteinfarbene und sehr frucht- und hopfenaromatische IPA von der Srigim Brewery. Diese braut allerdings mit dem „Ugly Indian" ein noch wesentlich bittereres IPA für jene, denen es nicht bitter genug sein kann. Und sie braut – wiederum exklusiv für den Beer Bazaar – auch das Fat Cat Pale Ale, weniger aggressiv gehopft und wegen der Verwendung von 15 Prozent Weizen in der Schüttung auch weicher im Trunk.

Im Beer Bazaar wie auch in den meisten Bars von Tel Aviv omnipräsent ist das Logo mit der fliegenden Schildkröte: Dieses gehört zu Alexander, einer in Emek Hefer, nördlich von Tel Aviv, gelegenen Brauerei, deren Besitzer Ori Sagy stolz auf eine Goldmedaille beim World Beer Cup 2014 in Denver für sein acht Prozent starkes Alexander Black verweisen kann. Und da ist Jem's Beer Factory, ebenfalls in komfortabler Nähe zu Tel Aviv, in Petach Tikwa: Es ist wohl eines der größten Brewpubs in der Region, in diesem Bereich wohl nur mit LaBira im Zentrum von Haifa vergleichbar, die aus einem kleinen, dunkeln und gemütlich-englisch wirkenden Pub in ein großzügig-modernes, amerikanisch angehauchtes Gastro-Pub ein paar Blocks weiter gezogen ist. Aber bleiben wir bei Jem's: Der Mikrobiologe Jeremy Welfeld aus Boston hat dieses Brewpub 2009 gegründet – mit viel brautechnischer Präzision, mit deutlichem amerikanischen Hintergrund, was die Speisenauswahl betrifft, und einem Bierangebot, das die gesamte stilistische Palette abdeckt, vom trockenen irischen Stout bis zum ziemlich deutsch wirkenden Pils. Jem's Biere gibt es inzwischen in vielen Lokalen als Fassbier und immer öfter auch in Flaschen.

Bescheidener ist der kleine Herzl Beer Workshop, der zwar keinen eigenen Brauereiausschank hat, dafür aber als einzige Brauerei wirklich innerhalb der Stadtgrenzen von Jerusalem braut. Die Geschichte dahinter ist – erraten – ein wenig amerikanisch inspiriert: Zwei Homebrewer wollten ihre Kenntnisse verbessern und haben um ein Praktikum in einer Craft Brewery angesucht. Das haben Itai Gutman und Maor Helfman allerdings nicht in den USA, sondern in Schottland gefunden. Und zwar in Europas derzeit erfolgreichster Craft Brewery Brew Dog, bekannt für ihr Punk IPA. Noch dazu waren die beiden Hobbybrauer zu unterschiedlichen Zeiten dort – Maor hat sich entschieden, das Bierbrauen zu professionalisieren, nachdem er den israelischen Heimbrauer-Wettbewerb gewonnen hatte. In Schottland angekommen, freute er sich, als erster israelischer Brauer bei den Punks von Brew Dog zu sein. Die belehrten ihn allerdings, dass ein paar Monate vor ihm ein gewisser Itai bei Brew Dog gearbeitet hätte. Zurück in Israel trafen die beiden einander und beschlossen, ein Unternehmen zu gründen.

Herzl ist ein klug gewählter Markenname, erinnert er doch nicht nur an Theodor Herzl (1860–1904), den Begründer der zionistischen Bewegung, sondern auch an die Koseform des vor allem bei einfachen osteuropäischen Juden gängigen Männervornamens Herschel, was der Marke etwas Kumpelhaft-Vertrautes gibt. Die jungen Brauer versprühen jedenfalls viel Optimismus und Innovationsfreude – als Maor etwa hörte, dass ein Händler einen Posten kubanischer Tabakblätter zur Verfügung hatte, überlegte er gleich, wie man die wohl sinnvollerweise mit einem Bier kombinieren könnte. Man weiß ja, dass Porters und Stouts ein wunderbares Getränk für Zigarrenraucher abgeben – aber Helfman wollte das feine Tabakaroma direkt ins Bier bringen und setzte die Tabakblätter seinem sechsprozentigen Porterbier bei der Nachgärung zu – das Ergebnis war ein typisch trockenes Porter mit einem vor allem retronasal wahrnehmbaren Tabakaroma und einer eigentümlichen, vom Tabak mitbestimmten Bittere im Nachtrunk.

Solche Extravaganzen sind in Deutschland, wo amtliche Hüter des Reinheitsgebots auch bei Porters und Stouts keine Zusätze erlauben, undenkbar – und doch kooperierten die jungen israelischen Brauer 2016 auf Initiative des Jüdischen Museums München mit der ähnlich innovativ ausgerichteten Brauerei CREW Republic in München. Der Bierstil, auf den sich die Braumeister verständigt haben, ist ein California Common, ein warm vergorenes Lagerbier, wie es in San Francisco und wohl auch anderen Gegenden, die keine gut kühlbaren Keller hatten, im 19. Jahrhundert gebraut wurde. Es ist ein bernsteinfarbenes Bier mit einem intensiven, vom Malz geprägten Aroma – so ähnlich wird Steam Beer vor 150 Jahren in den USA oder Lagerbier vor 80 Jahren in Palästina geschmeckt hat. Bierstile pflegen ja um die Welt zu wandern – und Menschen wie Maor Helfman und Itai Gutman mit anderen wie Mario Hanel und Timm Schnigula von CREW Republic zu verbinden.

Collaboration Brew zwischen Herzl Beer Workshop, Jerusalem und CREW Republic, München

Einmaischen des Collaboration Brews
München, Februar 2016
Fotos: Vivi D'Angelo

» In the Land of Israel, beer came late «
Historical Brew Traditions in the Near East

By Doug Greener

There is evidence that beer was brewed in the lands of Mesopotamia and Egypt before it was in the Land of Canaan/Israel. Agricultural conditions in those neighbors to the north and south were more conducive to growing barley and wheat, while in Canaan/Israel, grape growing was more widespread, and therefore wine was the "national drink."

In Mesopotamia, beer culture can be traced back at least 6000 years. Beer brewing and drinking had important roles in the religious and literary roots of Sumer, Akkad, and Babylonia. Brewing was a profession dominated by women and priestesses, and the patron deities of brewing and beer enjoyment were female. Beer was enjoyed by all segments of the population, with workers and officials receiving daily rations. Several different varieties of beer were brewed. The brewing process involved first grinding the grain and then baking it into loaves of bread (to which different flavors may have been added), which were then crumbled, moistened, and allowed to ferment. It was popular to drink beer in social situations. A familiar scene on Mesopotamian clay tablets was of several people drinking beer from a common bowl with individual straws.

In Egypt, beer brewing and consumption was even more widespread than in Mesopotamia. The earliest documentary reference to beer is around 4500 years old. Wall paintings also depict people drinking their beer with straws. As in Mesopotamia, it was goddesses who were associated with beer and brewing, namely Hathor, Osiris, and Tjenenet. People from all levels of society received daily beer rations, from the Pharaoh to common laborers, soldiers, and even children. Archaeological sites for industrial scale brewing have been found in several locations within Egypt and in Egyptian controlled territory, including one in Tel Aviv which dates back as much as 5000 years. A wall painting from the tomb of an Egyptian official in the third millennium BCE depicts all of the stages in the brewing process. The Egyptians made several types of beer, including a "beer of eternity" which was placed in tombs to accompany the deceased to the afterlife.

Archaeological evidence of beer brewing in the Land of Canaan/Israel is much scarcer to find. Those early sites which attest to brewing were most likely built by Egyptian invaders and colonizers, in the Negev Desert, Gaza, Gezer, Megiddo, and as already noted, Tel Aviv. Evidence of beer brewing and drinking by the inhabitants themselves—the Philistines, Canaanites, and Israelites—appears only in the Iron Age, around 3000 years ago. From this time, many examples of special ceramic beer jugs have been found. These vessels contained holes in the clay which acted as strainers to filter impurities out of the beer just before it was drunk.

Doug Greener, born in 1943 in New York City, studied International Relations and History in Washington, D.C., and New York. He has worked in journalism, public relations, and advertising. In 1971 he made Aliyah to Israel. He now lives in Jerusalem and is the author of a blog on Israeli craft beer: www.IsraelBrewsAndViews.blogspot.com

» If I were not a beer manufacturer,
I would not have become wealthy «
Rabbinic Attitudes toward Beer as seen in the Babylonian Talmud

By Eli Freedman

Beer has played an important role in Judaism since its inception. This is not particularly surprising as beer was an important staple for Jews and all of their neighboring societies for millennia. Judaism has quite a nuanced relationship with beer, neither viewing it as all entirely positive or negative. As there is not much archaeological evidence of beer in early Judaism, most of the information about Judaism and beer is found in Judaism's sacred texts.

Although there is some debate, beer is first mentioned in the Tanakh (The Hebrew Bible). By the Amoraic period (~200–500 CE), beer takes on a more distinct role in Jewish literature. Generally using the same term—shekhar—the Babylonian Talmud, unlike the Tanakh, references beer numerous times on its own, apart from wine. Beer is even mentioned in contrast to wine in the eponymous text for this exhibit in Pesachim 107a. Similar to its role in Judaism as seen through the Tanakh, beer in Talmudic times plays a pivotal yet complex role in society.

The rabbis believed themselves to have medical knowledge and in many of the texts in which they discuss beer, they focus on beer's medicinal value. For the rabbis, beer could be used as an anti-venom of sorts, a laxative (and surprisingly also an anti-diarrheal), and a cure for leprosy and jaundice. The rabbis note that in addition to beer's curative properties, beer can have negative health effects as well. Beer could cause skin affections (in contrast to the rabbis earlier claims of its healing abilities), catarrh (a disorder or inflammation of the mucous membrane), headaches, impotence, and even flatulence.

The next major area of interest for the rabbis concerning beer was kashrut. Like any other substance that was ingested, the rabbis ruled on the permissibility of beer. The final area of interest for the sages was the use of beer for religious purposes. Beer has historically not been associated with Jewish ritual in the same way that wine has been, however, the sages do create a basic framework for including beer in religious observance as well.

Beer intersected with some of the most important aspects of daily life including health, physical appearance, kashrut, ritual, relationships, and socializing in general. One can almost picture the sages of old sitting around discussing various halachot over a nice pint or two. L'chaim!

Eli Freedman, born in 1980 in Boston, MS, is one of the rabbis of the Congregation Rodeph Shalom in Philadelphia, PA. He was ordained at Hebrew Union College – Jewish Institute of Religion in May 2010 after receiving his undergraduate degree from Brandeis University. He is an avid homebrewer and organizes the interfaith "Biblical Brewoff," as well as speaking at Philadelphia Beer Week's annual event: "A Priest, a Rabbi, and a Minister Walk into a Bar!"

» The community's seal looks not unlike a beer sign «
The Star of David, Guild Signs, and Symbols of the Brewing and Malting Handcraft

By Matthias Trum

The hexagram—the brewer's star—can be found in the emblems of many breweries in addition to typical tools of the trade. It is also used in southern Germany in particular as a sign in pubs and guesthouses where beer is sold, generally in those which are licensed to brew beer themselves. The oldest evidence of a brewer's star is in a depiction of the "Herttel Pyrprew" in a manuscript from Nuremberg dated 1425. The custom of displaying a brewer's star, the "Zoigl" (sign), on a building to indicate that freshly brewed beer is being served, has been upheld in the Upper Palatinate region of Bavaria to this day.

What is much better known, however, is the use of the hexagram as the Star of David in a Jewish context, although its origin and initial purpose is the subject of controversial discussion. It was allegedly first used in the 14th century by the Jewish community in Prague on a military banner which the Jews were allowed to use thanks to a permission given them supposedly by Emperor Karl IV. It was not until the 18th century that the Star of David became established as one of the symbols of Judaism. In the mid 18th century it appears, for example, on the civic seal of the Jewish community in Fürth, known as the "Kahls-Siegel" (kahal, hebr. community), and later also on Jewish tombstones. It only became a central Jewish symbol with the emergence of Zionism at the end of the 19th century. Under the Nazi regime, on the other hand, the "Yellow Star" was synonymous with the complete loss of rights. Since the founding of the State of Israel in 1948, the Star of David has appeared on the national flag. Outside Central Europe, the use of the hexagram can be traced back much further, especially as a protective symbol. It is to be found in Hinduism as well as in Ancient Egypt. It was also used in Arab alchemy from where it entered the Jewish Kabbalah.

How the hexagram became a beer brewers symbol has not been clarified definitively. The most frequent explanation, that it was taken over from the alchemists, is not very convincing. It is more probable that the hexagram was used as a protective symbol against fire—a danger to which breweries were especially exposed. It is in fact also a sign used by the guild of chimney sweeps. What is remarkable is that both the brewer's star and the Star of David spread simultaneously from Bohemia westwards to the Upper Palatinate and Franconia in the High Middle Ages, while both had different symbolic meanings. Whereas the Star of David became prevalent throughout the whole world, the brewery star largely remained a regional symbol in southern Germany and has experienced a renaissance in the past few years in a number of "Zoigl" pubs and guesthouses in the Upper Palatinate.

Matthias Trum, born in 1975 in Bad Oeynhausen, is a qualified Master Brewer and director of Heller-Bräu Trum GmbH—better known as "Brauerei Schlenkerla" – in Bamberg which produces "Aecht Schlenkerla Rauchbier." He studied at the TUM School of Life Sciences Weihenstephan, completing his studies with a thesis on historical depictions, guild signs, and symbols of the brewing and malting handcraft.

» Due to the Jewish holidays there was no trading in hops yesterday or today ... «
On Jewish Hop Merchants in Bavaria

By Lilian Harlander and Bernhard Purin

The hop plant is a climbing herbaceous perennial belonging to the hemp family. Since when hops were first cultivated for their bitter flavor and as a preservative in brewing is not clear. Initially used at monastic breweries in the Early and High Middle Ages, they probably increasingly replaced other ingredients added as preservatives, such as oak leaves or bark. Even toward the end of the Middle Ages hops were of minor signifiance as a commercial commodity. The numerous small breweries planted the hops they needed in hop yards in the immediate vicinity to where the beer was made.

The specialization in the cultivation of hops by individual farmers—first of all in the area around Nuremberg and later in the Hallertau region between Munich and Ingolstadt to the north—resulted in the emergence of a new branch of commerce, the hop trade, in the late 15th century, although this was only of regional importance. At the same time, a lot of Jewish rural communities were formed after Jews were expelled from cities in Franconia, Swabia, and the Upper Palatinate. This temporal concurrence between the establishment of a new branch of commerce and the need for Jews to build up a livelihood, having come from the cities and settling in the country, was most likely the main reason for the dominance of Jewish merchants in the hop trade over the next few centuries.

The hop trade changed from the second half of the 19th century onward. As a result of the increasing expansion of the railroad network, hops were traded not only in the region but increasingly nationally and internationally as well. Hop markets were established in cities like Bamberg, Landshut, and Munich. However it was Nuremberg, in and in front of the city's former arsenal, which became the most important center from 1866 onward. In the last decade of the 19th century it emerged as the largest trading center for hops in the world. Around 1890 the number of hop merchants reached its zenith at more than 350. The overwhelming majority of hop businesses—around 70 percent—was in Jewish hands.

World War I and the prohibition introduced in the USA in 1919, in particular, that resulted in the collapse of the Nuremberg merchants' most important export market, led to a reduction in the number of hop businesses and the loss of Nuremberg's significance as the global center of the hop industry. In 1930 some 170 hop trading businesses operated in Nuremberg, of which around 120 were in Jewish ownership. Hop trading businesses were either liquidated or "Aryanized" after the Nazis seized power in 1933, as were those of Jewish hop merchants in Bamberg, Munich, and other Bavarian cities. Several highly specialized hop merchant families such as the Fromms and Steiners returned after 1945 and introduced innovative steps in hop processing and the hop trade. In Pasing and Wolnzach, Fromm, Mayer-Bass developed hops powder in the 1960s that forms the basis of the hop pellets predominantly used in the brewing business today. The company Simon H. Steiner, Hopfen GmbH., based in Laupheim in Württemberg up until 1992, now in Mainburg in the Hallertau region and still run by the same family in the sixth generation, is one of the leading companies in the world in the hop trading business with its "Hopsteiner" brand.

»... perfect brewery is close to completion « The von Hirsch Family and Schlossbrauerei Planegg near Munich

By Lilian Harlander

The von Hirsch family influenced the sociocultural and economic landscape in Bavaria in the 19th century. In 1818 they enjoyed a special status as the first Jewish family to be raised to the nobility and also wrote an important chapter in the history of brewing in Bavaria through the founding of the Schlossbrauerei Planegg in 1836, just beyond the city boundary.

Originally from Lower Franconia, Moses Hirsch (1740–1811) settled in Würzburg in 1803. Through the acquisition of land he laid the foundation for his family's standing and wealth. Moses' son Jakob Hirsch (1765–1840) bought the estate of Gereuth in 1815, which apart from the castle and land also included patrimonial jurisdiction rights. However, he was only able to exercise these rights after being raised to the nobility by King Maximilian I Joseph of Bavaria in 1818. Jakob von Hirsch moved to Munich in 1821 with the younger of his sons, Joseph (1805–1885), where he was appointed Court Banker. The elder son, Joel Jakob (also known as Julius, 1789–1876), remained in Würzburg. The von Hirsch family therefore divided into the Gereuth and the Planegg branches, the Munich line being descended from the latter.

At the end of 1824 Jakob von Hirsch bought the manor of Planegg and was early to recognize the need for a modern brewery and a potentially lucrative market. Twelve years were to pass, however, before it started operation during which time Jakob von Hirsch was confronted with a variety of legal problems aimed at preventing him from realizing his project. One of the reasons was the fact that a Jewish family was intending to brew beer. Corresponding anti-Semitic arguments, on the one hand, drew on the Jewish edict of 1813 that specifically forbid Jews to brew beer. On the other hand, beer brewers in Munich saw a threat in Planegg's excellent location on the banks of the River Würm and its proximity to the market in Munich. Despite this, Jakob von Hirsch managed to open his Schlossbrauerei in 1836. Its industrial and technical standard made it the most modern brewery at that time in Bavaria. It served as an example for other breweries in Munich, which in the years that followed abandoned their confined premises in the Old City and built new brewery plants in the suburbs.

After his father's death, Joseph von Hirsch took on the role of a Court Banker and expanded Schlossbrauerei Planegg. His son, Emil von Hirsch (1837–1917), managed the affairs at Planegg and the brewery from 1888. In 1917 his sons, Rudolf (1875–1975) and Karl von Hirsch (1871–1944), took over the brewery in the fourth generation until it nearly went bankrupt in the wake of World War I. In 1922 "Schlossbrauerei Planegg bei München AG" was established, but profits declined. Pschorrbräu AG took over the Schlossbrauerei in 1928 and ceased operations in 1933. It was not only Pschorrbräu's intention to eliminate a competitor but also to open up new markets in the south of Bavaria. The Planegg estate remained in the ownership of the von Hirsch family until its "Aryanization" in 1938. Rudolf and Karl von Hirsch were deported to Dachau concentration camp along with other family members. Karl von Hirsch was murdered in 1944. The Planegg castle estate was restituted to the von Hirsch family in 1950.

The building complex that exists today served as an air-raid bunker and for medical storage in World War II. Since 1964 it has been used as a depot by the Bavarian State Library.

Lilian Harlander, born in 1977 in Salzburg, Austria, is curatorial assistant at the Jewish Museum Munich. She studied German and Jewish Cultural History in Salzburg and has since worked on diverse research projects. Since 2015 she has been working on a Yiddish-German translation project on S. Ansky in collaboration with the University of Graz, Austria, while writing her dissertation.

» A splendid selection of beer steins of all kinds « Munich's Jewish Beer Stein Decorators

By Bernhard Purin

The decree on the freedom of trade issued in 1868 in the Kingdom of Bavaria provided the opportunity to establish new businesses, unite different trades under one roof, and create new products. Many young Jews, who had moved to Munich from rural Jewish communities in Franconia and Swabia in the second half of the 19th century took advantage of the possibilities offered to build up a new livelihood. Among the most unusual, but for the beer metropolis of Munich nevertheless typical new industries was beer stein decoration which emerged from the late 1870s onward and was largely co-developed and influenced by Jews who had moved to the city.

Up until the 1860s, ordinary stoneware steins had no decoration of any sort. Only one decade later did breweries start engraving or stamping their name on plain beer mugs and highlighting it in color. At the same time, the main suppliers of unfinished steins, stoneware manufacturers from the Westerwald region, were working on new techniques to produce a higher quality stoneware which was particularly well suited for painting thanks to its smooth finish. The expansion of the railroad network made the transport of mugs from Westerwald to Munich more economical. The bisque fired, unglazed mugs sent to the Bavarian capital were then decorated in Munich and turned into a finished product.

Around 1880, a number of workshops were founded which carried out three different processes under one roof. Mugs were decorated in the paintshop and, later, imprints or transfer images were added. They were then given a final firing in a bisque kiln at a low temperature. In addition to simply painting on the brewery name, a greater spectrum of motifs soon followed, with that of Munich's coat of arms—the "Münchner Kindl"—becoming the undisputed bestseller among beer mugs marketed in the Bavarian capital. With the emergence of modeled figurative steins the artistic possibilities in decorating the surface of a mug became virtually boundless. The paintshop was connected to a pewter foundry where lids for the steins were cast, either with the name of the brewery and other motifs or with a blank surface on which an individual engraving could be added later, such as a dedication or the owner's name. In a third workshop area mugs and lids were assembled to create finished beer steins. These workshops were often situated in backyards in the heart of the city frequented by tourists around the City Hall with a shop facing the street in which the steins were sold to locals and other customers.

Among the largest and most influential beer stein decorating companies founded around 1880 were those established by the Jews Leopold and Nathan Bauernfreund, Josef M. Mayer, Martin Pauson, Josef Reinemann, and the Thannhauser brothers, who had moved to Munich from other areas. In addition to these, salesmen such as Samuel Liebschütz, Jakob Neumark, and Heinrich Uhlfelder worked on commission, marketing steins made by Bauernfreund und Reinemann who did not have their own shops. In Munich there were also several non-Jewish beer stein decorators like Allmann Bros., Ludwig Robert Mory, and Eduard Rau. However, looking at the holdings of Munich beer steins still in existence in collections today, their range of products did not come anywhere near that of the five other companies.

Around the turn of the century, with the end of Historicism, the heyday of the elaborately decorated beer stein—frequently in the Renaissance style—also came to a close and the demand for figurative mugs declined. Beer stein decorators reacted to this by starting a productive collaboration with Jugendstil artists. With the outbreak of World War I the industry experienced a radical change. Companies such as Bauernfreund, Reinemann, and Thannhauser Bros. stopped their production and others, like Mayer and Pauson, created a new leg to stand on through the trade in porcelain, glass, and household goods, continuing with beer stein decoration on a smaller scale until the 1930s.

Bernhard Purin, born in 1963 in Bregenz, Austria, is director of the Jewish Museum Munich. He studied Cultural Science and Modern History in Tübingen und worked at the Jewish museums in Hohenems, Vienna, and Fürth, among other institutions, where he curated numerous exhibitions on Jewish history and culture. Since 2012 he has also been part of the conceptual team behind the "Munich Massacre 1972 Memorial."

» Of all Munich's beers only Löwenbräu really comes into question « The Schülein Family in the Munich Brewing Business

By Lilian Harlander

The Schülein family from Middle Franconia came from a modest background before gaining a foothold in the Munich brewing industry toward the end of the 19th century through Josef Schülein (1854–1938). Together with his brothers, he moved from Thalmässing to Munich in 1873 and earned a living from small transactions in the real estate business and stakes in banking. Together with his brothers and his brother-in-law he acquired the Unionsbrauerei in Haidhausen in 1895, previously known as Aktienbrauerei Gambrinus, and founded Unionsbrauerei Schülein & Cie. In 1903 this was transformed into a shareholding corporation and in 1904 merged with the Münchner Kindl AG brewery which had run into financial difficulties. In 1916, Josef Schülein purchased Schlossbrauerei Kaltenberg to the west of Munich. In the meantime, Josef's son, Hermann Schülein (1884–1970), had also entered the brewing business.

While Josef Schülein, together with Hermann, successfully positioned his brewery on the local market and turned Unionsbrauerei Schülein & Cie. into the second largest brewery in Munich, another major brewery was focussed on the export business: Löwenbräu AG. Founded in 1872, it had a modest but guaranteed share in the Munich beer market but, first and foremost, it was considered the largest exporting brewery, supplying its beer to a number of European cities as well as to North America. However, during World War I the brewery was only able to sell either to friendly or neutral countries. For Löwenbräu AG this and the difficult circumstances after the war led to a slump in sales.

Not only Löwenbräu AG had to struggle with the adverse financial situation but also Unionsbrauerei Schülein & Cie. AG. Nevertheless the latter was in a comparatively good economic position, had an extensive network of customers and valuable real estate—something Löwenbräu urgently needed although it did have greater financial power. Both breweries had good reason therefore to cooperate with one another. For this reason it was decided to merge Löwenbräu AG with Unionsbrauerei Schülein & Cie. AG in 1921. This amalgamation created one large and successful brewery whose key figures were Josef Schülein and his son, Hermann, in particular. Josef Schülein became a member of the supervisory board at Löwenbräu; Hermann Schülein was appointed to the executive board and was president from 1924 onward. Following other mergers with various smaller companies, Hermann Schülein became majority shareholder of Löwenbräu and as such was considered proprietor of Löwenbräu AG. Internally, the brewery adopted an exceptionally socially-oriented policy.

The success that Hermann Schülein brought to Löwenbräu AG changed radically following the Nazis' seizure of power in 1933. All Jewish members of the supervisory board had to resign, including Josef Schülein, who withdrew completely to Kaltenberg Castle. Hermann Schülein was the only one to be kept on as an "ordinary" member of the executive board until he stepped down, allegedly for health reasons, and fled immediately to the USA by way of Switzerland. The other members of the Schülein family also managed to emigrate to America. In 1948, Hermann Schülein was appointed to the executive board of Löwenbräu AG again but lived most of the time in New York where, under his management, Liebmann Brewery advanced to become the most successful brewery on the East Coast.

» How would you react if your Fatherland were to do you wrong? «
Hermann Schülein's Resistance against the Nazis' Looting Policy

By Anne Munding

The focus of this contribution is the case of a man who made a stand against Nazi repression using legal means. As managing director of Löwenbräu AG, Hermann Schülein managed to keep his position on the executive board of his company until 1935 in the face of anti-Semitic aggression and offenses, although all other Jewish members of the executive and supervisory boards had already been forced to resign in May 1933.

His second career as director of the New York Liebmann Brewery—a highly unusual achievement for a German emigrant—enabled him to salvage part of his fortune. From New York he purchased hops and cardboard from the German Reich and had these exported to America. The Reich Ministry of Economic Affairs allowed him to pay half the price with assets still held in the German Reich and the other half in foreign currency. He then sold these German products in the USA. In this way Hermann Schülein was able to take advantage of the Nazi state's lack of foreign currency to transfer at least part of his fortune without any deductions.

This transfer business also protected him from denaturalization and the associated confiscation of assets. Further aspects include the "Aryanization" of Schlossbrauerei Kaltenberg by Christian Weber and the success of Schülein's restitution claims after 1945.

Anne Munding, born in 1972 in Krumbach, is a research associate on the editorial team working on the complete works of Max Weber at the Bavarian Academy of Sciences. She studied History and German in Munich and worked as a research associate at the Institute for Contemporary History (Joseph Goebbels' diaries) and the Historische Kommission (Neue Deutsche Biographie).

» My beer is Rheingold—the dry beer!"«
The Liebmanns, Hermann Schülein, and Miss Rheingold

By Bernhard Purin

The brewing industry, which evolved in the first half of the 19th century in the USA, was almost exclusively influenced by German emigrants. However, of the numerous beer producers in the USA, only one family was of German-Jewish origin: the Liebmanns from Aufhausen in eastern Württemberg, where Samuel Liebmann (1799–1872) first came into contact with beer brewing in the 1820s in his brother-in-law's brewery tavern. Between 1837 and 1854 he ran breweries at Schloss Schmiedelfeld near Schwäbisch Hall and Ludwigsburg before deciding to emigrate with his family to the USA in 1854. He founded the S. Liebmann Brewery in Brooklyn which was to develop into one of New York's major breweries, primarily through the management of his three sons.

The third Liebmann generation which held the reins at the turn of the 19th to the 20th century, had to face new challenges. During World War I, the brewers who were primarily of German descent and who were also members of numerous German associations, were held under general suspicion of collaborating with the enemy. The prohibition that was introduced immediately after the end of World War I inevitably led to a reduction in the size of the company which then produced beer-like, alcohol-free beverages, such as "N.A.B." (non-alcoholic beer) and soft-drinks, in the few plants that remained open.

For the Liebmanns, the resumption of the brewing business after the end of prohibition in 1933 was slow initially. In 1937, the Liebmann brewery managed to acquire the services of Hermann Schülein (1884–1970), long-standing president of the Munich-based Löwenbräu AG, who had fled to the USA from Nazi Germany. He was given a managerial position, initially as director and later as chairman of the executive board from the 1940s onward.

Schülein's first measure was to alter the recipe used for "Rheingold Pale Lager" to create the lighter, more balanced "Rheingold Extra Dry Lager," the success of which made Liebmann Breweries, Inc. the largest brewery and the one with the highest sales on the American East Coast. Schülein did not simply draw on the experience he had made as a brewing expert over decades in Munich but also introduced a new sales strategy that was revolutionary at the time. The "Miss Rheingold" elections held between 1940 and 1965 became the brewery's central marketing instrument. In addition to beauty queens as the main advertising medium for Rheingold beer, the brewery was one of the first corporations worldwide to engage stars from the stage, cinema, and television for marketing purposes, as well as producing its own television series such as "Rheingold Theatre" and sponsering the popular baseball team "The Mets."

The immense demand for Rheingold beer led to breweries in Brooklyn and New Jersey being bought up which were then adapted to produce the company's own beer. Through the acquisition of Acme Breweries in Los Angeles and San Francisco in 1954, the Liebmann brewery aimed to conquer the beer market on the West Coast. This expansion, for which Hermann Schülein as chairman of the supervisory board was also responsible, turned out, however, to be a fatal decision, as Rheingold beer was not to the taste of those on the West Coast. Both breweries in California had to be sold again in 1957 at a huge loss. Despite their great economic success on the East Coast, Liebmann Breweries were never to recover again from this fully. The 76-year-old Hermann Schülein withdrew from active business in 1960 but continued to work for the Liebmann brewery as "Chairman Emeritus" until his death in 1970. In 1964, after exactly 110 years brewing tradition in the same family in Brooklyn, the Liebmanns decided to sell their brewery to the Pepsi concern. With the closure of brewing operations in 1976, "Rheingold Extra Dry" also disappeared from the market—a brand that had achieved not only cult status in New York and on the American East Coast in the 1940s and 1950s in particular, but also epitomized a certain way of life.

» Dancing Camels and Ales from the Desert «
Craft Beer in Israel

By Conrad Seidl

Craft beers are the pride of Israel's new beer scene. Know-how from the American beer revolution fuses with knowledge of old European beer styles and the innovative spirit of Israeli brewers to create a highly modern culinary experience. One is immersed in a scene which seems to have more to do with the USA than Israel. The new Israeli beer culture can in fact only be fully understood by looking at its roots. And they lie in the craft beer scene in the USA which launched a beer revolution in the 1980s. What has this got to do with Israel? Everything. The American beer revolution became a successful export from 2000 onward: "I don't drink my father's beer" has since evolved into the motto of many young consumers the whole world over—and also in Israel.

Palestine Brewery was founded in Rishon LeZion in 1934–35, brewing in the international beer style which draws on German (and Czech) roots. For decades, the beer scene in the British Mandate of Palestine, later Israel, was influenced by these beers—the Heineken concern's leading brands "Goldstar" and "Maccabee." The development of a craft beer scene in response to this certainly took much longer in Israel than in the USA and the innovative drive came from there as well. In 2006, David Cohen of New York opened his "Dancing Camel" in Tel Aviv, the first micro brewery in the country. Cohen brought the recipe with him from the USA and, in many cases, pepped it up with Israeli ingredients such as mint, the etrog fruit, and dates. Israelis had however already met new beer styles before. Nadim Khoury, a Palestinian Christian who had studied in the USA, opened a craft brewery back in 1996 in Taybeh, which bears the same name, producing primarily for the Israeli market.

Other craft breweries in Israel have followed more recently, for example Shapiro Brewery in Beth Shemesh which focuses on the international spectrum of beer styles. Negev Brewery in Kiryat Gat successfully picked up on the "oak aging" trend with its "Oak Porter"—labelled "Israel's best beer" by ratebeer.com. Alexander Brewery in Emek Hefer proudly draws attention to the gold medal won at the World Beer Cup in Denver in 2014, and then there are Jem's Beer Factory in Petach Tikwa and LaBira in Haifa, both of which have pubs adjoining. The most recent trend has produced a series of beer shops with small bars such as Beer Bazaar the Tel Aviv's Carmel Market (and more recently also in Jerusalem's Mahane Yehuda Market), Beer Market in Tel Aviv's sophisticated Sarona Market and Beerateinu near the outer wall in Jerusalem's Old City. And this is where the small Herzl Beer Workshop is located, which although it doesn't have its own bar is the only brewery that really brews its beer within the city boundary of Jerusalem and which has made a lasting mark through its "Embargo Porter," brewed with Havanna tobacco. On the initiative of the Jewish Museum Munich, the two founders of Herzl, Itai Gutman and Maor Helfman, have brewed the first ever German-Israeli collaboration brew together with Timm Schnigula and Mario Hanel of CREW Republic in Munich—a "Californian Common," an amber-colored beer with an intensive malt aroma—similar to how steam beer would have tasted 150 years ago in the USA or lager 80 years ago in Palestine. Beer styles tend to move around the globe—and bring people together such as the young brewers at Herzl and those at CREW Republic.

Conrad Seidl, born in 1958 in Vienna, Austria, is editor at the Viennese daily newspaper "Der Standard." He has written more than 30 books as well as numerous columns and contributions for television on his one great passions: beer. He organizes beer tasting events and seminars under the brand name "Bierpapst"—the "beer pope." He presents one beer every week on www.bierpapst.tv.

AUTOREN

Doug Greener, geboren 1943 in New York, studierte Internationale Beziehungen und Geschichte in Washington, D. C. und New York. Er arbeitete als Journalist sowie in der Öffentlichkeitsarbeit und Werbung. 1971 entschloss er sich zur Alija nach Israel und lebt heute in Jerusalem, wo er u. a. einen Blog zu israelischem Craft Beer betreibt: www.IsraelBrewsAndViews.blogspot.com

Eli Freedman, geboren 1980 in Boston, MS, ist Rabbiner der Congregation Rodeph Shalom in Philadelphia. Er hat an der Brandeis University studiert und wurde 2010 am Hebrew Union College – Jewish Institute of Religion ordiniert. Er ist begeisterter Heimbrauer, organisiert interreligiöse „Biblical Brewoff" und ist Mitwirkender der jährlichen Veranstaltung „A Priest, a Rabbi, and a Minister Walk into a Bar!"

Lilian Harlander, geboren 1977 in Salzburg, ist wissenschaftliche Volontärin im Jüdischen Museum München. Sie studierte Germanistik und Jüdische Kulturgeschichte in Salzburg und arbeitete seither an diversen Forschungsprojekten sowie am Zentrum für Jüdische Kulturgeschichte in Salzburg. Seit 2015 beschäftigt sie sich gemeinsam mit der Universität Graz an einem jiddisch-deutschen Übersetzungsprojekt zu S. Ansky und schreibt an ihrer Dissertation.

Anne Munding, geboren 1972 in Krumbach, ist wissenschaftliche Mitarbeiterin in der Redaktion der Max Weber-Gesamtausgabe an der Bayerischen Akademie der Wissenschaften. Sie studierte Geschichte und Germanistik in München und war wissenschaftliche Mitarbeiterin des Instituts für Zeitgeschichte (Edition der Tagebücher von Joseph Goebbels) und der Historischen Kommission (Neue Deutsche Biographie).

Bernhard Purin, geboren 1963 in Bregenz, ist Direktor des Jüdischen Museums München. Er studierte Empirische Kulturwissenschaft und Neuere Geschichte in Tübingen und war u. a. auch an den Jüdischen Museen in Hohenems, Wien und Fürth tätig, wo er zahlreiche Ausstellungen zur jüdischen Geschichte und Kultur kuratierte. Seit 2012 gehört er auch dem Konzeptteam „Erinnerungsort Olympia-Attentat" in München an.

Conrad Seidl, geboren 1958 in Wien, ist Redakteur der Wiener Tageszeitung „Der Standard". Seinem Lebensthema Bier hat er mehr als 30 Bücher sowie zahlreiche Kolumnen und Fernsehbeiträge gewidmet. Unter seiner Marke „Bierpapst" leitet er Verkostungen und Bierseminare. Wöchentlich stellt er auf www.bierpapst.tv ein Bier der Woche vor.

Matthias Trum, geboren 1975 in Bad Oeynhausen, ist Diplom-Braumeister und Geschäftsführer der Heller-Bräu Trum GmbH – besser bekannt als Brauerei Schlenkerla – in Bamberg, die das „Aecht Schlenkerla Rauchbier" herstellt. Er studierte am Wissenschaftszentrum Weihenstephan der TU München und schloss sein Studium mit einer Diplomarbeit über „Historische Darstellungen, Zunftzeichen und Symbole des Brauer- und Mälzerhandwerks" ab.

Bier ist der Wein dieses Landes
Jüdische Braugeschichten
Eine Ausstellung des
Jüdischen Museums München

KURATOR
Bernhard Purin
in Zusammenarbeit mit
Lilian Harlander

AUSSTELLUNGSARCHITEKTUR
Architekt Martin Kohlbauer

AUSSTELLUNGSGRAFIK
Haller & Haller

MULTIMEDIA
HORNCOLOR Multimedia GmbH

ÜBERSETZUNGEN
Lilian Dombrowski
Christopher Wynne

AUSSTELLUNGSPRODUKTION
Sabine Menges
Lorant Brendea
Hasan Güneri
Thomas Sensburg

LEIHVERKEHR
Verena Immler

KULTURVERMITTLUNG
Elisabeth Schulte

BESUCHERSERVICE
Anne Uhrlandt

PRESSEARBEIT
Angela Brehm

VERWALTUNG
Stephan Wagle

LEIHGEBER

Firmenarchiv Joh. Barth & Sohn GmbH & Co. KG, Nürnberg

Bayerisches Wirtschaftsarchiv, München

Bildarchiv Sebastian Winkler, München

Florian Dering, München

Igor Diwjak, Unions Bräu Haidhausen, München

Deutsches Hopfenmuseum Wolnzach

Deutsches Museum, München

Gemeinde Planegg, Archiv & Galerie

Heide-Volm KG, Planegg

Heimatverein Eschenbach in der Oberpfalz e. V.

Familie Freiherr von Hirsch, Planegg

Münchner Stadtmuseum

Schloss Kaltenberg KG, Geltendorf

Marianne Schuelein, Washington, D.C.

Staatliches Museum Ägyptischer Kunst, München

Bayerische Staatsbibliothek München

Stadtarchiv München

Städtische Galerie im Lenbachhaus und Kunstbau, München

DANK

Jeremy Cowan, Shmaltz Brewing Company, Clifton Park, NY

Igor Diwjak, Unions Bräu Haidhausen, München

Ursula Eymold, Münchner Stadtmuseum

Rabbi Josh Franklin, Boston, MS

Karen S. Franklin, Yonkers, NY

Robert G. Fromm, München

Louis Gimbel III., New York, NY

Itai Gutman, Herzl Beer Workshop, Jerusalem

David Haas, Mahwah, NJ

Ludwig Hagn, München

Mario Hanel, CREW Republic Brewery GmbH, Unterschleißheim

Maor Helfman, Herzl Beer Workshop, Jerusalem

Andreas Heusler, Stadtarchiv München

Familie Freiherr von Hirsch, Planegg

Rolf Hofmann, Stuttgart

Karl-Heinz Keck, Heimatverein Eschenbach in der Oberpfalz E. V.

Erika Klemt, Gemeinde Planegg, Archiv & Galerie

Bernhard Koch, Geschichtswerkstatt Pasing

Christiane Kuller, Universität Erfurt

Tilman Leher, München

Christine Lehnert, GWG Städtische Wohnungsgesellschaft München

SKH Prinz Luitpold von Bayern, Schloss Kaltenberg KG

Sabrina Müller, HopfenBierGut, Spalt

Christoph Pinzl, Deutsches Hopfenmuseum Wolnzach

Thomas Röber, Deutsches Museum

Timm Schnigula, CREW Republic Brewery GmbH, Unterschleißheim

Petra Schörrig, Firmenarchiv Joh. Barth & Sohn GmbH & Co. KG, Nürnberg

Sylvia Schoske, Staatliches Museum Ägyptischer Kunst, München

Richard Winkler, Bayerisches Wirtschaftsarchiv, München

BILDNACHWEIS

JÜDISCHES MUSEUM MÜNCHEN
Bier ist der Wein dieses Landes
13.04.2016
08.01.2017
JÜDISCHE BRAUGESCHICHTEN
DER ERSTE DEUTSCH-ISRAELISCHE COLLABORATION BREW
CREW Republic
HANDCRAFTED BEER FROM München
בירה
הרצל
[ירושלים]
ERMAN ISRAELI COLLABORATION BREW